디바인 매트릭스
느낌이 현실이 된다

디바인 매트릭스,
느낌이 현실이 된다

1판 1쇄 발행 2021. 6. 30.
1판 5쇄 발행 2024. 11. 18.

지은이 그렉 브레이든
옮긴이 김시현

발행인 박강휘
편집 김동현 디자인 유상현 마케팅 윤준원 홍보 최정은
발행처 김영사

등록 1979년 5월 17일 (제406-2003-036호)
주소 경기도 파주시 문발로 197(문발동) 우편번호 10881
전화 마케팅부 031)955-3100, 편집부 031)955-3200 | 팩스 031)955-3111

값은 뒤표지에 있습니다.
ISBN 978-89-349-0695-7 03180

홈페이지 www.gimmyoung.com   블로그 blog.naver.com/gybook
인스타그램 instagram.com/gimmyoung   이메일 bestbook@gimmyoung.com

좋은 독자가 좋은 책을 만듭니다.
김영사는 독자 여러분의 의견에 항상 귀 기울이고 있습니다.

THE DIVINE MATRIX

디바인 매트릭스
느낌이 현실이 된다

그렉 브레이든   김시현 옮김

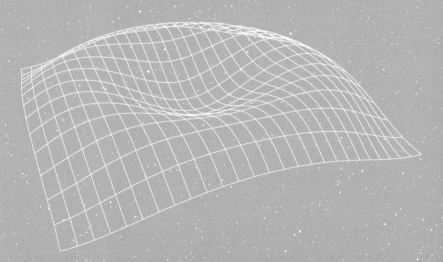

김영사

내 영혼 안에 있는
앎의 물방울 하나,
부디 당신의 대양 안에 받아들여
녹여 주시기를.

루미

"모든 물질은 어떤 힘에 기대어서만
발생하고 또 존재한다. (…) 이러한 힘의 바탕에는
의식적이고 지적인 마음Mind이 분명 존재한다.
이 '마음'이 곧 모든 물질의 **매트릭스**matrix이다."

_막스 플랑크, 1944년

양자 역학quantum mechanics의 아버지인 막스 플랑크Max Planck는 위와 같은 말로 우주 만물을 잇는 에너지장energy field, 즉 **디바인 매트릭스**the Divine Matrix를 묘사했다.

디바인 매트릭스는 우리의 세계 자체이며, 우리의 세계 안에 있는 모든 것이다. 그것은 우리 자신이자, 우리가 사랑하고 미워하고 창조하고 경험하는 모든 것이다. 우리는 디바인 매트릭스 안에서 살면서 신비로운 양자 캔버스의 에센스를 통해 내면 깊은 곳의 열정, 두려움, 꿈, 열망을 표현하는 예술가들이다. 또한 우리는 캔버스 자체이자 캔버스 위에 그려지는 그림이며 물감인 동시에 붓이다.

디바인 매트릭스 안에서
우리는 존재하는 모든 것이 담긴 그릇이자
우리의 내면세계와 외부 세계를 잇는 다리이며
우리가 창조해 온 것을 우리 자신에게 보여주는 거울이다.

이 책은 위대한 열정과 깊은 성취 욕망을 일깨우고자 갈망하는 당신을 위해 쓰였다. 디바인 매트릭스 안에서, 당신은 기적의 씨앗이자 기적 자체이다.

제3부 **디바인 매트릭스가 보내는 메시지**
: 양자 의식으로 살고 사랑하고 치유하기

이쪽 끝으로 오세요.

떨어질지도 모르잖아요.

이쪽 끝으로 오세요.

너무 높잖아요!

이쪽 벼랑 끝으로 오라니까요.

그들은 왔고

그가 떠밀었다.

그러자 그들은 날아올랐다.

이 시는 우리가 삶 속에서 진실이라고 늘 믿어왔던 것들의 경계
를 과감히 넘어설 때, 어떤 위대한 힘이 우리를 기다리고 있는
지를 보여주는 멋진 사례이다. 크리스토퍼 로그Christopher Logue
의 이 짧은 대화시對話詩*에서 입문자들은 애초에 자신들이 기

---

* 크리스토퍼 로그의 시 'Come to the edge'로, 1968년 프랑스 시인 기욤 아폴리
네르 사망 50주기 행사를 위해 지은 시. Christopher Logue, *Ode to the Dodo:
Poems from 1953 to 1978* (London: Jonathan Cape, 1981), p.96.

대했던 것과는 전혀 다른 경험을 하게 된다. 스승의 격려에 힘입어 단순히 벼랑 끝에 서는 것만으로, 그들은 그 끝을 **넘어서는** 놀라운 경지에 오른다. 이들은 미지의 세계에서 전혀 새로운 방식으로 자기 자신을 경험하고 그러한 발견을 통해 새로운 자유를 얻는다.

많은 점에서 이 책은 독자들을 벼랑 끝으로 이끌 것이다. 이제, 우리 안의 세계와 우리 밖의 세계 사이에서 일어나는 모든 것을 이어주고 또 비춰주는 거울이자 만물을 담는 그릇인 에너지장, 곧 디바인 매트릭스의 존재를 일깨워주는 글들이 이어지게 된다. 양자나 원자 같은 미립자에서부터 그 빛이 우리 눈에 이제 막 닿은 머나먼 은하계에 이르기까지 우주 만물 안에, 그리고 그 사이의 모든 것 안에, 이러한 에너지장이 존재한다는 사실은, 창조계 안에서 우리가 맡은 역할에 대해 우리가 믿어온 고정관념을 변화시킨다.

이 책을 통해서, 삶이 어떻게 작동하는지에 대한 완전히 새로운 사고방식을 접하게 될 독자들도 적지 않을 것이다. 이미 알고 있었던 것을 편안하게 확인하게 될 독자들도 있을 것이고, 미심쩍었던 것을 사실로 받아들이게 될 독자들도 있을 것이다. 어느 경우이든 우리의 몸과 세계 그리고 우주의 모든 것을 이어주는 근원적 에너지망網의 존재는 강력하고도 신비로운 가능성의 문을 활짝 열어줄 것이다.

그 가능성이란, 우리는 이미 존재하는 창조 세계에서 잠깐 스쳐 지나가는 단순한 관찰자에 지나지 않은 것이 아니라, 훨씬 더 위대한 존재라는 것이다. 우리가 우리의 영적·물질적 풍요, 인간관계, 경력, 우리의 깊디깊은 사랑, 위대한 성취뿐만 아니라 이런 것들에 대한 결핍감과 두려움으로 시달리기도 하면서 살아가는 모습을 관조할 때, 그것은 곧 우리의 가장 진솔한(때로는 가장 무의식적인) 믿음을 비추어주는 거울을 정면으로 응시하고 있는 것일 수 있다. 우리의 주변 환경은 신성한 매트릭스의 신비로운 힘을 통해 빚어진 것이기에, 우리 자신의 믿음을 비추어주는 거울을 우리는 주변 어디에서나 볼 수 있고, 바로 그러하기에 **의식 자체**야말로 이 우주 안에서 가장 중요한 역할을 하는 것임이 분명하다.

우리는 예술작품인 동시에 예술가이다

딴세상 이야기처럼 받아들일 사람이 많겠지만, 현대의 가장 뛰어난 지성인들 사이에서 벌어진 격렬한 논쟁의 핵심에는 바로 이 같은 사상이 놓여 있다. 예를 들어보자. 알베르트 아인슈타인 Albert Einstein의 자서전적 글에는, 인간이란 '이미 터잡혀 있는 우주에서 살아가는 수동적 관찰자'에 지나지 않으며 우주에 거의 아무런 영향도 끼치지 못한다는 생각이 드러나 있다. "저 너머에는 우리 인간과 상관없이 독립적으로 존재하는 거대한 세계가 있다. 우리의 관찰력과 사고력으로는 겨우 부분적인 접근만을 허용하는, 영원히 풀 수 없는 수수께끼 같은 세계가 존재한다."[•]

　이러한 아인슈타인의 견해는 오늘날 많은 과학자들 사이에서도 여전히 폭넓게 받아들여지고 있지만, 아인슈타인의 동료이자 프린스턴 대학의 물리학자인 존 휠러John Archibald Wheeler는 창조계에 기여하는 우리의 역할에 대해 전혀 다른 의견을 표명한다. 휠러는 대담하고도 생생한 표현으로 강력히 주장한다. "**저 바깥에** 우주가 존재하고, 우리 인간은 두꺼운 유리판에 의해 우주로부터 안전하게 보호받으며, 여기에 그저 관찰자로서 존재한다는 것은 지극히 낡은 생각이다." 이어서 휠러는 단순히 무엇인가를 보는 것만으로도 무엇인가 **변화**를 일으킨다는 것을 증명한 20세기 말의 실험들을 언급하면서 이렇게 말한다. "우리는 양자 세계를 통하여 미세한 입자를 하나의 전자로서 단순히 관찰하기 위해서라도 유리판을 산산이 부수어야만 하고, 그래서 저 바깥에 도달해야만 한다는 사실을 알 수 있다. (…) 우리는 **관찰자**라는 낡은 단어를 지워버리고 대신 **참여자**라는 새로운 단어를 써넣어야 한다."[••]

- 앨리스 캘러프라이스 편, 《아인슈타인 어록집 증보판(The Expanded Quotable Einstein)》 (Princeton, NJ: Princeton University Press, 2000), p.220. (이하 각주 인용은 원서 페이지 기준임)
- •• 존 휠러, 데이비드 피트, 《공시성: 물질과 마음을 잇는 다리(Synchronicity: The Bridge Between Matter and Mind)》 (New York: Bantam Books, 1987), p.4에서 재인용.

이 얼마나 놀라운 대전환인가! 휠러는 우리가 살고 있는 세계와 우리의 관계를 근본적으로 달리 설명한다. 우리의 주변 세상을 우리가 단순히 지켜보기만 하는 것은 불가능하다는 것이다! 사실상 양자 물리학의 실험 결과에 따르면, 전자처럼 미세한 물질은 우리가 단순히 쳐다보기만 해도, 아니 잠시 잠깐 그 움직임에 관심을 보이기만 해도, 그 짧은 순간에 그것의 특성이 바뀌고 만다. 관찰 행위 자체가 창조 행위이고, 우리의 의식이 그러한 창조를 행하고 있는 것이다. 이러한 발견은 우리 인간이 우리가 관찰하고 있는 세계에 아무런 영향도 끼치지 못하는 단순한 방관자가 결코 아니라는 휠러의 견해를 뒷받침하는 듯하다.

인간이 잠시 잠깐 우주를 스쳐 지나가는 단순한 존재가 아니라 창조에 적극적으로 참여하는 존재라는 사고방식은 우주의 본질과 이치에 대한 새로운 시각을 요구한다. 아인슈타인의 또 다른 동료이자 프린스턴 대학의 물리학자인 데이비드 봄David Bohm은 이 같은 혁명적인 세계관을 기초로 하여 다양한 저서와 논문을 발표했다. 1992년 사망 전까지 봄이 남긴 두 가지 선구자적 이론은 우주와 우주에서의 우리의 역할에 대해 여러 면에서 전체론*적이라 할 만한 대단히 색다른 견해를 제시한다.

---

* 역주: 전체는 부분들의 합 이상이며, 따라서 우리가 부분들을 정확하게 알고 있다 해도 전체에 관해 완전히는 알 수 없다는 이론.

그 첫 번째 양자 물리학 이론으로 인해 봄은 아인슈타인과 만나 우정을 쌓게 된다. 봄의 표현을 빌리자면, "현실 층위들 levels of reality의 (…) 토대를 이루는 우주의 이치"*에 문을 활짝 연 것이 바로 이 이론이다. 즉 봄은 우주에서 일어나는 일들을 일어나게 만드는 것은 더 높거나 더 깊은 층위의 우주라고 믿었다. 우리의 물리적 세계는 현실의 보다 미묘한 층위들로 인해 결정된다는 것이다.

그의 두 번째 이론은, 항상 분명하게 드러나지는 않을지언정 우주는 모든 것이 서로 연결되어 있는 하나의 통합 시스템이라는 것이다. 캘리포니아 대학 로렌스 방사선 연구소(현재의 로렌스 리버모어 국립 연구소)에서 초기에 실행한 연구에서 봄은 **플라즈마** plasma라는 특별한 가스 상태의 원자를 관찰하는 기회를 가졌다. 입자들은 플라즈마 상태일 때 우리가 흔히 생각하듯 개개의 독립체로 있는 것이 아니라, 보다 큰 전체의 부분인 양 서로서로 연결되어 움직였다. 이러한 실험 결과는 봄이 1980년에 발표하여 큰 반향을 일으킨 선구자적 저서 《전체와 접힌 질서 Wholeness and the Implicate Order》의 토대가 되었다.

패러다임을 바꾼 이 놀라운 저서에 따르면, 우리가 보다 높은 곳에서 우주를 전체적으로 바라본다면 우리 세계의 현상이 마

• 데이비드 봄 & 데이비드 피트, 《과학, 질서, 그리고 창조(Science, Order, and Creativity)》 (New York: Bantam Books, 1987), p.88.

치 우리가 관찰할 수 없는 다른 세계에서 일어나는 일들의 투영처럼 보인다고 한다. 봄은 우리 눈에 보이는 것과 보이지 않는 것 모두가 더 거대한 우주 질서의 표현물들이라고 보았다. 그리고 이 둘을 '감추어진 세계'와 '드러난 세계'라고 이름 붙여 구분했다.

바위, 바다, 숲, 동물, 사람 등 우리가 보고 만질 수 있으며 다른 것과 구분되어 각각 독립적으로 보이는 것들은, 우주의 '드러난 세계'에 속한다. 하지만 뚜렷이 구분되어 보일지라도 사실 이들은 우주의 보다 높은 층위에서는 서로 긴밀히 연결되어 있다. 단지 우리가 속한 우주의 층위에서는 그러한 연결이 보이지 않을 뿐이다. 이처럼 우리에게는 서로 다른 별개의 존재로 보이는 것들이 실상은 보다 큰 우주의 일부인데, 이 우주가 바로 '감추어진 세계'이다.

감추어진 세계와 드러난 세계의 차이를 설명하기 위해 봄은 흐르는 시냇물을 비유로 들었다. 흐르는 물을 여러 가지 다른 방식으로 보기 때문에 우리는 이것들을 서로 분리된 무엇처럼 착각하게 된다. "우리는 시냇물에서 소용돌이, 잔물결, 물보라 등 끊임없이 변화하는 모습을 보지만, 사실 이들은 서로 독립된 존재가 결코 아니다." 소용돌이나 잔물결이나 물보라가 우리

• 데이비드 봄, 《전체와 접힌 질서(Wholeness and the Implicate Order)》 (London: Routledge & Kegan Paul, 1980), p.62.

에게는 별개의 존재로 보이겠지만, 실제로는 서로 긴밀히 연결되어 있다는 것이 봄의 생각이다. "일시적으로 분리되어 형태를 부여받은 존재는 절대적 독립성을 지닌 것이 아니라 **상대적 독립성**만을 지니고 있다."* 즉 어떻게 보이든 모두 동일한 물의 부분들인 것이다.

봄은 이러한 예를 통해 우주와 우리 인간을 포함한 그 안의 모든 것이 사실은 보다 거대한 우주적 패턴의 일부이며 거기에서는 모든 부분들이 다른 모든 부분들에 의해 공유된다고 주장한다. 이처럼 우주 만물은 하나라는 이론을 봄은 한 문장으로 간단히 설명한다. "새로운 형태의 이러한 통찰은 **움직이는 흐름 속의 나누어지지 않는 전체성**Undivided Wholeness in Flowing Movement이라고 부르는 것이 아마도 가장 타당할 것이다."**

1970년대에 봄은 또한 우주가 서로 다른 존재들의 집합이 아니라 서로 연결되어 있는 통일체라는 것을 설명하기 위해 보다 생생한 비유를 들었다. 창조계의 상호연관성을 깊이 연구한 결과, 그는 이 세계가 거대한 우주 홀로그램cosmic hologram이라고 더욱 확신하기에 이른다. 홀로그램 속에서는, 그것이 무엇이든 모든 부분에는 아무리 작은 부분이라도 그 물체의 전체성이 담겨 있다. (홀로그램이라는 개념은 4장에 자세히 설명하였다.) 봄의 견해

- 앞의 책.
- ● 앞의 책, p.14.

에 따르면, 우리의 세계는 우주의 보다 높은 층위에서 일어나고 있는, 보다 실재적인 무엇인가의 투영이다. 보다 높은 이 층위가 바로 감추어진 세계이자 본래의 세계이다. '위에서와 같이 아래에서도', '안에서와 같이 밖에서도'의 이런 관점에 따르면, 패턴들은 패턴들 안에 담겨 있으며 크기만 다를 뿐 저마다 스스로 완전하다.

이미 널리 알려져 있듯이, 인간의 몸이야말로 홀로그램의 아름다운 사례이다. 우리 신체의 어느 부위를 보든 DNA는 똑같은 유전자 코드를 갖고 있다. 머리카락이나 손톱이나 혈액 등 어디에서 채취하더라도 거기에는 DNA의 부분이 아닌 전체가 담겨 있다. 우리를 우리이게 만드는 유전자 배열이 신체 부위에 따라 달라지거나 쪼개지지 않고 항상 똑같은 것이다.

우주는 감추어진 세계에서 드러난 세계로, 보이지 않는 세계에서 보이는 세계로 끊임없이 변화하는 과정에서 창조의 역동적 흐름을 빚어낸다. 존 휠러는 우주가 끝없이 그리고 계속적으로 의식에 반응하는, '참여하는' 성질을 지닌다고 하였는데, 이는 바로 창조계의 끊임없이 변화하는 속성을 염두에 둔 것이다.

흥미롭게도, 이는 과거의 지혜 전통에서 설명하는 세상의 작동 방식과 정확히 일치한다. BC 5000년경에 작성되었다는 고대 인도의 베다에서부터 BC 2000년경의 사해 두루마리에 이르기까지, 일관되게 나타나는 테마는 우리가 사는 세상이 사실은 보다 높은 영역이나 더 깊은 실재계에서 일어나고 있는 것들을 비추는 거울이라는 것이다. 예를 들면 *The Songs of the Sabbath Sacrifice*•로 알려진 사해 두루마리의 최근 번역본에서 번역자들은 다음 한 문장으로 내용을 축약한다. "이 땅 위에서 일어나는 일들은 더 크고 궁극적인 실재계의 희미한 그림자에 지나지 않는다."••

양자 물리학과 고대 종교가 똑같이 시사하는 바는, 우리는 보이지 않는 세계에서 보이는 세계의 성공과 실패, 인간관계와 직업 등을 위한 청사진을 창조한다는 것이다. 이러한 관점에 따르면, 디바인 매트릭스는 거대한 우주 스크린처럼 작용하여 우리의 감정과 믿음이라는 비물리적 에너지(우리의 분노, 증오, 사랑, 연민, 이해 등)를 삶이라는 물리적 매체 안에 투사하여 우리로 하여금 볼 수 있게 해준다.

영화관 스크린이 필름에 담긴 내용이 무엇이든 아무런 판단 없이 비추기만 하듯이, 디바인 매트릭스는 우리의 내적 경험과 믿음이 세상에 드러날 수 있도록 아무런 편견 없는 표면을 제공해 주는 것 같다. 우리는 연민에서부터 배신에 이르기까지 우리의 모든 속내를, 우리를 에워싸고 있는 관계의 질을 통해 (때로는

• 안식일의 노래.
•• 마이클 와이즈, 마틴 아벡 주니어, 에드워드 쿡,《사해 두루마리: 새 번역(The Dead Sea Scrolls: A New Translation)》(San Francisco, CA: HarperSanFrancisco, 1996), p.365.

의식적이지만, 대체로는 무의식적으로) '보여준다'.

다시 말하자면, 우리는 신비로운 양자 캔버스에 우리의 열정과 두려움, 꿈과 열망을 표현하는 예술가들인 것이다. 하지만 주어진 시간에 한 곳에만 존재하는 화가의 전통적 캔버스와는 달리, 양자 캔버스는 언제나 모든 곳에 있으며 만물을 구성하는 것과 동일한 재질로 이루어져 있다.

예술가/캔버스의 비유를 한 걸음 더 발전시켜 보자. 일반적으로 예술가는 작품과 분리되며 도구를 이용하여 내적 창조력을 외적으로 표현한다. 하지만 디바인 매트릭스에서는 예술가와 작품 사이의 구별이 사라진다. 우리는 캔버스이자 캔버스 위의 그림이다. 우리는 도구이자 도구를 사용하는 예술가이다.

이처럼 창조된 세계 안에서 우리 스스로 창조하고 있다는 아이디어는 50, 60년대에 흑백텔레비전에서 자주 방영되던 월트 디즈니 만화를 떠올리게 한다. 화면은 정체를 알 수 없는 만화가의 손이 도화지 위에 미키 마우스 같은 유명한 만화 캐릭터를 그리는 것으로 시작된다. 이미지가 다 그려진 순간, 캐릭터가 별안간 살아나 움직인다. 그런 다음 살아난 미키는 자신이 그려졌던 도화지 **안에** 스스로 다른 만화 캐릭터들을 그리기 시작한다. 원래의 만화가는 이제 더 이상 필요하지 않으며, 문자 그대로 그림 밖으로 사라진다.

만화가의 손은 이제 어디에서도 보이지 않고, 미키와 그의 친구들은 스스로 개성을 지니고 살아간다. 가상의 집안에서 모두가 잠들어 있는 동안 부엌 전체가 활기차게 살아난다. 설탕 그 릇이 소금통과 춤을 추고, 찻잔이 버터 접시를 흔들어 깨운다. 이들은 더 이상 만화가와 아무 상관이 없다. 이는 디바인 매트 릭스 안에서 우리가 어떻게 기능하는가에 대한 지나친 단순화 일 수도 있겠지만, 우리 자신의 창조계 안에서 우리 스스로 창 조자이기도 하다는 미묘하고도 추상적인 개념을 이해하는 데에 큰 도움을 준다.

화가가 스스로 만족할 때까지 그림을 정교하게 다듬는 것과 마찬가지로, 우리 인간 또한 디바인 매트릭스를 통해 우리의 인 생 경험들을 정교하게 다듬는 것으로 보인다. 우리는 믿음, 판 단, 감정, 기도의 팔레트를 통해, 여러 곳에서 여러 사람들과 더 불어 관계, 직업, 지지 혹은 배신의 역할극을 하고 있는 우리 자 신을 발견한다. 그러다가도 때로는 사람들과 상황들이 왠지 매 우 친숙하다는 느낌에 휩싸이기도 한다.

개인으로서든 집단으로서든, 우리는 누구나 매일 순간 위에 순간을 쌓고 날에 이어 날을 경험하는 끝없는 순환 속에서 내적 삶을 창조해 나가고 있다. 이 얼마나 아름답고 기이하며 강력한 개념인가! 화가가 하나의 아이디어를 완벽하게 표현하기 위해 동일한 캔버스를 거듭 사용하듯이, 우리는 영원한 화가들로서 끝없이 변화하는 창조계를 지어가고 있는 중이다.

우리가 우리 스스로 만들고 변화시킬 수 있는 세계에 둘러싸 여 있다는 시사는 놀랍고도 강력한 이야기이지만, 어떤 이들에게는 다소 무섭게 들릴 수도 있다. 디바인 매트릭스를 의도적이고 창조적으로 사용할 능력이 우리에게 있다는 것은, 이 세상에서 우리가 맡은 역할에 대해 전면적으로 재고하게 한다. 적어도, 우연히 일어나는 일들이 이어지는 가운데 최선을 다해 하루하루를 살아가는 것 이상의 무엇인가가 이 인생에는 있는 것이다.

궁극적으로 우리가 우주 만물과 연결되어 있다는 양자 이론은 우리 역시 창조자라는 사실을 일깨워준다. 우리는, 우리의 몸은 물론 여러 인생 문제에 이르기까지 모든 것 안에 치유, 풍요, 기쁨, 평화가 깃들기를 바라는 우리의 깊은 열망을 표현할 수 있다. 그것도 우리가 원하는 때에, 원하는 방식으로.

하지만 앞서 크리스토퍼 로그의 시에서 입문자들을 날아오르게 하기 위해 약간의 '밀침'이 필요했듯이, 위의 가능성들을 현실로 만들기 위해서는 세상과 우리 자신에 대한 우리의 사고방식을 미묘하지만 극적으로 바꿀 필요가 있다. 이러한 대전환을 통해 우리는 비밀스러운 열망과 드높은 꿈, 숭고한 목표를 불현듯 두 손에 거머쥐게 될 것이다. 말도 안 되는 헛소리 같겠지만 이런 기적 같은 일이, 아니 그 이상의 일이 디바인 매트릭스의 세계에서는 얼마든지 가능하다. 그 비결은 바로 디바인 매트릭스의 이치를 이해하고, 우리의 열망을 이 고대의 에너지망에 전달할 소통 방식을 터득하는 데에 있다.

. . .

고대로부터 전승되어 온 지혜 전통들에 따르면, 디바인 매트릭스와 소통할 수 있는 언어는 따로 있다. 이 언어는 평소 우리가 사용하는 단어의 나열도 아니고, 손짓 발짓 같은 몸짓 언어도 아니다. 하지만 우리는 이미 그 언어를 유창하게 '말하는' 법을 알고 있다. 사실 일상생활에서 매일 쓰고 있다고 할 수 있다. 그것은 바로 감정의 언어이다.

현대 과학은 우리가 어떤 감정을 겪을 때마다 우리의 신체 역시 pH 지수, 호르몬 등이 화학 변화를 일으킨다는 것을 발견하였다.* 사랑, 공감, 용서와 같은 '긍정적' 감정과 증오, 판단, 질투와 같은 '부정적' 감정을 통해, 우리는 매 순간 우리 존재를 확인하거나 부정하는 힘을 갖고 있는 것이다. 게다가 이러한 감정은 우리 신체 **내부**뿐만 아니라 우리 신체 **외부**의 양자 세계에까지 영향을 미친다.

디바인 매트릭스란 만물 사이사이를 처음부터 끝까지 빈틈없이 덮고 있는 우주의 담요라고 생각하면 이해에 도움이 될 것이다. 이 덮개는 언제 어디에나 층층으로 되어 있다. 우리의 몸과

---

* 글렌 레인, 마이크 앳킨슨, 롤린 맥크레이티, 〈공감과 분노의 생리적 심리적 영향 (The Physiological and Psychological Effects of Compassion and Anger)〉, *Journal of Advancement in Medicine*, vol. 8, no. 2 (1995), pp.87-103.

삶은 물론이고 세상 만물이 이 담요의 섬유들로 덮인 채 존재하고 생겨난다. 우리가 엄마의 자궁에서 잉태되는 순간부터 결혼, 이혼, 우정, 직업 등 우리가 경험하는 모든 것이 바로 이 담요에 있는 '주름들wrinkles'인 것이다.

양자적 관점에서 보면, 원자에서부터 풀잎, 인간 신체, 지구, 우주 저 너머에 이르기까지 모든 것이 이 부드러운 시공간space-time 담요의 섬유 안에서 일어나는 일종의 '소동'이라고 생각할 수 있다. 고대의 영적이고도 시적인 전통이 존재를 이와 비슷한 방식으로 설명한 것은 우연이 아닌 것 같다. 예를 들어, 베다에는 우주 만물을 남김없이 담고 있는 '순수 의식'의 통일장에 대한 이야기가 나온다.* 이처럼 고대 전통에서는 우리의 생각과 감정과 느낌과 믿음은 물론이고 이런 것들이 만들어내는 모든 판단을 일종의 '소동'으로, 그것이 없다면 부드럽고 아무런 움직임도 없을, 하나의 장 안에 있는 '방해물들'로 본다.

6세기 중국 선종의 3조인 승찬 대사의 《신심명信心銘》 역시 이와 유사한 방식으로 삼라만상이 품고 있는 속성의 정수를 묘사한다. 도道라 불리는 그것은, 베다에서와 마찬가지로, 궁극적으로는 말로는 설명할 수 없는 무엇이다. 도는 존재하는 모든 것이다. 경험 자체일 뿐 아니라 모든 경험을 담고 있는 그릇이

---

* 고대 베다 전통에 따르면, 에너지의 통일장은 무한히 다양한 우주의 토대가 되는 에너지의 무한한 장이다. www.vedicknowledge.com

다. 또한 "모자람도 없고 남음도 없는 큰 허공처럼"* 완벽한 것이다.

《신심명》에 따르면, 우리가 조화를 잃게 되는 것은 스스로의 판단으로 도의 고요함을 방해할 때뿐이다. 그 결과, 필연적으로 분노와 단절감에 빠지는데, 이를 치유하기 위해서는 다음 구절을 명심해야 한다. "실재와 조화를 이루고자 한다면, 의심이 일어날 때마다 다만 '둘 아님[不二]'을 말하기만 하라. '둘 아님' 안에서는 어떠한 것도 분리되어 있지 않아서 포용하지 않음이 없나니."**

우리 자신이 디바인 매트릭스 안에서 일종의 소동에 불과하다는 개념은 낭만을 삭제해 버리는 느낌이 없지 않지만, 우리 자신과 세계를 이해하는 데에는 커다란 도움이 된다. 예를 들어, 새롭고 건강하고 유익한 인간관계를 맺고 싶거나 가슴 따뜻한 사랑을 하고 싶거나 중동에 평화가 오게 하고 싶다면, 우리는 그 장場 안에 우리의 열망을 반영할 새로운 소동을 창조해야 한다. 시간과 공간과 우리의 신체, 그리고 세계를 이루고 있는 바로 그것 안에 새로운 '주름'을 만들지 않으면 안 되는 것이다.

이것이 바로 디바인 매트릭스와 우리의 관계이다. 우리에게

---

* 역주:《신심명》중, 圓同太虛(원동태허) 無欠無餘(무흠무여).
** 역주:《신심명》중, 要急相應(요급상응) 唯言不二(유언불이), 不二皆同(불이개동) 無不包容(무불포용).

는 그 매트릭스 안에 존재하는 삶의 가능성들을 느끼고 상상하고 꿈꿀 능력이 있으며, 매트릭스는 우리가 창조한 것을 우리에게 되비쳐준다. 고대의 전통들과 현대 과학은 이 우주의 거울이 작동하는 방식에 대해 자세히 설명해 준다. 이 책에 실린 실험들은 그 이치를 과학의 언어로 보여준다. 솔직히 말하자면, 이런 연구 결과를 통해 창조에 관한 몇 가지 수수께끼가 풀리기는 하지만, 동시에 우리의 존재에 대한 더 깊은 의문이 생겨나는 것도 사실이다.

우리가 디바인 매트릭스에 대해 완전히 알고 있는 것은 분명 아니다. 과학이 모든 해답을 갖고 있는 것도 아니다. 사실 과학자들은 디바인 매트릭스가 어디에서 비롯된 것인지조차 확신하지 못한다. 100년을 더 연구하더라도 그 답을 찾지 못할지도 모른다. 하지만 확실한 것은, 디바인 매트릭스가 존재한다는 것이다. 그것은 바로 여기에 있으며, 우리는 감정의 언어를 통해 그것이 지닌 창조의 힘 안으로 발을 들여놓을 수 있다.

이러한 앎을 우리는 삶 속에서 유용하고도 의미 있게 적용할 수 있어야 한다. 그렇게 함으로써, 우리는 우리가 다른 인간은 물론이고 우주 만물 모두와 이어져 있다는 점을 부인할 수 없게 된다. 바로 이러한 연결의 관점에서 우리는 우리가 실제로 얼마나 강력한 존재인지 깨달을 수 있다. 그러한 깨달음의 결과, 우리는 보다 평화롭고 보다 마음 따뜻한 사람이 되어 이러한 자질을 반영한 세계를 적극적으로 만들어갈 수 있다. 디바인 매트릭스를 통해, 우리는 이를 감정과 상상력과 꿈의 내적 기법으로서 활용함으로써 우리의 삶 속에서 이러한 긍정적 특성들에 집중할 기회를 얻게 된다. 이렇게 할 때, 우리는 삶과 세상을 변화시키는 힘의 정수에 발을 들여놓게 될 것이다.

이 책에 관하여

디바인 매트릭스의 경험은 여러 면에서 컴퓨터를 작동시키는 소프트웨어와 비교될 수 있다. 양쪽 다 시스템이 알아들을 수 있는 언어를 써야 한다. 컴퓨터 언어는 0과 1로 된 숫자 코드이다. 그러나 우리 의식은 숫자도, 알파벳도, 단어도 아닌 전혀 다른 언어를 쓴다. 우리는 이미 디바인 매트릭스의 일부이기에 매트릭스와 소통하기 위해 필요한 모든 것을 당연히 이미 알고 있다. 특별한 훈련이나 사용안내서 없이도 저절로 할 수 있는 것이다.

의식의 그 언어는 다름 아닌 감정이라는 보편적인 경험인 듯하다. 우리는 이미 어떻게 사랑하고 미워하고 두려워하고 용서하는지를 알고 있다. 이러한 느낌들이 디바인 매트릭스를 프로그램하는 사실상의 지침들이라는 것을 인지할 때, 우리는 기쁨과 치유와 평화가 우리 삶에 한결 쉽게 깃들도록 우리의 기술을 갈고 닦을 수 있다.

• • •

나는 이 책에서 과학사나 현대물리학에 대해 구구절절 늘어놓고 싶은 마음이 전혀 없다. 이런 정보를 제공하는 훌륭한 책이 이미 여러 권 나와 있다. 미치오 카쿠Michcio Kaku의《초공간Hyper-space》, 데이비드 봄의《전체와 접힌 질서》등 몇 권은 이 책에 인용하기도 했다. 이 책들은 세상을 보는 새로운 시각을 제시한다는 점에서 모두가 읽어야 할 필독서이다.

이 책은 우리 일상의 신비를 풀기 위해 필요한 지침을 제공하기 위해 쓰여졌다. 이런 이유에서, 나는 양자 물리학 실험 과정을 세세히 설명하기보다는 놀랍고도 혁신적인 실험 결과에 더욱 초점을 맞추었다. 치유와 평화, 기쁨과 사랑, 우정을 삶 속에 구현할 수 있는 힘을 갖고 이 시대에 살아남는 방법을 이해하기 위해서는, 실험 과정이 아니라 그 실험의 결과가 우리 자신에 대해 말해주는 진실을 파악하는 것이 중요하다. 다만 과학적 지식을 상세히 알고 싶어 할 독자들을 위해 각주에 출처를 밝혀두었다.

양자 물리학의 놀라운 발견은, 많은 사람들에게 회의실이나 워크숍, 카페에서 수다 떨 때 써먹을 흥밋거리에 지나지 않을 것이다. 양자 물리학이 암시하는 바는 심오하고, 그 철학은 지고하기 그지없지만, 그러한 새로운 발견이 우리의 일상생활에는 거의 영향을 미치지 못하고 있는 것 같다. 입자가 동시에 두 곳에 존재할 수 있다거나 전자가 아인슈타인의 예상보다 더 빨리 움직일 수 있다는 것을 알아봤자 우리 삶에 아무 영향도 끼치지 않는다면, 그런 지식이 다 무슨 소용이겠는가? 이 경탄스러운 발견이 쇼핑몰이나 거실, 공항이나 교실에서 우리가 경험하는 것이나 우리 신체의 치유 등에 뭔가 관련이 있을 때에야 그 지식은 비로소 우리에게 중요한 것이 될 수 있다.

양자의 신비와 우리의 일상 사이에는 커다란 틈이 있는 것이 사실이지만, 디바인 매트릭스는 바로 이 틈을 이어주는 다리이다. 나는 실험 결과를 설명하는 데서 한 걸음 더 나아가, 그러한 결과가 우리를 더 나은 사람으로 만들고 더 좋은 세상으로 변화시키는 데 어떤 도움이 되는지를 보여줄 것이다.

내가 이 책을 쓴 것은 단 한 가지 이유에서이다. 종종 우리를 무능하고 보잘것없고 초라하게 만드는 이 세상에도 희망과 가능성 그리고 힘이 있다는 것을 알려주기 위해서. 이를 위해, 신과학이 이룩한 놀라운 통찰들을 이야기하듯이 이해하기 쉽고 재미있게 설명하고자 하였다.

수많은 강연을 통해 쌓은 경험 덕분에, 나는 청중에게 의미 있게 다가가기 위해서는 상대방의 학습 방식을 존중해야 한다는 것을 깨달았다. 스스로를 '좌뇌형'이라고 여기든 '우뇌형'이라고 여기든, 사실 우리는 세상을 이해하기 위해 양쪽 뇌 모두를 사용한다. 사람들은 대개 양뇌 중 어느 한쪽에 더 많이 의존하는 것이 분명하지만, 세계를 이해하는 방식에 큰 도약을 이루기 위해서는 논리와 직관 모두를 두루 동원해야 할 것이다.

이런 이유에서, 《디바인 매트릭스》는 카펫을 짜듯이 날실과 씨실이 교차되는 방식으로 쓰였다. 나의 견해와 경험을 '우뇌형'으로 그려 보이는 짬짬이, 이 이야기의 중요성을 보여줄 '좌뇌형' 실험 결과와 이론이 등장할 것이다. 덕분에 지루한 교과서가 아니라 알기 쉬운 방식으로 첨단 과학을 이해할 수 있을 것이다.

우리의 DNA를 비롯한 모든 생명이 네 가지 화학 염기로 구성되어 있듯이, 우주 역시 디바인 매트릭스의 네 가지 특성을 기초로 한다. 디바인 매트릭스의 힘을 이용하기 위해서는 신비로운 방식으로 우리 삶과 연결되어 있는 바로 이 네 가지 놀라운 발견을 이해해야 한다.

발견 1 우주 만물을 연결하고 있는 에너지장이 존재한다.

발견 2 이 에너지장은 우리의 믿음을 비추는 거울이자 이어주는 다리이며 담아내는 그릇의 역할을 한다.

발견 3 이 에너지장은 초공간적이고 홀로그램적이다. 에너지장의 모든 부분은 다른 모든 부분과 연결되어 있으며, 각각의 조각은 전체를 더 작은 규모로 반영한다.

발견 4 우리는 감정의 언어로 이 에너지장과 소통한다.

몸과 마음의 치유에서부터 인간관계의 성공과 경력 쌓기에 이르기까지, 모든 것을 결정하는 실제적인 원리를 이해하고 적용시킬 수 있는 힘이 우리에게는 이미 주어져 있다. 우리 인류가 하나의 종種으로서 살아남을 수 있었던 것은, 궁극적으로, 우주 만물이 하나라는 양자적 세계관에서 비롯된 삶의 비결을 기꺼이 받아들이는 능력이 한몫을 톡톡히 했을 수 있다.

이 책은 디바인 매트릭스가 가리켜 보이는 이러한 놀라운 개념을 설명하고자 3부로 이루어져 있으며, 각 부마다 그 에너지장이 암시하는 핵심 사항을 하나씩 펼쳐 보이게 된다. 각 부의 끝에 딱딱하게 결론을 정리하는 방식 대신, 중간중간 주요 개념이 등장할 때마다 비결 1, 비결 2 등으로 '비결' 뒤에 숫자를 차례로 붙여 안내한다. 또한 8장의 끝부분에는 20개의 비결을 일목요연하게 정리해 놓음으로써 언제든 쉽게 찾아볼 수 있게 하였다.

중요한 인용이나 심오한 영감을 위해 필요한 정보를 조목조목 찾기 쉽도록 각 부를 요약하자면 다음과 같다.

1부 "디바인 매트릭스의 발견: 우주 만물을 하나로 이어주는 신비"에서는 우주 만물을 연결하는 에너지장에 의해 우리 모두가 하나라는 인식이 고대로부터 전승되어 왔다는 사실을 보여준다. 1장에서는 과학자들이 이러한 통일장을 찾는 데에 100년 이상을 지체하게 한 특정 실험에 대해 설명한다. 또한 모든 것이 분리되어 있음을 입증한 이 옛 실험을 재확인하도록 이끈 20세기 양자 물리학의 새로운 발견에 대해서도 설명한다. 여기에는 과거 그 존재를 인정받지 못했던 에너지장에 대해 과학적 증거를 제시한 대표적 실험 세 개가 포함되어 있다.

❶ 인간의 DNA는 우리의 세계를 구성하는 물질에 직접적인 영향을 끼친다.

❷ 인간의 감정은 우리의 세계를 구성하는 물질에 영향을 주는 DNA에 직접적인 영향을 끼친다.

❸ 감정과 DNA의 관계는 시공간의 경계를 초월한다. 그 영향력은 거리에 관계없이 동일하다.

1부의 끝부분에 이르면, 디바인 매트릭스의 존재에 대한 의심이 말끔히 지워질 것이다. 디바인 매트릭스를 영적인 면에서 살피든 과학적 관점에서 판단하든, 저 너머에 무엇인가 있는 것은 분명하다. 그 무엇인가란 바로 우리의 본질과 경험은 물론이고 우리의 행동까지도 하나로 잇고 있는 에너지장이다. 그렇다면 당연히 다음과 같은 논리적 질문이 나오리라. "이러한 정보를 가지고 우리는 무엇을 할 것인가?" "우리의 삶을 위해 디바인 매트릭스를 어떻게 이용할 것인가?"

2부 "상상과 현실을 잇는 다리: 디바인 매트릭스는 어떻게 작동하는가"에서는 우주 만물이 지역에 관계없이 **홀로그램적으로** 연결되어 있는 우주에서 살아간다는 것의 의미를 살펴본다. 이 원리의 미묘한 힘은 20세기 물리학에서 최고의 발견으로 손꼽힐 만한데도 제대로 이해받지 못한 채 간과되어 왔다. 나는 일부러 쉬운 단어를 골라 경험의 신비에 대한 유익한 정보를 제공하고자 하였다. 우리 모두는 이 경험의 신비를 공유하고 있으나 그 커다란 가르침을 대부분 인식조차 하지 못하고 있다.

　모든 것이 언제나 모든 곳에 있다는 관점에서 우리 삶을 바라보면, 그것이 시사하는 바가 너무 방대하여 대다수 사람들은 이해하기가 어려운 것이 사실이다. 우리가 언제 어디에서나 삶의 기쁨과 비극을 늘 함께하면서 서로 지지하고 나누고 함께 참여하면서 살아갈 수 있다고 믿을 수 있는 근거는, 바로 이렇게 우리 모두가 하나로 이어져 있기 때문이다. 그렇다면 어떻게 해야 그 힘을 이용할 수 있을까?

　그 비결은 '여기'와 '거기', '현재'와 '과거'가 따로 있는 게 아니라는 사실을 이해하는 데서부터 시작된다. 우주 만물이 서로 연결되어 있다는 홀로그램적 관점에서 본다면, **여기는 이미 거기이며 과거는 늘 현재에 있어 왔다.** 고대의 영적 전통에서는 우리가 하루하루 매순간 삶을 부정하거나 긍정하는 선택을 내린다고 본다. 매분 매초 삶을 풍요롭게 하거나 고갈시키는 선택을 함으로써 우리 자신을 살찌우거나 말리고 있는 것이다. 우리는 충만한 삶을 선사할 깊은 호흡을 할 수도 있고, 메마른 삶을 선사할 얕은 호흡을 할 수도 있다. 다른 이에 대해 생각하고 말할 때, 존중하는 태도를 보일 수도 있고 모욕하는 태도를 보일 수도 있다.

　얼핏 사소해 보이는 각 선택을 내릴 때마다, 우리는 초공간적이고 홀로그램적인 의식의 힘을 통해 삶의 시공을 뛰어넘는 영향을 끼친다. 우리들 각자의 선택들이 모여 우리의 집단적인 현실이 되는 것이다. 이는 흥미로우면서도 섬뜩한 발견이다. 이러한 이해를 통해 우리는 다음과 같은 점을 알 수 있다.

- 우리의 선한 소망과 생각과 기도가 이미 목적지에 도착해 있는 이유
- 우리는 우리의 몸이나 물리 '법칙'에 제한받지 않는다는 것
- 사랑하는 이가 전쟁터에 있든 회의실에 있든, 그 어디든, 우리 스스로 집을 떠나지 않고도 얼마든지 그에게 도움을 줄 수 있다는 것
- 우리 모두가 즉각적인 치유의 힘을 지니고 있다는 것
- 눈을 감고도 시간과 공간 너머를 보는 것이 가능하다는 것

3부 "디바인 매트릭스가 보내는 메시지: 양자 의식으로 살고 사랑하고 치유하기"에서는 에너지의 통일장 안에서 살아간다는 것의 의미와 이런 점이 우리 삶에 끼치는 영향에 대해 실제적 측면에서 살펴본다. 공시성과 우연, 의도적 치유의 강력한 힘, 가장 친밀한 인간관계가 보여주는 진실 등의 사례를 통해, 유사한 경험이 우리 자신의 삶에서 무엇을 의미하는지를 깨달을 수 있다.

일련의 실제 사례들은 사소해 보이는 일상의 사건들이 실은 '우리 자신'이며 우리의 가장 내밀하고도 진실한 믿음을 보여준다는, 분명하고도 아이러니한 진실을 일깨워준다. 그중에는 반려동물이 자신의 몸 상태를 통해 우리가 알지 못하는 사이에 우

리에게 일어났던 변화나 일어나고 있는 변화를 보여준다는 놀라운 일화도 포함되어 있다.

이 책에는 고대로부터 전승된 신비로운 지혜 전통에 담긴 위대한 비밀을 풀기 위해 20년 넘게 연구와 여행을 계속한 나의 경험이 축적되어 있다. "우리는 **정말** 하나로 이어져 있을까? 그렇다면 얼마나 깊이 연결되어 있을까?", "우리는 우리가 사는 세상을 변화시킬 수 있는 힘을 과연 얼마나 갖고 있을까?" 그런 의문을 품고 있는가? 그렇다면 이 책을 통해 그 답을 찾을 수 있을 것이다.

이 책은 과거의 현실을 미래의 희망으로 연결하고자 하는 이들을 위해 쓰였다. 상처, 비판, 두려움의 흉터로 비틀거리는 세상에서 우리는 모두 용서를 받아야 하고 사랑과 연민으로 다독거려져야 할 필요가 있다. 우리의 존재 자체가 위협받는 이 시대에 살아남을 수 있는 비결은 다름 아닌 새로운 사고방식을 창조하는 데에 있다.

결국 우리는 디바인 매트릭스의 '법칙들'을 이해하고 응용할 수 있는 능력이야말로 우리 모두가 뿌리 깊은 상처를 치유하는 열쇠이고, 큰 기쁨을 누리며 인류가 한 종으로서 살아남을 수 있는 비결임을 깨닫게 될 것이다.

뉴멕시코 주 산타페에서
그렉 브레이든

제1부

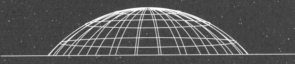

디바인 매트릭스의 발견

우주 만물을 하나로 이어주는 신비

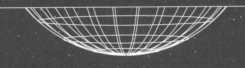

THE DIVINE MATRIX

1장

질문 | 텅 빈 공간 사이에는 무엇이 있는가
대답 | 디바인 매트릭스

"과학은 자연의 궁극적 신비를 풀 수 없다.
모든 것을 다 논의해 보아도 결국에는,
우리 인간 자체가 (…)
우리가 풀려고 애쓰는 신비의 일부가 되기 때문이다."
_물리학자 막스 플랑크Max Planck(1858~1947)

"우리가 우리 자신, 즉 우리의 의식을 이해하는 날,
우리는 우주 또한 이해하게 될 것이고
모든 칸막이가 사라지게 될 것이다."
_물리학자 아미트 고스와미Amit Goswami

우주 만물이 시작되는 곳, 순수 에너지가 그저 '존재'하는 곳이 있다. 현실을 잉태하는 이 양자 인큐베이터 안에서는 어떤 일이든 다 가능하다. 성공, 풍요, 치유는 물론이고 실패, 결핍, 질병까지도…. 우리의 가장 깊은 열망에서부터 무시무시한 두려움에 이르기까지, 모든 것이 이 가능성의 '수프soup'에서 비롯된다.

상상, 기대, 분별, 열정, 기도라는 현실 제조기를 통해 우리는 각각의 가능성을 현실로 끌어낸다. 내가 누구이며, 내가 무엇을 가지고 있고 무엇을 가지고 있지 않은지, 내가 무엇을 해야 하고 무엇을 하지 말아야 하는지, 각자의 믿음에 따라 우리는 더없이 암울한 순간들뿐만 아니라 막대한 기쁨의 순간들에도 생명의 숨을 불어넣는다.

이 순수 에너지를 마음대로 부리기 위해서는, 그것이 존재한다는 것을 알고, 그것이 작용하는 방식을 이해하며, 그것이 알아들을 수 있는 언어로 소통해야 한다. 이것이 열쇠이다. 세상이 시작되는 곳, 즉 디바인 매트릭스의 순수 공간에서, 우리는 현실의 건축가로서 어떤 일이든 우리 마음대로 할 수 있다.

> **비결 1** 디바인 매트릭스는 우주를 담고 있는 **그릇**이자, 만물을 하나로 이어주는 **다리**이며, 우리가 창조한 것을 우리에게 비추어주는 **거울**이다.

10월의 늦은 오후, 뉴멕시코 북서쪽 포코너스의 외딴 협곡에서 하이킹을 하고 있던 나는, 인디언의 지혜 전통 보유자wisdom keeper와 맞닥뜨릴 줄은 상상도 하지 못하고 있었다. 그런데 그가 거기 야트막한 언덕 위에 서 있었다.

그가 그곳에 얼마나 서 있었는지는 모르겠다. 내가 알아차렸을 때, 그는 돌멩이를 피해 조심스레 걸어오는 나를 그저 가만히 지켜보고 있었다. 나직이 기운 태양이 그 사내 앞으로 기다란 그림자를 드리웠다. 나는 눈이 부셔 손차양을 만들었다. 어깨까지 내려온 그의 머리카락이 그의 얼굴 위로 흩날렸다.

그 또한 나만큼이나 놀란 듯싶었다. 그가 양손을 모아 입가에 대고 외치는 소리를 바람이 내 쪽으로 싣고 왔다.

"안녕하세요!"

나도 되받아 소리쳤다. "안녕하세요. 이 시간에 여기서 다른 사람을 다 만나다니 놀랍네요."

나는 조금 더 다가가며 물었다. "언제부터 저를 지켜보고 계셨나요?"

"얼마 안 되었습니다. 조상님의 목소리를 들으려고 저 동굴로 가던 길입니다."

그는 한 팔을 들어 협곡 한쪽을 가리켜 보였다.

산길은 11세기 전 신비의 부족이 세운 고고학 유적지를 지나 굽이굽이 이어져 있었다. 그들이 어디에서 왔고 누구인지는 미스터리이다. 현대의 인디언들이 그저 '옛 사람들'이라고 부르는 그들은 어느 날 갑자기 나타났다가 모두 시간 속으로 사라졌지만, 그들이 남긴 높은 수준의 문명은 천년이 지난 지금도 그 흔적이 뚜렷하다.

4층 높이의 건물과 땅 속에 묻혀 있는 종교 의식용 석조 건축물 키바Kivas, 방대한 관개 수로, 전체 인구를 먹여 살린 농작물 등 모든 것이 어느 날 불쑥 나타난 것처럼 보인다. 그러고는 나타날 때와 마찬가지로 어느 날 불현듯 사라져버렸다. 증발해버린 것이다.

그들이 남긴 몇 안 되는 소중한 실마리만으로 그 정체를 짐작할 뿐이다. 협곡 바위에 그려진 예술품을 제외하고는 어떤 문자도 발견되지 않았다. 공동묘지나 화장터나 전쟁 무기는 흔적조차 없다. 그러나 그들이 존재했다는 증거는 분명하다. 뉴멕시코 북서쪽 외딴 계곡의 한구석, 18킬로미터 길이에 1.5킬로미터 폭의 땅에는 고대 건축물이 수백 채나 들어서 있다.

나는 종종 이곳을 찾아와 거닐면서, 광활한 황량함이 가져다주는 묘한 아름다움에 잠겨 과거를 느끼곤 한다. 그날 10월 오후에 인디언 전통계승자는 나와 같은 날, 같은 이유로 그 고지대 사막으로 온 것이다. 이곳이 품고 있는 비밀에 대해 의견을 나누던 중, 나의 새 친구는 이야기를 하나 들려주었다.

옛날 옛적에

"머나먼 옛날, 세상이 지금과 전혀 달랐답니다." 인디언 전통계승자가 이야기를 시작했다. "사람들의 수가 훨씬 적었고, 땅과 밀착된 삶을 살았습니다. 비가 해주는 말, 곡식이 해주는 말, 그리고 위대한 창조자가 해주는 말을 알아듣고, 또 대화할 수도 있었어요. 심지어, 하늘의 사람들이나 별들과도 이야기하는 법을 알았습니다. 생명이 신성하다는 것을 알았고, 어머니 대지와 아버지 하늘의 결혼으로 생명이 비롯되었다는 것을 알았습니다. 그 시대에, 사람들은 조화롭고 행복하게 살았지요."

주위를 에워싼 사암 절벽에 부딪혀 울려오는 그의 평화로운 목소리를 듣고 있노라니, 내 안에서 아주 오래된 어떤 감정이 솟아나는 것 같았다. 갑자기 그의 목소리에 슬픔이 배어들었다.

"그러다 변화가 일어났어요. 어쩌다 그리되었는지는 알 수 없지만, 사람들은 자신이 누구인지를 잊기 시작했습니다. 그리고 분리되어 있다고 느끼게 되었어요. 대지로부터, 다른 이들로부터, 심지어 그들을 창조한 신으로부터. 사람들은 분리되어 방향을 알지 못한 채 길을 잃고 헤매며 살아가야 했습니다. 서로 분리된 가운데, 그들은 자신들에게 생명을 부여한 바로 그 힘으로부터 스스로를 보호하고 싸워야만 살아남을 수 있다고 믿게 되었습니다. 예전에는 조화와 신뢰 속에서 그 힘과 더불어 살아야 한다고 배워 왔던 그들이 달라진 것입니다. 그리하여 그들은 오래지 않아 주변 환경과 평화로이 공존하는 대신 주변 환경과 맞서 싸우는 데 모든 에너지를 쏟아 버렸습니다."

나는 즉각 그의 이야기에 공감했다. 그가 나에게 하고 있는 이야기는 다름 아닌 오늘을 살아가는 사람들의 이야기였다! 외딴 곳에서 전통과 문화를 가꾸면서 살아가는 소수의 경우를 제외하면, 우리 문명은 우리 **안의** 세계보다는 **바깥**의 세계에 더 집중한다.

우리는 질병을 막고 자연을 통제하기 위해 매년 수억 달러를 퍼붓는다. 그 결과 자연과의 조화로부터 도리어 점점 더 멀어져만 간다. 그 지혜 보유자는 내 마음을 사로잡았다. 나는 그의 이야기가 어떻게 마무리될지 궁금했다.

그는 말을 이어갔다.

"그렇게 자신이 누구인지 까맣게 잊어버리긴 했지만, 그래도 그들의 마음속 어딘가에는 조상님들이 물려주신 선물이 남아 있었습니다. 그들 안에 여전히 살아남아 있는 기억이 있었던 것이지요. 사람들은 밤중에 꿈속에서는, 자신들에게 자신의 몸을 치유할 수 있는 능력, 비를 내리게 하는 능력, 조상님들과 소통할 수 있는 능력이 있다는 사실을 알고 있었습니다. 그들은 자신들의 참된 고향은 바로 자연이라는 것을 알고 있었습니다.

그들은 자신이 누구인지를 기억해내려고 애쓰면서 자신들이 **내면**에서 진정 누구인가를 떠올리게 하는 것들을 몸 **밖**에다 만들기 시작했습니다. 시간이 흐름에 따라, 그들은 몸을 치료하는 기계를 만들고, 곡식을 키우는 화학 약품을 개발하고, 먼 거리에서도 서로 소통할 수 있도록 전선을 연결했습니다. 그들이 내면의 힘으로부터 멀어져서 헤맬수록, 그들은 자신들의 외적 삶이 자신들을 행복하게 만들어줄 것이라고 믿은 것들로 인해 더욱 더 어지러워져 갔습니다."

이야기 속의 사람들과 현대인들 사이에는 뚜렷한 공통점이 있었다. 우리 문명은 스스로를 치유하거나 더 좋은 세상을 만들 수 없다는 무력감에 깊이 매몰되어 있다. 사랑하는 이들이 고통과 중독의 손아귀에 떨어지는 모습을 보면서, 우리는 그들을 도와줄 아무런 방법도 없다는 **무력감**에 휩싸이곤 한다. 새로이 출현한 끔찍한 질병 앞에서 우리에게는 그것을 막을 **힘이 없다**고 너무 쉽게 생각해 버린다. 낯선 땅의 전쟁터에 나가 있는 이들을 위해서도 우리는 그저 멀리서 **평화를 빌 뿐**이다. 세계가 종교적 믿음, 혈통, 국경선을 따라 분열되어 감에 따라 커져가는 핵전쟁의 위협 앞에서도 우리는 놀랄 정도로 무관심하다.

대지와 우리의 몸, 다른 사람들, 그리고 신과의 자연스런 관계에서 멀어질수록, 우리는 점점 더 공허해져 간다. 이러한 공허감을 메우려고 우리는 '물건들'에 집착한다. 이런 관점에서 세상을 볼 때, 나는 1997년에 개봉한 SF 영화 〈콘택트Contact〉에서 그려 보인 딜레마가 절로 떠오른다. 대통령의 과학 고문(매튜 매커너히 분)은 과학계가 직면한 근원적 의문을 탐색한다. 그는 텔레비전 인터뷰 도중 묻는다. 첨단 기술로 인해 더 나은 사회가 되었다면 그 결과 우리는 서로 더욱 친밀해졌는가, 아니면 더욱 멀어졌는가? 영화에는 그 답이 나오지 않는데, 이 질문에 대해 논하는 것만으로도 책 한 권은 족히 써야 할 것이다. 하지만 우리가 분리되기 위해 우리의 힘을 얼마나 쏟아부어 왔느냐는 그의 질문은 아주 타당한 것이다.

비디오 게임, 영화, 온라인에서 맺은 가상의 관계, 목소리를 쓰지 않는 의사소통이 대면 접촉과 현실 생활을 대체하며 필수

품이 되어가는 것은, 우리 사회가 곤란한 지경에 빠져 있다는 징후일 수 있다. 전자 제품과 엔터테인먼트 미디어 덕분에 삶이 더욱 흥미로워진 것처럼 보이지만, 이는 풍요롭고 건강하며 의미 있게 살 수 있는 우리 자신의 힘으로부터 우리가 얼마나 멀어져 있는지를 말해주는 적신호일 수도 있다.

덧붙여 말하자면, 우리가 건강하게 사는 법보다 **질병을 피하는 법**에 집중하고, 평화롭게 협동하는 법보다 전쟁터에서 **멀리 떨어져 있는 법**에 골몰하며, 무력 충돌이 사라진 세상에서 사는 법보다 **신무기를 개발하는 법**에 열광한다면, 우리는 확실히 살아남기 위해서 삶을 영위하고 있는 것일 뿐이다. 이런 상태에서는 누구도 진실된 행복을 누릴 수 없다. 누구도 진정한 '승자'가 될 수 없다. 이제는 다른 길을 모색해야 한다. 이 책은 바로 그 다른 길에 대한 이야기이고, 이 이야기를 공유하는 것도 바로 그 때문이다.

나는 그 지혜 보유자에게 물었다.

"그 이야기는 어떻게 끝나지요? 그 사람들은 자신들의 힘을 되찾고 자신들이 누구인지를 기억해냈습니까?"

그때, 태양이 협곡 너머로 가라앉으며 나는 처음으로 그의 얼굴을 제대로 볼 수 있었다. 볕에 그을린 얼굴의 사내는 내 앞에 서서 그 질문에 활짝 미소를 지었다. 잠시 침묵을 지키다 그가 속삭였다.

"그건 아무도 모릅니다. 그 이야기는 아직 끝나지 않았거든요. 길을 잃은 사람들은 바로 우리의 조상들입니다. 그리고 그 결말을 기록할 이는 바로 우리 자신들이고요. 어떻게 생각하십니까?"

그 후, 나는 그와 겨우 두어 번 마주쳤을 뿐이다. 우리가 사랑하는 땅과 공동체에서. 하지만 나는 종종 그를 떠올리곤 한다. 세상사가 돌아가는 모습을 볼 때면 그의 이야기를 떠올리며, 우리가 이번 생에 그 이야기의 결말을 완성시킬 수 있을지 궁금해한다. 과연 우리는 우리가 누구인지 기억해낼 수 있을까?

협곡에서 그 남자가 들려준 이야기가 암시하는 바는 더없이 크다. 얼마나 오래되었든, 과거의 문명이 사용했던 도구들은 현대의 기술보다 수준이 떨어진다고 생각하는 것이 통념이었다. 당시 사람들이 문제 해결을 위해 '현대' 과학을 이용하지 않았을지는 모르지만, 그들이 우리보다 오히려 더 좋은 것을 가지고 있었을 수도 있다.

과거를 해석하는 데에 삶을 바친 역사학자나 고고학자와 토론할 때, 이 주제는 실로 뜨거운 열기를 몰고 온다. 전문가들은 묻는다.

"그토록 발전된 문명이었다면, 그러한 과학 기술의 흔적은 어디에 남아 있습니까? 그네들이 만든 토스터와 전자레인지와 비디오 레코더가 어딘가에 남아 있을 것 아닙니까?"

문명의 발전 정도를 따지는 데 개인들이 만든 물건이 중요한 기준점이 된다는 사실은 실로 흥미롭지 않을 수 없다. 그들이 무엇을 만들었는지가 그렇게 중요한 것일까? 물론 내가 아는 한 미국 남서부에서든 세계 어디에서든, 고고학 유적지에서 텔레비전이나 디지털카메라가 나온 적은 없다. 그 이유는 무엇일까?

이집트, 페루, 미국의 데저트 사우스웨스트Desert Southwest와 같은 앞선 문명에서는, 토스터나 비디오 레코더 따위가 필요하지 않을 정도로 우리보다 **앞서** 있었는지도 모른다. 그들은 요란하고 복잡한 외부 세계의 필요성을 이미 초월한 문명을 구가했을지도 모른다. 그들은 자기 자신이 누구인지를 너무나 잘 알았기에 (우리가 잃어버린) **내면의 기술**inner technology로 전혀 다른 삶을 살았을지도 모른다. 그러한 지혜 덕분에 그들은 삶을 유지하고 치유하는 데 필요한 모든 것을 갖추고 있었을지도 모른다. 거기에 비하면 우리는 이제 막 걸음마를 떼기 시작한 것이 아닐까?

이것이 사실이라면, 우리가 누구인지를 이해하고 우주에서의 우리 역할을 파악하기 위해 살펴야 할 것은 바로 자연일 것이다. 양자 세계의 신비로운 발견 덕분에 우리는 예리하고도 깊은 통찰력을 일부나마 이미 얻었다고 할 수 있다. 20세기에 물리학자들은 우리 몸과 우주를 구성하는 물질이, 거의 300년 동안 신성시되었던 엄격한 물리 법칙을 항상 따르는 것은 아니라는 사실을 알아냈다. 사실 극소의 세계the tiniest scales of our world에서는 우리 몸을 이루는 입자들이 우리가 서로 분리된 개체라는 법칙을 저버린다. 입자 차원에서는 모든 것이 서로 연결되어 있고 그 한계가 없는 듯하다.

이러한 발견은 우리 몸 안에 시간이나 공간이나 심지어 죽음으로도 제한할 수 없는 그 무엇이 존재함을 시사한다. 즉 우리는 모든 것이 항상 서로 연결되어 있는 '초공간적nonlocal'우주에서 살아가고 있는 것이다.

정신과학 연구소the Institute of Noetic Sciences의 수석 과학자인 딘 라딘Dean Radin은 그러한 세계에서의 삶의 의미를 탐색한 선구자이다. 그는 말한다. "초공간성이란 분리되어 있는 듯 보이는 것들도 실은 분리되어 있지 않다는 것을 의미한다."• 라딘의 말에 따르면, 우리는 지금 여기를 너머 시공간 전체로 우리 자신을 확장하고 확산하여 나아갈 수 있다. 다시 말하면, '우리'는 하나의 육체 안에서 살아가지만 우리 몸을 감싸고 있는 피부와 털로 제한받는 존재들이 아니다.

그 신비의 '무엇'을 뭐라고 부르든, 우리 모두는 그것을 갖고 있다. 우리의 그것은 다른 이의 그것과 뒤섞여 우주 만물을 담고 있는 에너지장의 일부가 된다. 이 에너지장은 우주를 하나로 잇는 양자망網이자, 우리 몸의 치유에서부터 세계 평화에 이르

• 2004년 영화 〈서스펙트 제로(Suspect Zero)〉 (E. 엘리아스 메리지 감독, 파라마운트 스튜디오스, DVD 발매 2005년 4월)의 제작자들과 함께 한 특별 해설 시간에 딘 라딘이 한 말. 영화는 원격투시를 이용한 범죄 수사를 주제로 한다. 라딘은 15년 동안 학계와 산업계에서 초심리학 현상을 연구했다. 프린스턴 대학, 에든버러 대학, 네바다 대학, 스탠포드 연구소 등에 재직한 후 현재는 '개인과 사회, 지구의 변화를 촉진하기 위한 의식의 미개척 분야'를 탐험하는 정신과학 연구소에서 수석 과학자로 활약 중이다.

기까지 모든 것의 청사진이 담겨 있는 무한히 미시적이고도 강력한 설계도이다. 우리의 참된 힘을 깨닫기 위해서는 먼저 이 에너지장의 존재와 작동 방식을 이해해야 한다.

뉴멕시코 북부의 협곡이든 세계의 어느 곳이든, 그곳에 살았던 고대인들이 우리가 잊고 지내는 삶의 이치를 이미 터득하고 있었다고 한다면, 오늘날의 우리가 선조들의 지식에 경의를 표하고 그들의 지혜를 새롭게 자리매김하는 일의 중요성은 아무리 강조해도 지나치지 않을 것이다.

우리는 정말 연결되어 있는가

현대 과학은 고대로부터 지금까지 이어진 가장 큰 신비 중 하나를 풀고자 애쓰고 있다. 여기에 대해서는 저녁 뉴스에서 다루어지지도 않고 〈USA 투데이〉나 〈월스트리트 저널〉에서도 크게 다루어지지는 않는다. 하지만 '새로운 물리학'이 지난 70년 동안 쌓아올린 연구들은 우리가 도저히 피할 수 없는 다음과 같은 결론을 제시한다.

> **비결 2** 우리가 사는 세상의 모든 것은 다른 모든 것과 서로 연결되어 있다.

정말이다! 이것은 오늘날 우리가 알고 있는 과학의 기반을 뒤흔들고도 남을 놀라운 소식이 아닐 수 없다.

물론 이렇게 물을 수도 있으리라. "그래요, 전에도 그런 이야기를 들었어요. 하지만 그게 뭐가 그리 특별하다는 거죠? 서로 연결되어 있다는 게 뭐 대수라고요?"

아주 좋은 질문이다. 그 대답에 당신은 깜짝 놀랄 것이다. 과거의 믿음과 새로운 발견이 어떻게 다른지를 설명하자면 이렇다. 과거에 우리는 그러한 연결이 존재한다는 것을 **단순히 듣기만** 했을 뿐이다. '초기 조건에의 민감한 의존성'이니 '나비 효과'니 우리가 '이곳'에서 하는 행동이 '저곳'에 영향을 준다느니 하는 과학적 표현을 통해, 우리는 상호연결이 우리 삶에 존재한다는 것을 막연하게나마 알게 되었다. 하지만 새로운 실험들은 우리를 여기서 한 걸음 더 나아가게 한다.

우리는 우주 만물과 서로 연결되어 있을 뿐만 아니라 그러한 연결이 바로 **우리 때문에** 존재한다는 사실이 연구 결과 밝혀진 것이다. 이는 운명의 날이 왔을 때 카드를 우리 자신에게 유리하게 섞을 수 있는 힘이 우리에게 있음을 의미한다. 사랑과 치유에서부터 꿈의 성취에 이르기까지, 우리는 우리가 경험하는 나날의 삶에서 '필수적 부분integral part'인 것이다.

우리가 우리의 상호연결성을 의식적으로 이용할 수 있음을 보여주는 발견들은, 우리로 하여금 우주 전체를 움직이는 바로 그 힘에 발을 들여놓게 한 것이나 다름없다. 당신과 나, 지구 위를 걸고 있는 모든 인간의 안에는 전체성이 존재하며 이 덕분에 우리는 원자, 별, 심지어 생명체의 DNA에 이르기까지, 우주 만물을 창조하는 힘에 직접 영향을 줄 수 있는 것이다!

하지만 한 가지 사소한 문제가 있다. 이러한 영향력을 발휘하기 위해서는 우선 그 능력을 잠에서 깨워야 한다는 것이다. 그 비결은 세상과 인간의 관계에 대한 시각을 살짝 바꾸는 것이다. 크리스토퍼 로그의 시에서, 입문자들이 절벽으로 살짝 떠밀린 다음에야 자신이 날 수 있음을 깨닫게 되는 것과 마찬가지로, 인식의 아주 작은 변화만으로도 우리는 불가능을 가능케 하는 더없이 강력한 힘에 발을 들여놓을 수 있다. 그리고 이런 일은 우리가 우주에서 행하는 우리의 역할을 새로운 방식으로 바라볼 때에만 가능해진다.

우주는 우리가 감히 상상조차 할 수 없을 정도로 광대하다. 그러니 먼저 일상 속에서 우리 자신을 달리 보는 연습부터 하자. 우리가 행해야 할 '자그마한 변화'란, 우리가 우주와 **별개의 존재**가 아니라 **우주의 일부**임을 깨닫는 것이다. 우리가 보고 겪는 모든 것과 우리 자신이 하나임을 확신하기 위해서는 **어떻게 상호 연결되어 있으며 그러한 연결이 어떤 의미를 갖는지**를 이해해야 한다.

> **비결 3** 우주의 힘을 이용하기 위해서는, 우선 우리 자신이 우주와 분리된 존재가 아니라 그 일부임을 깨달아야 한다.

우주를 이루는 '것'(에너지의 입자와 파동)은 만물을 하나로 이어주는 연결로 인해, 우리가 과거에 알고 있던 시간과 공간의 법칙을 깨뜨리는 것으로 보인다. 공상과학 소설처럼 들리겠지만, 모두 실제 일어나고 있는 현상이다. 예를 들어, 빛의 입자(광양자)는 동시에 두 곳에, 그것도 수 킬로미터 떨어진 상태로, 존재하는 것으로 관찰되었다.

아인슈타인은 빛보다 빠른 속도로 여행할 수 있다는 것을 가정했지만, 우리 몸의 DNA에서부터 세상 만물의 원자에 이르기까지 자연의 물질은 그 이상으로 빨리 정보를 공유하는 것으로 보인다. 몇몇 실험에서는 데이터가 원래 지점에서 출발하기도 **전에** 이미 도착해 있었다! 이러한 현상은 불가능한 것으로 간주되어 왔지만, 이는 가능할 뿐만 아니라 단순히 미립자의 흥미로운 예외적 현상으로 치부하기에는 너무도 깊은 의미를 지니고 있을 수 있다. 기존 물리학의 고정관념을 넘어 새로운 시각으로 본다면, 양자 입자들의 자유로운 이동은 우주가 어떻게 작동하는지를 드러내어 보여준다.

물론 이러한 실험 결과는 〈스타트랙〉 시리즈의 미래 버전에나 나올 법한 이야기이지만, 오늘날의 과학자들이 행한 정밀한 실험에서 그대로 목격되고 있는 현실이기도 하다. 개별적으로 보면, 이런 실험들은 매혹적이기 이를 데 없으며, 더 많은 연구가 행해져야 마땅하다. 하지만 종합적으로 생각해보면, 이는 우리가 기존의 물리 법칙에 제한받지 않을 수도 있음을 보여준다.

빛보다 더 빠른 속도로 **여행할 수 있는** 것들이 존재하고 그것들은 동시에 **두 장소에 있을 수도 있는** 것이다! **한낱 물질도** 그런 능력이 있거늘, 우리라고 해서 왜 없겠는가?

이는 현대의 혁신가들을 흥분시키고 우리의 상상력을 촉진하는 놀라운 가능성이 아닐 수 없다. 무엇이든 가능하다는 상상력과 감성이 결합되면, 그 가능성에는 생명이 부여되어 현실화될 수 있게 된다. 가능성을 현실화시키려면, 먼저 그런 일은 일어나지 않을 것이라는 믿음에 여지를 두어야 한다. 우리는 의식과 인식의 힘을 통해 그 '무엇'을 창조하는 것이다.

시인 윌리엄 블레이크William Blake는 상상력이야말로 우리들 존재의 정수라고 보았다. 상상은 결코 시간이 남아돌아서 하게 되는 여유의 소산이 아니다. 그는 단호히 말했다. "인간은 곧 상상 자체이다. **인간의 영원한 몸은 상상, 곧 신 자체이다.**"* 철학자이자 시인인 존 매켄지John Mackenzie 는 더 나아가, 상상력과 우리의 관계를 이렇게 설명한다. "실재와 상상의 차이가 항상 뚜렷이 구별되는 것은 아니다. (…) 존재하는 모든 것은 상상의 산물이다."** 이 두 인용문은 인생에서 일어나는 구체적인 일들은 현실이 되기에 앞서 먼저 가능성으로 그려진 것들이었음을 가리

---

* 네빌,《율법과 약속(The Law and the Promise)》(Marina del Rey, CA: DeVorss, 1961), p.9.
** 앞의 책, p.44.

켜 보인다.

하지만 어느 순간 상상했던 개념들이 다른 시간대에서 현실이 되기 위해서는, 이 두 시간을 이어주는 무엇인가가 존재해야 한다. 우주라는 직물에는 과거의 상상을 현재와 미래의 현실로 이어주는 연결고리가 있는 것이 분명하다. 아인슈타인은 과거와 미래가 4차원의 무엇인가로, 그가 '시공간space-time'이라고 불렀던 것으로 긴밀히 얽혀 있다고 확고히 믿었다. "과거와 현재와 미래의 구별은 고집스런 망상에 지나지 않는다."•

따라서 이제 막 이해하기 시작한 방식으로 보면, 우리는 오늘 우리의 삶 속에서 우리가 보고 있는 모든 것뿐만 아니라 과거에 일어났던 모든 일들, 나아가 아직 일어나지도 않은 미래의 일들과도 하나로 이어져 있다. 우리가 지금 경험하고 있는 것은 우리가 보지도 못한 우주의 어느 영역에서 이미 일어난(적어도 부분적으로는) 사건의 결과인 것이다.

이러한 관계가 의미하는 바는 실로 크다. 지성을 가진 에너지장이 지구 평화에서부터 개인의 치유에 이르기까지 모든 것을 하나로 잇고 있는 세계에서는 과거에 공상이나 기적으로 여겨졌던 것들이 갑작스레 우리의 삶 속에 실제로 가능한 일이 된다.

이러한 상호연결을 명심하고서 삶과 가족과 심지어 일상적 만남에 이르기까지 자신이 어떤 식으로 이어져 있는지를 이 새

• 《아인슈타인 어록집 증보판(The Expanded Quotable Einstein)》, p.75.

롭고도 놀라운 관점으로 생각해 보자. 좋든 싫든, 옳든 그르든, 밝고 아름답든, 추악하고 끔찍하든, 인생사는 더 이상 우연의 연속으로 간주될 수 없다. 기쁨을 가져다주는 치유, 평화, 풍요, 경험의 창조, 성취, 관계의 열쇠는 우리가 우리 현실 안의 모든 것과 얼마나 깊이 관련되어 있는지를 깨닫는 데에 있다.

매트릭스를 찾아서

계곡에서 사는 나의 인디언 친구에게 우리 모두가 서로 연결되어 있다는 소식을 처음으로 전했을 때가 생생히 떠오른다. 시장에서 우연히 그와 마주친 나는 기존에 알려진 에너지와는 다른 '새로운' 에너지장, 곧 통일장이 발견되었다는, 내가 이제 막 접한 소식을 열정적으로 늘어놓았다.

나는 다짜고짜 이렇게 말했다. "이 에너지장은 모든 것을 하나로 이어준다고 합니다. 그것이 우리를 세상과 이어줍니다. 서로를 이어주고, 심지어는 지구 너머의 우주와도 이어줍니다. 당신과 내가 지난번에 만나서 이야기했던 것과 똑같아요."

친구는 나의 흥분된 마음을 배려해 주듯 잠시 침묵을 지키고 있었다. 역시 그다운 태도였다. 그러고는 숨을 크게 들이쉬더니, 역시나 그답게 에두르지 않고 말했다. 솔직하고도 핵심을 찌르는 말이었다.

"그래요! 당신들은 이제야 모든 것이 서로 연결되어 있다는 것을 발견했군요. 우리 부족은 예전부터 알고 있었지요. 당신네 과학자들도 마침내 알아냈다니 정말 기쁘군요!"

지성을 가진 에너지장이 우주에서 정말 그토록 중요한 역할을 하고 있다면, 우리는 왜 여태 몰랐던 것일까? 역사상 가장 특출한 시기라고 역사가들이 입을 모으는 20세기가 끝났다. 겨우 한 세대 동안 우리는 원자의 힘을 폭발시키는 법과 대형 도서관의 정보를 컴퓨터 칩 하나에 담는 법, DNA를 읽고 설계하는 법을 알아냈다. 이토록 경이로운 과학적 성취를 수없이 달성했으면서도 정작 가장 중요한 발견인 우주의 힘을 다스리는 법은 왜 놓쳤던 것일까? 그 대답은 실로 충격적이다.

· · ·

그다지 멀지 않은 과거에 과학자들은 지성을 가진 에너지장의 존재 여부를 확인하고는 우리가 이 에너지장을 통해 과연 하나로 연결되어 있는지 그 미스터리를 풀려고 시도했다. 계획이야 야심찼지만 100년이 지난 지금도 우리는 이 유명한 실험 결과의 후유증으로부터 온전히 벗어나지 못하고 있다. 20세기의 대부분 기간 동안 과학자들은 우주 만물을 잇는 단일한 에너지장에 대해 감히 언급할 엄두도 내지 못했다. 자칫 잘못 말을 꺼냈다가는 강의실에서 비웃음을 사거나 학계에서 매장당하기 십상이었다. 과학계는 극소수를 제외하고는 단일한 에너지장이라는 개념을 거부했으며, 심지어 그 가능성마저 일축했다. 하지만 늘 그랬던 것은 아니다.

우주 만물이 서로 연결되어 있다는 우리의 감각은 여전히 미스터리로 남아 있지만, 그 존재가 인정받도록 이름을 붙이려는 시도는 무수히 많았다. 예를 들어, 불교 경전에서는 제석천帝釋天이 머무는 곳을 '삼라만상을 잇는 그물망*이 시작되는 곳'이라고 한다. "저 멀리 제석천의 궁전에는 어느 솜씨 좋은 장인이 걸어놓은 아름다운 그물망이 사방으로 무한히 뻗어 있다."**

호피 인디언의 창조 신화에서는 먼 옛날 거미 할머니가 텅 빈 이 세상에 나타나 우리 세상이 지금의 주기를 시작하게 되었다고 말한다. 거미 할머니가 한 첫 번째 일은 세상 만물을 잇는 커다란 거미망을 지어, 이것으로 자신의 아이들이 살아갈 세상을 창조하는 것이었다.

고대 그리스 시대 이후 만물을 잇는 우주적 에너지장의 존재를 믿는 이들은 이 에너지장을 **에테르**라고 불렀다. 그리스 신화에서 에테르는 공간의 본질이자 '신들이 숨 쉬는 공기'로 여겨졌다. 피타고라스와 아리스토텔레스는 이것을 불, 공기, 물, 흙

- 역주: Indrajāla(인드라얄라), Indra's Net, 인다라망因陀羅網, 인드라의 그물, 인드라망.
- 프랜시스 해럴드 쿡, 《화엄 불교: 제석천의 보석 그물망(Hua-yen Buddhism: The Jewel Net of Indra)》(University Park, PA: Pennsylvania State University Press, 1977), p.2.

에 이어 창조의 신비로운 제5원소라고 믿었다. 훗날 연금술사들 역시 세계를 묘사하며 에테르라는 표현을 썼는데, 이는 현대 과학이 탄생할 때까지도 계속되었다.

오늘날 대부분의 과학자들이 생각하는 것과는 반대로 역사상 위대한 지성인들 중에는 에테르의 존재를 믿은 이가 적지 않았다. 심지어 몇몇은 여기서 한 발짝 더 나아가기도 했다. 그들은 물리학 법칙이 제대로 작동하기 위해서는 에테르가 꼭 필요하다고 주장했다. 현대 과학의 '아버지'인 아이작 뉴턴Isaac Newton은 17세기에 우주 전체에 퍼져 있는 투명 물질을 **에테르**라고 칭했다. 신체 감각은 물론이고 중력 역시 이 에테르로 인해 생긴다는 것이다. 또한 뉴턴은 에테르의 존재를 입증해 보일 기계 장치가 당대에 없다는 사실을 인정하면서도 에테르가 살아 있는 영a living spirit이라고 생각했다.

19세기에 전자기 이론을 발표한 제임스 클러크 맥스웰James Clerk Maxwell은 세상 만물을 잇는 에테르에 대한 과학적 설명을 내놓았다. 맥스웰은 에테르를 다음과 같이 묘사했다. "눈에 또렷이 보이는 것보다 한결 미묘한 물질이 우주의 텅 비어 보이는 공간에 존재하는 것으로 추정된다."*

• 전자기학의 아버지, 제임스 클러크 맥스웰이 1890년 케임브리지 대학출판사에서 발간한 브리태니커 백과사전 9판에 쓴 '에테르' 항목의 첫 문장. www.mathpages.com/home/kmath322/kmath322.htm.

보다 최근인 20세기 초에는 가장 존경받는 과학자들 중 일부가 텅 빈 우주 공간을 채우는 물질을 묘사하기 위해 이 고대 용어를 이용했다. 그들은 에테르가 물리적 물질과 순수 에너지의 중간쯤인 밀도를 가진 실제 물질이라고 여겼다. 빛이 텅 비어 보이는 우주 공간을 이동할 수 있는 것은 바로 이 에테르 때문이라고 추론했다.

노벨상을 수상한 물리학자 헨드릭 로렌츠Hendrik Lorentz는 1906년 다음과 같이 말했다. "에테르는 에너지와 파동을 가진 전자기장일 수 있다. 어느 정도 물질성을 가지고 있지만, 일반적인 물질과는 다른 것으로 보인다."* 로렌츠의 방정식은 아인슈타인이 상대성이라는 혁명적 이론을 개발하는 데 중요한 도구가 되었다.

아인슈타인의 이론은 우주에 에테르가 불필요하다고 말하는 듯 보이지만, 아인슈타인은 우주의 텅 빈 공간을 무엇인가가 채우고 있다고 믿었다. "에테르가 없는 우주는 생각할 수 없다." 로렌츠와 고대 그리스인이 에테르를 빛의 파동이 이동하는 길로 여겼듯이, 아인슈타인은 에테르가 물리 법칙이 존재하기 위해 꼭 필요하다고 말했다. "[에테르가 없는] 공간에서는 빛의 전파

• 물리학자 헨드릭 로렌츠가 1906년에 한 말. 에테르장에 대한 여러 시각을 모아놓은 웹사이트의 글 '물리학: 절대적 공간(에테르, 아카사)과 무한하고도 영원한 연속 파 매질에 대하여'에서 인용.
  www.spaceandmotion.com/Physics-Space-Aether-Ether.htm.

가 불가능할 뿐만 아니라 시간과 공간의 기준이 존재할 수조차 없다."*

아인슈타인은 에테르의 가능성을 인정하면서도, 다른 한편으로는 에테르가 일반적인 의미의 에너지가 아닐 수도 있다고 경고했다. "에테르가 무게를 잴 수 있는 매질의 특성을 지니고 있거나 시간을 통해 살펴볼 수 있는 입자로 구성된 것은 아닐 수도 있다."** 아인슈타인은 에테르의 비전형적 특성으로 인해 자신의 이론과도 얼마든지 양립할 수 있다고 설명했다.

오늘날에는 에테르장ether field을 단순히 언급하기만 해도 그 존재 여부를 놓고 격렬한 논쟁이 벌어진다. 또한 에너지장의 존재 여부를 확실히 하기 위해 고안된 그 유명한 실험에 대한 기억을 즉각 되살아나게 한다. 이러한 종류의 실험이 종종 그러하듯이, 그 실험 결과는 답을 찾아내기보다는 오히려 논쟁의 여지가 가득한 질문만 더 야기하고 말았다.

역사상 최고의 '실패'를 낳은 실험

100년도 전에 실행된 에테르 실험은 이를 기획한 두 과학자 앨

- 알베르트 아인슈타인이 1928년 강연에서 한 말. 앞의 책.
- 앞의 책.

버트 마이컬슨Albert Michelson과 에드워드 몰리Edward Morley의 이름을 따서 명명되었다. 마이컬슨-몰리 실험의 유일한 목표는 신비에 싸인 에테르가 우주에 정말 존재하느냐 여부를 확인하는 것이었다. 1881년에 이미 실행된 실험 결과를 재확인하기 위해 1887년에 현재의 케이스웨스턴리서브 대학에서 재실행된 실험은 과학계의 관심을 집중시켰다.* 궁극적으로 이 실험은 19세기 말 최고의 지성인들조차 예상하지 못한 후유증을 낳게 된다.

이 실험의 배경이 된 가설은 확실히 혁신적이었다. 에테르가 정말로 존재한다면 이는 어디에나 가만히 고여 있는 에너지일 것이라고 마이컬슨과 몰리는 추론했다. 이것이 참이라면, 지구가 에테르를 통과할 때 측정 가능한 움직임을 유발할 것이 분명했다. 캔자스의 광대한 황금빛 밀밭이 일렁이는 물결을 보고서 바람이 지나감을 알 수 있듯이, 에테르의 '바람'도 측정할 수 있을 터였다. 마이컬슨과 몰리는 이 가설상의 현상을 **에테르 바람** ether wind이라고 이름 붙였다.

비행기 조종사라면 비행기가 대기의 흐름을 따라 날아갈 때 비행시간이 훨씬 단축된다는 데 입을 모아 동의할 것이다. 이와 반대로 바람에 맞서 날아가게 되면 기체가 덜커덩거리는 것은

---

* A. A. 미첼슨, 〈지구의 상대적 운동과 빛을 전달하는 에테르(The Relative Motion of the Earth and the Luminiferous Ether)〉, *American Journal of Science*, vol. 22 (1881), pp.120-129.

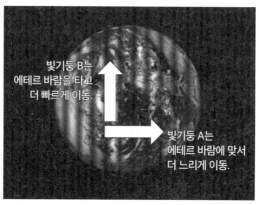

빛기둥 B는
에테르 바람을 타고
더 빠르게 이동.

빛기둥 A는
에테르 바람에 맞서
더 느리게 이동.

그림 1. 마이컬슨과 몰리는, 에테르가 존재한다면 빛은 에테르 바람에
맞서 이동할 때 (A) 더 느리고, 바람을 타고 이동할 때 (B) 더 빠
를 것이라고 믿었다. 1887년에 행해진 실험에서 에테르 바람은
발견되지 않았고, 그 결과 에테르는 존재하지 않는다는 결론이
내려졌다. 이 해석은 과학계에서 100년 넘게 군건한 지위를 지
켰다. 그러나 1986년 〈네이처Nature〉는 더욱 정교한 기계로 측
정한 실험 결과를 발표했다. 그 핵심은 이러했다. 에테르의 특성
을 지닌 장場이 발견되었는데, 1세기 전 예측된 바와 같은 특성
을 가지고 있었다.

물론이고 바람의 저항 때문에 비행시간이 길어진다. 마이컬슨
과 몰리는 두 방향에서 동시에 빛을 발사한다면 각 빛이 목적지
에 도달하는 시간이 다를 것이고, 이를 통해 '에테르 바람'의 존
재와 세기를 알 수 있으리라고 보았다. 실험 자체는 멋진 아이
디어였지만, 그 결과는 모두를 놀라게 했다.

　마이컬슨과 몰리의 실험 장비는 에테르 바람을 전혀 감지하지
못했다. 1881년 실험에 이어 1887년 실험에서도 에테르 바람이
존재하지 않는다는 결과가 나오자 에테르의 존재가 확실히 부
인되었다. 〈미국 과학 저널American Journal of Science〉에서 '가장 성

공적인 실패한 실험the most successful failed experiment'이라는 명칭을 부여받은 이 실험의 결과를 마이컬슨은 다음과 같이 해석했다. "고요한 에테르장이라는 가설은 실험 결과 부정확한 것으로 판명되었다. 따라서 이 가설은 틀렸다고 보는 것이 타당하다."*

에테르의 존재 증명이라는 측면에서 본다면 이 실험은 '실패'라고 보아야겠지만, 사실 이는 에테르장이 과학자들의 예상대로 움직이지 않음을 보여줄 뿐이다. 아무 움직임도 감지되지 않았다고 해서 에테르가 존재하지 않는다는 의미는 아니다. 이해하기 쉽게 비유를 들자면, 손가락을 머리 위로 들어 바람이 지나가는지를 느껴보라. 아무 바람도 느껴지지 않는다고 해서 거기에 공기가 없다고 결론짓는 것은 1887년 실험에서 과학자들이 한 것과 똑같은 실수를 저지르는 짓이다.

그런데도 현대의 과학자들은 이 실험을 에테르가 존재하지 않는다는 확고한 증거로 받아들이고는 우주 만물이 개별적 존재라는 가정을 철석같이 믿고 있다. 한 개인이 세상의 한 부분에서 행하는 행동은 세상의 다른 부분과는 아무 상관이 없으며 지구 반대편에 사는 사람들에게 아무 영향도 끼치지 못한다고 생각하는 것이다. 이론의 여지는 있겠지만, 이 실험은 우리의 삶

● A. A. 미첼슨, 에드워드 W. 몰리, 〈지구의 상대적 운동과 빛을 전달하는 에테르에 대하여(On the Relative Motion of the Earth and the Luminiferous Ether)〉, *American Journal of Science*, vol. 34 (1887), pp.333-345.

과 지구에 심오한 영향을 끼칠 세계관에 중요한 토대를 마련해 주었다. 그리고 우리는 그러한 세계관에 따라 나라를 다스리고 도시를 개발하고 원자폭탄을 실험하고 자원을 고갈시키면서도 다른 곳에는 아무 영향도 끼치지 않는다고 믿고 있다. 1887년 이후 우리는 모든 것이 다른 모든 것과 분리되어 있다는 믿음 하에 문명을 발전시켰던 것이다. 하지만 최근의 실험 결과, 이는 전혀 사실이 아님이 밝혀졌다!

처음 실험을 한 이후 100년도 더 지나 다시 행해진 최신 실험들은 에테르가 혹은 에테르와 비슷한 어떤 것이 존재함을 보여준다. 그저 마이컬슨과 몰리가 예상한 것과 다른 형태일 뿐이다. 두 과학자는 19세기 중반에 발견된 다른 에너지들처럼 에테르장 역시 전기와 자기로 이루어져 있으며 가만히 고여 있으리라고 믿었다. 하지만 에테르는 전형적인 에너지와는 거리가 멀었다.

1986년에 〈네이처〉는 '특수 상대성'*이라는 단순한 제목으로 조심스런 어투의 기사를 실었다. 마이컬슨-몰리 실험 결과를 완전히 뒤엎고 우리와 세계의 관계에 대한 고정관념까지 깨트릴 그 기사에서는 E. W. 실버투스E. W. Silvertooth라는 과학자가 미 공군의 지원을 받아 행한 실험을 설명하고 있었다. 실버투스는 1887년 실험을 재현하되 보다 정교한 장비를 이용한 결과, 에

• E. W. 실버투스, 〈특수 상대성(Special Relativity)〉, *Nature*, vol. 322 (14 August 1986), p.590.

테르장에서 일어난 움직임을 감지했다. 더구나 에테르는 마이컬슨과 몰리의 예상대로 우주 공간을 가르는 지구의 움직임과 밀접하게 연결되어 있었다! 이 실험과 그 이후에 행해진 다른 실험들에 따르면, 에테르는 1944년 막스 플랑크가 제시한 가설대로 존재하고 있다.

현대의 실험들이 장場의 존재를 계속 입증할지라도 '에테르'라는 이름을 붙이는 일은 십중팔구 없을 것이다. 이 단어를 언급하기만 해도 과학계는 '사이비 과학자'라느니 '헛소리'라느니 아우성을 칠 것이 뻔하다! 2장에서 살펴보겠지만, 온 우주에 퍼져 있는 에너지장의 존재는 전혀 다른 용어로 불리고 있다. 실험을 통해 그 존재가 입증되었으나 너무 새로운 나머지 아직 이름조차 통일하지 못하고 있는 것이다. 하지만 에너지장을 무슨 이름으로 부르든 그것이 존재하는 것은 분명하다. 지구는 물론이고 온 우주 만물을 잇고 있으며, 우리에게 영향을 주는 에너지장의 비밀을 이제 막 파악하게 된 것이다.

대체 어쩌다 이렇게 되었을까? 우주의 이치를 이해하는 데 그토록 중요한 핵심 사항을 어떻게 여태 모를 수 있었을까? 이 질문에 대한 답은 지난 2세기 동안 위대한 지성인들 사이에서 더없이 격렬한 논쟁을 야기한 바로 그 의문의 핵심을 찌르고 있다. 지금 이 순간에도 계속되고 있는 그 논쟁은 모두, 우주 속에서의 우리를 어떤 식으로 볼 것이며 이러한 세계관을 어떻게 해석할 것인가에 대한 것이다.

여기서 핵심은 **우주 만물을 잇고 있는 에너지는 또한 우주 만물의 일부이기도 하다**는 것이다! 실험들은, 에너지장은 우리 일상과 아무 관련 없는 별개의 존재가 아니며, 우리 눈에 뻔히 보이는 평범한 세계가 사실상 에너지장으로서 작용한다는 것을 보여준다. 우주 전체를 오롯이 덮고 있는 디바인 매트릭스의 담요 여기저기에 생겨난 '주름들'이 우리 눈에 바위, 나무, 행성, 사람으로 보이는 것이다. 궁극적으로 세상 만물은 에너지장의 잔물결이며, 우리는 생각을 미묘하면서도 크게 바꿈으로써 디바인 매트릭스의 힘을 이용하여 삶을 변화시킬 수 있다. 하지만 이를 위해서는 오늘날 과학자들이 왜 우주를 그런 식으로 보는지를 우선 이해해야 한다.

간추린 물리학사: 다른 세계에는 다른 법칙을!

과학이란 자연 세계를, 그리고 인간이 자연과 그 너머의 우주와 맺고 있는 관계를 설명하기 위한 하나의 언어일 뿐이다. 과학은 그저 하나의 언어일 뿐이다. 현대 과학이 탄생하기 전에는 (예를 들면 **연금술**이나 **영성** 같은) 다른 언어를 오랫동안 사용했다. 이들은 비록 정교한 언어는 못 될지라도 나름대로 쓸모가 없지 않았다. "과학이 탄생하기 이전에 우리 인간은 뭘 했을까요? 세계에 대해 눈곱만큼이라도 알긴 알았을까요?" 하는 질문을 들을 때마다 나는 언제나 놀라워하며 단호히 외친다. "그럼요!" 우리 조상들은 우주 만물에 대해 많은 것을 알고 있었다.

그 지식이 어쩌나 유용했던지, 생명의 기원에서부터 질병의 원인과 치료법, 태양과 달과 별의 궤도에 이르기까지 만물에 대한 이해의 틀을 제공했다. 물론 오늘날의 우리에게 익숙한 과학적 언어를 사용한 것은 아니지만, 만물의 이치와 본질을 꽤 그럴싸하게 설명해냈다. 덕분에 인간 문명은 오늘날의 과학 없이도 5천 년 이상 유지되었다.

일반적으로 과학의 시대는 17세기에 시작되었다고 여겨진다. 아이작 뉴턴이 《프린키피아Philosophiae Naturalis Principia Mathematica》를 출간하여 세계를 수학 공식으로 완전히 설명할 수 있음을 보여준 1687년 7월이 바로 그 시작점이다.

자연 세계에 대한 뉴턴의 견해는 200년 넘게 군림하여 현재 '고전 물리학'이라고 불리는 과학의 기초가 되었다. 19세기 말 맥스웰의 전자기 이론과 20세기 초 아인슈타인의 상대성 이론이 덧붙여짐으로써 고전 물리학은 행성의 이동, 나무에서 떨어지는 사과처럼 우리 눈에 보이는 커다란 물질에 대해 설명하는 데 대성공을 거두었다. 덕분에 우리는 인공위성의 궤도를 계산하고 달에 사람을 보내기까지 했다.

하지만 20세기 초 과학이 보다 진보함에 따라 뉴턴의 법칙으로는 설명할 수 없는 영역이 있다는 사실이 드러났다. 바로 원자의 극소 세계이다. 이전까지는 원자를 들여다보거나 머나먼 은하계에서 별이 만들어지는 동안 입자가 어떻게 행동하는지 살펴볼 기술이 없었다. 하지만 이 극소와 극대의 영역에서 전통적 물리학으로는 설명할 수 없는 사항들이 포착되기 시작했다. 이런 예외적 현상을 설명하려면 새로운 물리학이 나와야만 했다. 그것이 바로 양자 물리학이다.

양자 물리학의 정의는 그 이름에서 알 수 있다. **양자**Quantum란 '전자기 에너지의 불연속적인 최소 단위의 물리량'이다. 우리의 세계가 무엇으로 이루어져 있는지 줄이고 또 줄여 나갈 때 최소 단위의 '것'이 곧 양자이다. 양자 물리학자들은 우리 눈에는 견고해 보이는 세계가 실은 전혀 견고하지 않다는 사실을 이내 밝혀냈다. 아래의 비유가 그 까닭을 이해하는 데 도움이 될 것이다.

스크린에 움직이는 이미지를 투영할 때, 우리는 우리가 보고 있는 이야기가 환상이라는 사실을 안다. 우리의 마음을 뒤흔드는 비극과 낭만이 사실은 수많은 사진들이 연달아 빠르게 비쳐지면서 연속 화면인 듯한 **착각**을 빚어낸 것이다. 우리 눈은 각 프레임들로 분리된 이미지를 보고 있지만, 우리 뇌는 이들을 한데 뭉쳐 매끈하게 이어진 움직임으로 지각하게 만든다.

양자 물리학자들은 우리의 세계 역시 이와 마찬가지라고 믿는다. 예를 들어, 일요일 오후 경기장에서 미식축구의 터치다운이나 피겨 스케이트 선수의 환상적인 회전을 보는 것은 양자 물리학의 관점에서는 연달아 빠르게 일어나는 일련의 개별 사건들을 보는 것이다. 이미지들을 하나로 합쳐 영화를 실제처럼 보이게 만들듯이, '양자'라는 빛의 자그마한 폭발이 우리의 삶을 빚어내고 있는 것이다. 이 폭발이 어찌나 순간적인지, 우리 뇌가 달리 작동하도록 명상과 같은 방법으로 훈련하지 않는 이상, 일요일 스포츠는 끊김없이 매끄럽게 이어지는 동작인 양 보인다.

양자 물리학은 물리적 세계의 토대를 이루는 극소 세계에서 일어나는 일들을 연구하는 학문이다. 양자 세계와 우리의 일상 세계가 서로 전혀 다른 법칙을 따르는 것처럼 보이는 탓에, 현대의 물리학자들은 고전 물리학과 양자 물리학이라는 두 학파로 나뉘었다. 이들은 제각각 나름의 타당한 이론을 갖고 있다.

전혀 다른 이 두 사고방식을 하나로 합쳐 단일한 우주관을 정립하는 것은 커다란 도전이 아닐 수 없다. 이러한 통합 이론을 만들기 위해서는 텅 빈 공간이라고 여겨지는 것을 채우고 있는 무엇인가의 존재가 필요하다. 과연 무엇이 우주 공간을 채울 수 있을까?

통합 이론으로 가기 위한 험난한 여정

1687년—뉴턴 물리학: 뉴턴이 운동 법칙을 발표함으로써 현대 과학이 시작된다. 뉴턴 물리학은 우주를 시간과 공간이 절대적으로 존재하는 거대한 기계 시스템이라고 본다.

1867년―**장場이론 물리학**: 제임스 클러크 맥스웰은 뉴턴 물리학
으로는 설명할 수 없는 힘이 있다고 발표한다. 마이클
패러데이Michael Faraday와 함께 한 연구에서 그는 우주
가 서로 상호작용하는 에너지장들이라는 사실을 발견
한다.

1900년―**양자 물리학**: 막스 플랑크는 '양자'라고 불리는 에너지
의 폭발이 곧 세계라는 이론을 발표한다. 양자 실험은
물질이 절대불변이라기보다는 가능성과 경향으로 존재
함을 보여준다. 이는 곧 '실재'가 생각만큼 견고하지 않
을 수 있다는 것을 의미한다.

1905년―**상대성 물리학**: 아인슈타인은 뉴턴 물리학을 뒤엎는 우
주관을 발표한다. 그는 시간이 절대적이기보다는 상대
적이라고 주장한다. 시간과 공간은 분리될 수 없으며
4차원으로서 함께 존재한다는 것이 그 핵심이다.

1970년―**끈이론 물리학**: 과학자들은 우주가 진동하는 미세한 에
너지 끈이라고 본다면 양자와 일상 세계 모두를 설명할
수 있다는 점을 밝혀낸다. 이 이론으로 다른 모든 이론
을 통합할 수 있다는 가능성 덕분에 1984년에 주류 과
학계에 공식적으로 받아들여진다.

20XX년─새로운 통합 물리학: 미래의 어느 날에는 물리학자들이
일상 세계는 물론이고 양자 세계에서 관찰되는 홀로그
램적 특성을 설명할 방법을 찾아낼 것이다. 그리하여
통합되고 일관된 의견으로 우주 만물을 설명할 공식이
나올 것이다.

우주 공간 사이에는 무엇이 있는가?

영화 〈콘택트〉 앞부분에서 주인공 애로위 박사는 영화 전체의
핵심이 될 질문을 아버지에게 던진다. "우주에는 우리 인간뿐
인가요?" 아버지의 대답은 애로위 박사의 삶에서 진실의 시금
석이 된다. 박사는 연애를 시작하거나 머나먼 우주에서의 경험
을 믿고자 할 때와 같이 마음이 흔들릴 때면, 아버지의 말을 지
침으로 삼아 꿋꿋이 신념을 지킨다. 아버지의 대답은 간단했다.
"이 드넓은 우주에 우리 인간뿐이라면, 이 얼마나 엄청난 공간
의 낭비이겠느냐?"

　마찬가지로, 두 물체 사이의 공간이 비어 있다면 이 역시 공간
의 엄청난 낭비가 아닐 수 없다. 과학자들에 의하면, 우리에게는
우주의 90%가 '행방불명'되어 텅 빈 공간으로 보인다. 즉 우리
가 아는 전체 우주의 10%에만이 뭔가가 존재한다고 여기는 것
이다. 정말 우주의 10%를 제외하고는 아무것도 없는 것일까? 우

리가 '텅 비어 있다'고 생각하는 그곳에는 과연 무엇이 있을까?

만약 정말로 텅 비어 있다면, 커다란 의문이 솟구친다. 휴대전화에서부터 이 책의 단어를 우리 눈에 비춰주는 반사광에 이르기까지, 모든 것을 실어다주는 에너지 파장이 어떻게 한 곳에서 다른 곳으로 이동할 수 있을까? 돌멩이를 연못에 던지면 동그란 물결이 번지듯이, 에너지 파장을 한 곳에서 다른 곳으로 옮겨다주는 무엇인가가 반드시 존재해야 한다. 하지만 이것이 사실이라면, 우리는 현대 과학의 핵심 사상 하나를 뒤엎어야 한다. 우주 공간이 비어 있다는 믿음 말이다.

우주 공간을 이루고 있는 성분의 신비를 마침내 풀어낼 때에야 우리 자신과 세계의 관계를 보다 깊이 이해할 수 있을 것이다. 뒤에서 살펴보겠지만, 이 의문은 인간의 역사만큼이나 오래된 것이다. 앞으로 살펴보겠지만, 그 대답은 어쩌면 언제나 우리 곁에 있었는지도 모른다.

우리가 어떤 식으로든 우주와 세계, 그리고 다른 사람들과 연결되어 있다는 느낌은 호주 절벽에 남겨진 원주민의 역사에서부터(이만 년도 전에 새겨진 것으로 추정됨) 고대 이집트의 사원과 미국 남서부의 바위 그림에 이르기까지, 대대손손 이어져오고 있다. 오늘날 이러한 믿음은 그 어느 때보다 강하지만, 우리를 잇는 것이 무엇인가에 대한 문제는 여전히 뜨거운 논쟁거리이다. 우리가 서로 연결되어 있다면, 이어주고 있는 무엇인가가 존재해야 마땅하다. 시인과 철학자에서부터 통념에 개의치 않고 답을 찾는 연구자와 과학자에 이르기까지 우리는 누구나 '우주'라고 부르는 텅 빈 공간 안에 무엇인가가 있다는 느낌을 갖고 있다.

물리학자 콘래드 피네이글Konrad Finagle은 공간 그 자체의 중요성에 관해 강력한 질문을 제시하며 말했다. "물질 사이의 공간을 모조리 없앤다면 어찌 될지 상상해보라. 우주의 모든 것이 서로 부딪치고 깨져, 결국 먼지 더미로 변할 것이다. (…) 모든 것이 동시에 한 장소에 있지 않도록 막아주는 것이 바로 공간이다."* 선구자적 인류학자인 루이스 리키Louis Leakey는 말했다. "우리가 누구인지를 이해하지 못하고서는 진정한 진보가 있을 수 없다." 이 문장에는 많은 진실이 담겨 있다. 과거의 인간관은 확실히 여러 면에서 유용했고 우리를 오늘날에 이르게 해주었다. 하지만 이제는 더 큰 가능성의 문을 열어줄 새로운 인간관에 눈떠야 할 때이다. 우주 공간이 지성을 가진 무엇인가로 채워져 있다는 사실이 의미하는 바를 받아들이기가 쉽지 않다는 점은, 우리의 본질과 우주의 이치에 대한 이해를 막는 커다란 장애물이 되고 있다.

20세기에 과학자들은 여느 에너지와는 다른 형태의 에너지장이 텅 빈 공간을 메우고 있다는 사실을 알아낼 수 있었다. 제석천의 그물망이나 뉴턴의 에테르처럼, 이 에너지장은 태초부터 지금

---

* 콘래드 피내이글, 《공이란 무엇인가(What's the Void?)》 (Barney Noble, 1898) [D. E. Simanek, J. C. Holden 공저, *Science Askew* (Boca Raton, FL: Institute of Physics Publishing, 2002)에서 인용한 것을 재인용].

까지 언제 어디에나 존재하는 것으로 보인다. 1928년 강연에서 아인슈타인은 말했다. "일반 상대성 이론에 따르면, 에테르가 없는 우주는 생각할 수도 없다. 그러한 공간에서는 빛의 전파가 불가능할 뿐만 아니라 시간과 공간의 기준이 존재하지 못한다."*

막스 플랑크는, 이러한 에너지장이 존재한다는 것은 우리의 물리적 세계가 지성을 지닌 존재에 의해 만들어졌다는 의미라고 주장했다. "이러한 힘[물질] 뒤에는 의식적이고 지성적인 마음이 있다고 추정해야 마땅하다." 그리고는 이렇게 결론 내린다. "이 마음이 모든 물질의 매트릭스이다."**

'아인슈타인의 사자 꼬리'

머나먼 별이나 은하계 사이의 드넓은 공간에 대해 말하든, 원자

---

* 아인슈타인이 1928년 '물리학: 절대 공간(에테르, 아카사)과 무한하고도 영원한 연속성 매질에 대하여'라는 제목으로 강연한 내용 중에서.
** 막스 플랑크, 1944년 이탈리아 피렌체에서 연설, '물질의 존재(Das Wesen der Materie),' 출처: Archiv zur Geschichte der Max-Planck-Gesellschaft, Abt. Va, Rep.11 Planck, Nr. 1797. 독일어 원본을 번역하면 다음과 같다. "물질 연구라는 더없이 명철한 과학에 평생을 헌신해온 사람으로서 나는 여러분께 원자에 관한 연구 결과를 밝힙니다. 세상에 원자라는 것은 없습니다! 모든 물질은 원자를 진동하게 하고 원자의 더없이 미세한 태양계를 유지시키는 힘으로부터 비롯되고, 그 힘에 의해서만 존재합니다. (…) 이러한 힘의 뒤에는 **의식과 지성을 가진 정신**이 있다고 추정해야 마땅합니다. 그 정신이 바로 모든 물질의 매트릭스인 것입니다."

를 형성하는 에너지 집합 사이의 극소 공간에 대해 말하든, 우리는 일반적으로 물질 사이의 공간이 비어 있다고 여긴다. 무엇인가가 '비어 있다'라는 것은 그곳에 그 어느 것도 절대적으로 존재하지 않는다는 의미이다.

물론 훈련받지 않은 눈에는 '우주'가 텅 비어 보일 것이다. 하지만 정말 텅 비어 있을까? 물질 사이의 공간에 아무것도 없는 텅 빈 세상에서 산다는 것은 대체 무슨 의미일까? 첫째로, 우주에서 그처럼 텅 빈 공간을 찾기란 한 가지 이유로 인해 십중팔구 불가능하다. 그 이유란, 흔히 말하듯이, 자연은 진공 상태를 질색한다는 것이다. 하지만 마법을 부려 텅 빈 곳으로 우리가 갈 수 있다면, 과연 우리는 어떤 세계를 보게 될까?

우선, 아주 깜깜할 것이다. 설령 손전등을 켠다고 해도 빛이 어디로도 퍼지지 않을 것이다. 빛의 파동을 전달해줄 매질이 없기 때문이다. 마치 마른 연못에 돌을 던지고는 둥그렇게 물결이 일기를 기다리는 것과 같은 노릇이다. 돌멩이는 흙바닥을 칠 것이고, 바닥이 물에 젖었든 말랐든 물결은 전혀 생겨나지 않을 것이다. 파문은 본래 돌멩이가 가한 충격을 방출하면서 생겨나는데, 파동이 타고 이동할 매질이 전혀 없으니 물결이 일어날 리 없다.

같은 이유로, 이 가설상의 세계는 무척 조용할 것이다. 소리 역시 퍼지기 위해서는 매질이 필요하기 때문이다. 사실상 바람에서부터 태양의 열기에 이르기까지, 오늘날 우리가 알고 있는 에너지는 거의 대부분 그곳에서 존재할 수 없다. 심지어 중력장과 그 어떤 전자기장도 아무것도 없이 텅 빈 공간에서는 마찬가지로 기능할 수 없다.

다행히, 우리는 그런 세계가 어떤 곳일지 굳이 추측할 필요가 없다. 우리를 둘러싼 공간은 결코 비어 있지 않기 때문이다. 우리가 뭐라고 부르든, 과학계와 종교계가 어떻게 정의 내리든, 우주에는 모든 것을 잇는 '거대한 망'이 존재한다는 것은 의심의 여지가 없다. 이 망은 우리 인간을 보다 거대한 세계의 보다 높은 힘과 이어준다.

20세기 초 아인슈타인은 우리를 둘러싼 우주에 신비한 힘이 존재함을 확신한다고 밝힌 바 있다. "자연은 우리에게 오직 사자의 꼬리만을 보여준다." 비록 우리가 서 있는 자리에서는 보이지 않는다고 해도 우리가 아는 실재 외에 뭔가가 더 있다는 뜻이다. 아인슈타인은 우주관을 피력할 때면 늘 그러하듯 아름다운 비유로 우주를 설명한다. "사자가 너무도 거대하여 전체 모습이 한꺼번에 보이지는 않지만, 꼬리가 사자의 일부인 것만은 분명하다."* 훗날 저서에서 아인슈타인은 우리가 누구이고 우주에서 어떤 역할을 하는지에 상관없이 우리 모두는 보다 위

• 물리학자 미치오 카쿠의 온라인 기사 〈M이론: 모든 초끈의 어머니 M이론 해설 (M-Theory: The Mother of all SuperStrings: An Introduction to M-Theory)〉에서 재인용(2005). www.mkaku.org/article_mtheory.htm.

대한 힘에 종속되어 있다고 주장했다. "인간이든, 채소든, 우주 먼지든, 우리 모두는 아득히 저 멀리 보이지 않는 이가 부는 신비로운 피리 소리에 맞추어 춤을 춘다."•

플랑크는 우주의 토대를 이루는 지적 존재가 있다고 선언하며, 이것이 바로 '아인슈타인의 사자'라고 했다. 덕분에 격렬한 논쟁이 촉발되었고 그 열기가 지금까지도 뜨겁게 이어지고 있다. 그 과정에서 세계가(사실상 우주까지도) 무엇으로 이루어져 있느냐에 대한 전통적 사고방식은 창밖으로 내던져졌다! 반세기도 전에 양자 이론의 아버지는 우리에게 말했다. 비전형적이나 분명히 존재하고 있는 에너지를 통해 모든 것이 서로 연결되어 있다고.

근원에서의 연결: 양자 얽힘

플랑크가 20세기 초 양자 물리학 방정식을 발표한 이후, 그의 의견을 정확히 입증하고자 수많은 이론이 개발되고 수많은 실험이 행해져 왔다.

우주의 극소 단계인 원자와 아원자 입자는 사실상 서로 연결되어 있는 것처럼 움직인다. 문제는 극소 세계에서 관찰된 사항

• 《아인슈타인 어록집 증보판(The Expanded Quotable Einstein)》, p.204.

이, 보다 큰 세계인 우리 일상에서 어떤 의미가 있는지 과학자들이 모르고 있다는 점이다. 만약 정말 의미가 있다면, 이러한 발견은 공상과학 소설의 더없이 놀라운 기술도 곧 현실화될 수 있음을 시사한다!

2004년, 독일·중국·오스트리아의 물리학자들은 과학 실험이라기보다는 공상 과학처럼 들리는 내용의 보고서를 발표했다. 개방형 도착지 순간이동open-destination teleportation 실험이 최초로 공식적으로 행해졌다는 기사가 〈네이처〉에 실렸는데, 입자에 대한 양자 정보(에너지 설계도)를 동시에 여러 장소로 보냈다는 내용이었다.* 이 과정은 '서류를 팩스로 보내고 그 과정에서 원본이 파기되는'** 것과 같다.

입자를 한 장소에서 다른 장소로 '발사'하여 두 곳에 도착하게 하는 등, 역시나 불가능해 보이는 묘기를 선보인 실험들도 행해졌다. 연구 결과들은 제각각 다른 주장을 펼치는 듯 보이지만 공통분모를 갖고 있어 보다 큰 의미를 제시해 준다. 다시 말해, 이 같은 실험이 성공하는 것은 매질이 존재하기 때문에

• 지 자오, 유오 첸, 안닝 장, 타오 양, 한스 J. 브리겔, 지안웨이 판, 〈다섯 광양자의 얽힘과 개방형 도착지 순간이동 실험(Experimental Demonstration of Five-photon entanglement and Open-destination Teleportation)〉, *Nature*, vol. 430 (2004), p.54.

•• 에릭 스몰리, 〈연결된 다섯 광양자(Five Photons Linked)〉, *Technology Research News* (August/September 2004).
www.trnmag.com/Stories/2004/082504/Five_photons_linked_082504.html.

가능하다. 즉 입자가 이동할 수 있도록 길이 되어주는 무엇인가가 있는 것이다. 고전 물리학에서는 그러한 매질이 존재하지 않는다고 보기에, 이는 현대의 가장 큰 미스터리가 아닐 수 없다.

1997년 전 세계의 과학 저널들은 고전 물리학에서 도저히 불가능하다고 말하던 실험 결과가 나왔다는 기사를 실었다. 우리 세계를 이루는 물질, 즉 **광양자**라는 빛의 입자에 관해 스위스 제네바 대학이 행한 실험이 40여 개 국가의 3,400명이 넘는 언론인, 과학자, 공학자 들에게 보고되었다. 그 실험 결과는 전통적 지식의 토대를 완전히 뒤흔드는 것이었다.*

보다 상세히 설명하자면, 과학자들은 하나의 광양자를 똑같은 특성을 지닌 두 개의 '쌍둥이' 입자로 나누었다. 그리고 이 실험을 위해 특별히 고안된 기계를 이용해 두 입자를 서로 반대 방향으로 발사했다. 특별 제작된 방에 쌍둥이 입자를 놓고는 이곳에서부터 두 개의 광섬유 가닥을 이어 전화선처럼 각기 반대 방향으로 11킬로미터씩 늘어뜨렸다. 따라서 각 입자가 도착지에 이르렀을 때는 서로 22킬로미터 떨어져 있게 된다. 광섬유 가닥이 끝나는 곳에서 쌍둥이 입자는 동일한 두 개

• 말콤 W. 브라운, 〈빛보다 더 멀리 더 빨리 이동하는 신호(Signal Travels Farther and Faster Than Light)〉, *Thomas Jefferson National Accelerator Facility* (Newport News, VA) 온라인 뉴스레터 (July 22, 1997).
www.cebaf.gov/news/ internet/1997/spooky.html.

의 길 중 하나를 임의로 '선택'해 나아갈 수밖에 없도록 되어 있었다.

이 실험에서 실로 흥미로운 점은, 두 입자가 이 길이든 저 길이든 선택을 해야 하는 지점에 이르렀을 때, 그들 모두가 번번이 똑같은 선택을 했다는 것이다. 단 한 번의 예외도 없이 실험 결과는 똑같았다.

고전 물리학에 따르면, 쌍둥이 입자는 분리되어 있기에 서로 소통할 수 없다. 그런데도 그 둘은 서로 연결되어 있는 것처럼 **행동**했다! 물리학자들은 이 신비로운 연결을 '양자 얽힘quantum entanglement'이라고 이름 붙였다. 이 프로젝트의 책임자인 니콜라스 기신Nicholas Gisin은 이 현상을 다음과 같이 설명했다. "무엇보다도 매혹적인 점은, 얽혀 있는 양자들이 마치 하나의 존재인 양 행동한다는 것이다. 쌍둥이 광양자들은 지리적으로는 떨어져 있지만, 그중 하나가 변화하면 나머지 하나도 자동적으로 똑같이 변화한다."*

지금까지도 고전 물리학에서는 이 같은 실험 결과를 설명할 방법을 전혀 내놓지 못하고 있다. 하지만 기신의 프로젝트와 유사한 실험은 계속해서 발표되고 있다. 캘리포니아 대학 버클리

---

* 프로젝트 책임자인 니콜라스 기신 교수의 말. 실험 관련 기사에서 인용. 〈보다 안전한 암호 시스템과 양자 컴퓨터 개발을 위한 제네바 대학의 광양자 얽힘 실험 (Geneva University Development in Photon Entanglement for Enhanced Encryption Security and Quantum Computers)〉(2000). www.geneva.ch/Entanglement.htm.

캠퍼스의 레이먼드 차오Raymond Chiao 박사는 제네바 대학 실험 결과를 두고 다음과 같이 말했다. "양자 메커니즘의 심오한 신비 중 하나이다. 이러한 연결은 실험에 의해 입증된 과학적 사실이 분명하지만, 이를 철학적으로 풀어내기란 지극히 어려운 일이다."●

이러한 실험들이 그토록 중요한 까닭은, 고전 물리학은 우리로 하여금 광양자가 서로 소통할 수 있는 어떠한 방법도 없으며, 따라서 그들의 선택은 독립적이고 서로 아무런 관련이 없다고 믿게 하기 때문이다. 우리는 이 세상의 물리적 물체들이 떨어져 있으면 모든 의미에서 서로 완전히 분리되어 있다고 믿어 왔다. 하지만 광양자 실험은 우리의 그런 믿음이 아주 잘못된 것임을 보여주고 있다.

1997년의 실험이 실제로 이루어지기 오래전에 아인슈타인은 이런 현상에 대해 언급하며 '기괴한 원격 작용spooky action at a distance'이 일어날 가능성이라고 불렀다. 오늘날 과학자들은 이와 같은 비전통적 실험 결과를 양자 세계에서만 일어나는 일로 간주하며 '양자의 기묘함quantum weirdness'이라고 부른다.

광양자 사이의 연결은 너무도 완벽해서 마치 동시에 일어나는 것처럼 보인다. 소규모 광양자 무리에서 어떤 일이 벌어진다 싶으면 이내 자연계의 전혀 다른 장소에서 똑같은 현상이 생겨

● 말콤 W. 브라운, 〈빛보다 더 멀리 더 빨리 이동하는 신호〉.

난다. 심지어 몇 광년 떨어진 은하계에서도 마찬가지다. 기신은 말한다. "원칙적으로, 쌍둥이 입자의 상호연결이 몇 미터 떨어진 곳에서 일어나든, 우주만큼 떨어진 곳에서 일어나든, 아무런 차이가 없다." 왜일까? 첫 번째가 변화하기 무섭게 두 번째도 똑같이 변화하게 할 만큼 두 광양자나 두 은하계를 강하게 잇고 있는 것은 과연 무엇일까? 우리가 과거의 실험에서 놓치고 미처 깨닫지 못한 우주의 이치는 무엇이란 말인가?

이 질문에 답하기 위해서는 우선 디바인 매트릭스가 어디에서 비롯된 것인지 이해해야 한다. 이를 위해서는 서구의 과학자들이 모든 것의 시작점으로, 혹은 적어도 우리가 알고 있는 우주의 시작점이라고 믿고 있는 시간으로 거슬러 올라가 보아야 한다.

디바인 매트릭스의 기원

주류 과학자들은 우주가 130억에서 200억 년 전에 전무후무한 대폭발로 인해 시작되었다고 믿는다. 단일 폭발인지 다수 폭발인지, 그리고 정확히 언제 폭발했는지에 대해서는 의견이 분분하지만, 어쨌든 우주가 오래전 일어난 대폭발의 에너지로 시작되었다는 데에는 일반적으로 동의한다. 1951년 천문학자 프레드 호일Fred Hoyle이 이 불가해한 폭발에 붙인 이름이 오늘날까지도 통용되고 있다. 바로 '빅뱅Big Bang'이다.

과학자들의 계산 결과, 빅뱅이 일어나기 바로 몇 분의 몇 초 전까지만 해도 우주 전체의 크기는 오늘날과는 비교할 수도 없이 작았다. 컴퓨터 모델에 따르면, 우주는 작다 못해 자그마한 공 크기로 압축되어 있었다. 오늘날 우주에서 보이는 '빈' 공간을 모조리 제거한다면, 그 공은 심지어 완두콩 한 알만하게 줄어든다!

이처럼 작았을지언정, 우주는 결코 차갑지 않았다. 이 압축 공간의 내부는 화씨 180억$\times10^{18}$도라는 상상할 수도 없는 온도였으리라고 추정된다. 지금의 태양보다도 몇 배나 뜨거웠다. 하지만 몇 분의 몇 초 만에 대폭발이 일어나자 화씨 180억 도로 그나마 시원해졌고, 우리의 새 우주는 무사히 태어났다.

빅뱅의 폭발력이 허공으로 퍼져나갈 때, 우리가 상상할 수 있는 것보다 더 많은 열기와 빛이 함께 번졌다. 또한 특정 에너지 패턴에 따라 폭발함으로써 지금과 같은 우주의 설계도를 이미 오롯이 품고 있었다. 이 패턴이야말로 고대 신화와 끊임없이 구전되는 전설과 신비로운 지혜의 주제이다. 불교의 제석천 '그물망'에서부터 호피 인디언의 거미 할머니 '거미망'에 이르기까지 이름은 다양할지언정 이 패턴의 메아리는 오늘날까지도 이어지고 있다.

이 에너지 그물망 혹은 거미망은 우리 인간과 세계를 포함한 우주 만물의 양자적 실재로서 우주 구석구석에 퍼져 있다. 이는 우리 삶을 디바인 매트릭스와 이어주는 에너지이다. 이는 또한 우리의 감정과 생각으로 창조해낸 것을 우리 눈에 세계라는 모습으로 비추어주는 다차원 거울이다. (3장 참조)

우리는 우주 만물이 정말 연결되어 있다고 어떻게 확신할 수 있을까? 그 이유는 이러하다. 빅뱅과 제네바 대학 실험으로 돌아가 보자. 서로 아무 관련 없어 보이지만, 두 사례에는 미묘한 공통점이 있다. 폭발되기 이전의 빅뱅 안에도 연결성이 존재하고, 이 연결성은 물리적으로 한때 결합되어 있었던 두 가지 것들 사이에도 존재한다. 제네바 대학 실험의 경우, 원래 하나였던 광양자를 모든 면에서 똑같은 두 개의 쌍둥이 입자로 나누었다. 빅뱅에서 나온 입자와 광양자들 역시 한때는 물리적으로 하나였으며 이것이야말로 바로 우주 만물이 상호 연결되어 있는 이유이다. 한때 하나였던 것들은 물리적으로 연결되어 있든 아니든 **항상 서로 이어져 있는** 것이다.

> **비결 4** 한때 하나였던 것들은 물리적으로 연결되어 있든 아니든 **항상 서로 이어져 있다.**

이는 실로 중요한 것임에도 종종 간과되곤 한다. 오늘날 우주가 우리 눈에 한없이 광대해 보이고 가장 가까운 별조차 수십억 광년 떨어져 있는 것이 사실이지만, 한때 우주의 모든 물질은 아주 좁은 공간 안에 압축되어 있었다. 상상도 하지 못할 만큼 빽빽이 들어찬 물질들은 실제로 서로 결합되어 있었다. 하지만 빅뱅으로 우주가 확장하면서 물질 입자들이 갈가리 찢겨 더없이 넓은 공간으로 흩어진 것이다.

제네바 대학 실험은 두 물질이 아무리 멀리 떨어져 있다 하더라도 한때 결합되어 있었다면, 언제나 이어져 있다는 점을 보여준다. 오늘 분리되어 있는 것으로 보이는 입자들이 사실은 얽힘 상태에 있다는 것은, 빅뱅 전에 결합되어 있었던 우주 물질들에도 똑같이 적용될 수 있다! 따라서 과학적으로 보자면, 130억에서 200억 년 전에 완두콩 크기의 우주 안에 뭉쳐 있던 우주 만물은 지금도 여전히 서로 연결되어 있는 것이다! 이렇게 서로를 이어주는 에너지가 바로 플랑크가 말한 만물의 '매트릭스'이다.

오늘날 진일보한 현대 과학 덕분에 플랑크의 매트릭스에 대한 우리의 이해가 더욱 깊어졌다. 빅뱅으로 시간이 시작된 이후 언제 어디에나 존재하는 에너지 형태가 바로 이 매트릭스이다. 이러한 에너지장의 존재는 우리의 삶과 행동과 믿음, 심지어는 일상적 감정에 직접적으로 영향을 주는 삼대 법칙을 제시한다. 확실히 이들 법칙은 과학계와 종교계에 깊이 뿌리박힌 믿음과 직접적으로 상충된다. 하지만 동시에 이는 긍정적이고도 강력한 세계관과 인생관을 향한 문을 활짝 열어줄 것이다.

❶ 첫 번째 법칙은, 만물은 디바인 매트릭스 **안에** 존재하기 때문에 서로 이어져 있다는 것이다. 이것이 사실이라면 우리가 삶의 한 부분에서 하는 행동은 삶의 다른 부분들에 영향을 줄 것이 분명하다.

❷ 두 번째 법칙은, 디바인 매트릭스는 **홀로그램**이라는 것이다. 즉 매트릭스의 모든 부분에는 매트릭스의 전체가 담겨 있다. 인간의 의식 자체가 홀로그램이라고 여겨지는데, 때문에 우리가 거실에서 기도를 드린다고 해도 그 기도는 우리가 사랑하는 이들과 더불어 드리고 있는 것이고, 기도가 향하는 곳에 이미 **존재**하게 된다. 말하자면, 우리가 기도하는 순간 그 기도는 어디에나 존재하게 되므로 굳이 기도를 멀리 보낸다고 생각할 필요조차 없는 것이다.

❸ 세 번째 법칙은, 과거, 현재, 미래가 서로 긴밀히 이어져 있다는 것이다. 디바인 매트릭스는 시간을 담는 그릇으로, 우리가 현재에 내리는 선택과 우리가 미래에 맞이할 경험 사이에 연속성을 제공한다.

우리가 뭐라고 부르든 과학계와 종교계가 뭐라고 정의하든, 무엇인가 어떤 힘, 어떤 장場, 어떤 신성한 존재가 있는 것이 분명하다. 이 거대한 '망'은 우리를 다른 사람들과 세상에 그리고 더 위대한 힘에 연결해 준다.

위의 세 법칙이 우리가 다른 사람들과 우주, 그리고 우리 자신들과 맺고 있는 관계에 대해 우리에게 말해주는 바를 진심으로 이해한다면, 우리의 삶 속에서 일어나는 일들은 완전히 새로운 의미를 띠게 된다. 우리는 보지도 이해하지도 못하는 힘에 휘둘리는 희생자가 아니라 참여자가 되는 것이다. 그리고 바로 그 지점에 있음으로써, 우리는 우리의 능력을 마음껏 발휘하기 시작할 수 있다.

2장

패러다임을 깨부수다

상식을 뒤엎은 실험들

|

"만물은 하나의 간단한 이데아에
기초하고 있는 것이 분명하다.
일단 발견하기만 하면
너무도 아름답고 매혹적인 그 이데아에 대해
우리는 서로 말하게 될 것이다.
그렇다, 그렇지 않고 달리 어쩔 수 있겠는가."
_물리학자 존 휠러(1911~2008)

"바보가 되려면 두 가지 방법이 있다.
하나는 진실이 아닌 것을 믿는 것이다.
다른 하나는 진실을 믿기를 거부하는 것이다."
_철학자 쇠렌 키르케고르(1813~1855)

동이 트며 내뿜는 첫 번째 햇살에 우리 뒤쪽 동녘 높이 솟은 산
('그리스도의 피'라는 이름을 가진 산)의 그림자가 길게 드리워졌다.
나는 그곳 계곡에서 친구 조셉(가명)과 아침 산책을 즐기며 대화
를 나누고 있었다. 뉴멕시코 북부와 콜로라도 남부를 잇는 드넓

은 땅의 가장자리에서 걸음을 멈추자, 수 킬로미터 들판 너머로 깊게 파인 리오그란데강의 제방이 보였다. 그날 아침 고지대 사막의 샐비어가 특히나 향긋했다. 우리가 다시 걸음을 내딛자 조셉이 그 땅을 덮고 있는 식물 가족에 대해 이야기했다.

"이 넓디넓은 들판은 우리 시야가 미치는 곳까지 모두 하나의 식물로서 살고 있다네."

그가 말을 할 때마다 입안의 열기가 서늘한 아침 공기와 섞이며 몽글몽글 김을 피워냈다. 그가 말을 이었다.

"이 계곡에는 많은 덤불이 자라지. 그런데 모두가 우리 눈에 보이지 않는 뿌리 체계를 통해 서로서로 이어져 있다네. 비록 땅 아래에 숨어 있어 우리에게는 보이지 않지만, 그 뿌리는 여전히 존재하지. 이 들판 전체가 샐비어 일가족인 셈이지. 가족이라면 다 그러하듯이, 한 구성원의 경험은 다른 모든 구성원들이 어느 정도씩 서로 공유한다네."

나는 그 말에 대해 곰곰이 생각했다. 우리가 서로 이어져 있으며, 또 세계와 연결되어 있다는 것을 설명할 때 쓰면 딱 어울릴 아름다운 비유였다. 우리는 다른 사람들과, 이 세계와, 이 세계에서 일어나는 모든 일과 분리되어 있다고 생각하도록 교육받아 왔다. 이 때문에 우리는 소외감과 고독에 휩싸이고, 때로는 우리 자신과 다른 사람들에게 고통을 야기하는 원인을 제거할 힘이 없다는 무력감에 빠지곤 한다. 아이러니한 것은, 그런데도 우리가 서로 연결되어 있고, 우리 의식은 강력한 힘을 지니고 있으며, 인류는 소중한 하나의 가족이라고 말하는 자기계발서가 세상에 넘쳐난다는 점이다.

조셉의 이야기를 듣노라니, 위대한 시인 루미가 우리의 삶을 묘사한 글이 절로 떠올랐다. "우리는 얼마나 기이한 존재들인가! 어둠의 밑바닥 지옥에 앉아 있으면서도 우리 자신의 불멸성은 떠올릴 생각조차 하지 못하네."•

나는 생각했다. **'바로 그거야. 이 들판의 식물들은 서로 이어져 있을 뿐만 아니라, 한 포기 한 포기로는 어림도 없을 커다란 힘을 하나로서 갖고 있어.'** 예를 들어, 계곡의 샐비어 한 포기는 자신이 자라고 있는 아주 좁은 땅에만 영향을 미친다. 하지만 수십만 포기가 뭉치면 결코 무시하지 못할 힘을 발휘한다! 함께라면 자신들의 생존을 위해 땅의 pH(수소이온농도지수)를 바꿀 수도 있다. 그렇게 살아가며 만들어낸 부산물인 풍부한 산소는 우리 인간을 살아갈 수 있게 해준다. 이들 식물은 하나의 통합된 가족으로서 그들의 세계를 변화시킬 수 있는 것이다.

뉴멕시코 계곡의 샐비어와 우리 인간은 생각보다 많은 공통점을 가지고 있다. 샐비어가 개별적으로, 집단적으로, 그들의 세상을 변화시킬 수 있듯이, 우리 또한 그러하다.

우리 인간이란 아주 오래전에 완성된 우주를 그저 스쳐 지나가는 우주의 신참자에 불과한 존재들이 아니라는 사실을 보여

• 《루미(The Illuminated Rumi)》, 콜먼 박스 역 (New York: Broadway Books, 1997), p.13.

주는 연구들이 계속 발표되고 있다. 실험 결과, 우리 인간은 지나가면서 우주를 실제로 창조하고 있고, 또 이미 존재하는 것에 뭔가를 더하기도 한다는 것이 밝혀지고 있다. 다시 말해, 우리 인간은 우리가 창조하고 있는 것을 경험하는 존재들일 뿐 아니라, 우주를 형성하는 에너지 자체이기도 하다. **우리는 의식하고 있고**, 의식이란 우주를 만든 근원의 '것'과 동일한 것으로 여겨지기 때문이다.

이러한 양자 이론의 핵심은 아인슈타인을 몹시 골치 아프게 했다. 말년까지만 해도 그는 우주가 우리와 독립적으로 존재한다는 믿음을 고수했다. 우리가 세계에 미치는 영향과, 우리가 관찰하는 순간 물질이 변화함을 보여주는 실험 결과에 반응하는 차원에서, 아인슈타인은 단순히 이렇게 대꾸했다. "나는 내가 쳐다보고 있지 않더라도 달은 거기에 존재하고 있다고 믿고 싶네."[*]

창조계에서 우리 인간이 맡은 역할이 정확히 무엇인지 아직 완전히 알아내지 못했지만, 양자 물리학 실험들은 의식이 우주의 가장 기본적인 입자에 직접적으로 영향을 준다는 사실을 명백히 입증했다. 그리고 이러한 의식의 원천은 바로 우리 자신이다. 새롭게 파악되고 있는 인간의 역할을 가장 간단하고도 명쾌

• 칼 실리그,《알베르트 아인슈타인(Albert Einstein)》(Barcelona, Spain: Espasa-Calpe, 2005)에서 재인용.

2장. 패러다임을 깨부수다 **89**

하게 설명한 사람은 프리스턴 대학의 명예 교수이자 아인슈타인의 동료였던 존 휠러가 아닐까 싶다.

휠러는 연구 결과 우리가 의식 자체에 의해 실제로 창조된 세상에 살고 있을 수 있다고 믿게 되었다. 휠러는 이를 **참여하는 우주**participatory universe라고 불렀다. "이[참여 법칙]에 따르면, 그 어느 시간과 공간에도 관찰자가 없는 우주는 상상도 할 수 없다. 우주의 건축 재료 자체가 바로 참여하는 관찰자observer-participancy의 행위이기 때문이다."* 휠러는 양자 이론의 핵심을 설명하며 다음과 같이 말한다. "그 어떤 자연 현상도 관찰되기(혹은 기록되기) 전까지는 현상일 수 없다."**

우주가 바로 매트릭스이다

'우주의 건축 재료'가 우리 자신의 관찰과 참여로 만들어진다면, 우리가 이때 이용하는 원재료는 무엇일까? 찰흙처럼 마음대로 주무를 수 있는 원재료가 있어야 뭐라도 만들 것이 아닌가? 우주와 행성과 우리 몸은 무엇으로 만들어진 것일까? 어떻게

• 존 휠러, 미르야나 R. 기어하트와의 인터뷰. *Cosmic Search*, vol. 1, no. 4 (1979). www.bigear.org/vol1no4/wheeler.htm.

•• 앞의 글.

부서지지도 않고 이렇게 잘 뭉쳐 있단 말인가? 우리가 정말 우주 만물을 마음대로 주무를 수 있는 것일까?

이런 질문들에 답하기 위해서는, 과학과 종교와 영혼에 대한 전통적 지식의 경계를 넘어 보다 큰 지혜와 한데 통섭되어야 한다. 바로 여기서부터 디바인 매트릭스가 시작된다. 디바인 매트릭스는 창조의 단순한 일부가 아니며, 사소한 부산물 또한 아니다. **디바인 매트릭스가 바로 창조이다.** 그것은 모든 것을 이루는 재료이자 창조된 모든 것을 담고 있는 그릇인 것이다.

디바인 매트릭스를 이런 식으로 생각하다 보면, 캘리포니아 대학 산타크루스 캠퍼스의 우주학자 조엘 프리맥Joel Primack이 그려 보인 우주 창조의 순간이 떠오른다. 빅뱅은, 우리가 폭발이라고 하면 흔히 생각하듯이, 어느 한 지점에서 일어난 폭발이 아니다. "빅뱅은 우주의 어딘가에서 일어난 것이 아니라 우주 전체에서 일어났다."● 빅뱅은 새로운 종류의 에너지로 폭발되어 가는 **우주 자체**였다! 우주의 기원이 에너지적으로 나타난 우주 공간 자체였듯이, 매트릭스는 **실재 자체**, 우주 만물을 잇는 영원

● 조엘 R. 프리맥, 캘리포니아 대학 산타크루스 캠퍼스의 우주학자, "빅뱅 이론에 따르면, 우주는 확장하고 있다. 하지만 나는 아무래도 이해되지 않는다. 우주가 확장하고 있다면 대체 어디로 넓어진다는 것인가?", *Scientific American*의 '전문가에게 묻다'에 실린 온라인 기사. www.sciam.com (1999년 10월 21일 등록) "(우리의 현대적 중력 이론인) 아인슈타인의 상대성 이론에 기초한 현대 우주학 이론에 따르면, 빅뱅은 우주의 어딘가에서 일어난 것이 아니라 우주 전체에서 일어났다. 사실 빅뱅 자체가 공간을 창조한 것이다."

한 본질로서 끊임없이 움직이는 모든 가능성인 것이다.

태초 이전의 힘

고대 인도의 글을 한데 모은 베다는 세계에서 가장 오래된 경전
으로, 일부 학자에 따르면 7천 년 전에 작성되었다고 한다. 그
중 가장 잘 알려진 경전인 리그베다에는 삼라만상의 창조에 토
대가 된 힘, 즉 '태초' 이전의 힘에 대한 구절이 있다. **브라만**Brah-
man이라고 불리는 이 힘은 "존재하는 모든 것 안에 있는 (…) '태
어나지 않은' 것이다."* 나아가 그 경전은 이렇게 분명히 말하고
있다. '하나가 여럿이 되고, 형태 없는 것이 형태를 얻기에'** 삼
라만상이 존재하게 되는 것이다.

　다시 말해, 디바인 매트릭스는 다른 모든 힘 이전의 힘이다.
또한 우주를 담는 그릇이며, 물리적 세계에서 일어나는 모든 일
의 설계도이다. 디바인 매트릭스는 우주의 재료인 만큼 우주가
창조된 이후 줄곧 존재해온 것이 당연하다. 만약 이것이 사실이

---

* 리그베다, 〈힌두이즘과 힌두교: 힌두 신앙과 힌두교 신들의 철학과 형이상학에 관
　한 토론(Hinduism-Hindu Religion: Discussion of Metaphysics & Philosophy of Hindu-
　ism Beliefs & Hindu Gods)〉에서 재인용.
　www.spaceandmotion.com/Philosophy-Hinduism-Hindu.htm.
** 앞의 글.

라면 당연한 질문이 떠오른다. '왜 과학자들은 디바인 매트릭스의 증거를 예전에는 찾지 못했을까?'

나는 기회가 닿을 때마다 관련 분야의 과학자와 연구가에게 이 질문을 한다. 그럴 때면 반응이 어찌나 엇비슷한지, 앞으로 내가 그런 질문을 던진다면 예상할 수 있는 반응을 미리 짐작할 수 있을 정도이다. 첫째, 그들은 우주 만물을 잇고 있는 에너지장처럼 중요한 발견을 과학계가 놓쳤다는 생각을 어떻게 내가 감히 할 수 있는지 어이없다는 표정을 짓는다. 다음으로는, 기계장치와 기술에 대한 논의가 이어진다. "우리는 단지 그처럼 미묘한 에너지장을 탐지할 기술이 없었을 뿐입니다." 십중팔구 그런 대답이 나온다.

어떤 면에서는 사실이기도 하지만, 적어도 지난 100년 동안 우리에게는 디바인 매트릭스(혹은 에테르, 창조의 거미줄 등 뭐라고 부르든)의 존재를 알려줄 감지기를 개발할 능력이 충분히 있었다. 디바인 매트릭스의 발견을 막은 가장 큰 방해물은 그 존재를 인정하기를 꺼렸던 주류 과학계였다고 말하는 것이 보다 타당할 것이다.

이러한 에너지의 근원적 힘은 우리가 만들어내고 경험하는 모든 것의 에센스를 제공한다. 그것은 우리가 누구인가 하는 한없는 신비뿐만 아니라 우주 만물이 돌아가는 이치에 대한 오랜 의문을 풀어낼 열쇠를 쥐고 있는 것이다.

모든 것을 변화시킨 세 가지 실험

역사는 지난 세기를 발견과 과학적 혁명의 시대라고 일컬을 것이다. 지난 100년 동안 학문의 토대가 된 가장 중요한 발견들이 이루어졌다고 해도 과언이 아니다. 1947년의 사해 두루마리의 발견에서부터 왓슨과 크릭의 DNA 이중 나선 모델, 마이크로컴퓨터용 전자기기를 소형화하는 기술에 이르기까지, 20세기에 인류는 유례없는 과학의 발전을 이룩하였다. 하지만 삽시간에 우후죽순처럼 생겨난 발전들 탓에 우리는 정신을 못 차리고 비틀대고 있다. 새로운 가능성의 문이 활짝 열렸지만, 우리는 아직도 다음과 같은 질문에 답을 할 수가 없다. "이 새로운 정보는 우리의 삶에 어떤 의미를 지니는가?"

20세기가 발견의 시대였다면 21세기는 우리가 발견한 것의 의미를 헤아리는 시대가 되지 않을까 싶다. 오늘날 주류 과학자와 교육자와 연구가 중 다수가 이 과정에 헌신하고 있다. 우주 에너지장의 존재를 이론화하고 시각화하고 글을 쓰고 상상한 지는 오래되었지만, 매트릭스의 존재 여부를 확인한 실험이 이루어진 것은 겨우 최근이다.

1993년부터 2000년까지 행해진 일련의 유례없는 실험들은 우주를 담고 있는 에너지장의 존재를 증명해 보였다. 독자들의 이해를 돕기 위해 '현실'에 관한 우리의 관념을 재정의하게 해주는 실험을 세 가지만 들어 보겠다. 유사한 결과를 보인 실험이 하루가 멀다 하고 발표되는 만큼 이 세 가지는 대표적인 것일 뿐임을 다시 한번 강조하는 바이다.

이들 실험은 그 자체로 매혹적이지만 내가 이렇게 흥미를 가진 가장 큰 이유는 이들 실험의 배경에 깔려 있는 생각이다. 예를 들어, 과학자들이 인간의 DNA와 물리적 물질의 관계를 알아보기 위한 실험을 준비한다는 것은, 이제 곧 중요한 패러다임이 뒤집힐 수 있다는 것을 의미한다. 내가 이렇게 말하는 것은, 이들 실험이 그런 관계가 존재한다는 것을 입증하기 전까지는 세상 만물이 분리되어 존재한다는 것이 공통된 믿음이었기 때문이다.

'옛 학파' 과학자들이 어떤 것을 측정할 수 없다면 그것은 존재하지 않는다고 믿었던 것과 마찬가지로, 다음의 실험이 행해져서 발표되기 전까지는 '무엇이든지' 서로 물리적으로 분리되어 있다면 서로 아무 영향도 끼치지 못하고 서로 연결되어 있지 않다는 것이 보편적인 믿음이었다. 하지만 지난 세기의 마지막 몇 년 동안, 이 모든 고정관념의 토대가 와르르 무너져 내렸다.

양자 생물학자 블라디미르 포포닌Vladimir Poponin이 페테르 가리아예프Peter Gariaev 등과 함께 러시아 과학 아카데미에서 수행 중이었던 연구에 대해 발표한 것도 이 무렵이다. 1995년 미국에서 발표된 일련의 실험 결과들에 따르면, 인간의 DNA는 물질세계에 직접적으로 영향을 주며, 이는 양쪽을 잇는 새로운 에너지장 때문이다.* 이들이 에너지장에 '새로운'이라는 수식어를 붙인 것은 부적절해 보인다. 늘 존재했지만 우리의 장비로는 측정할 수 없는 형태의 에너지여서 지금까지 발견되지 않았을 뿐이라고 말하는 편이 더 옳을 것이다.

포포닌 박사는 미국 학회를 방문하는 중에 이들 실험을 되풀이해 보이고는 공식적으로 발표했다. 그의 위대한 연구 'DNA 유령 효과The DNA Phantom Effect'가 의미하는 바는 포포닌 박사의 말로 간단히 요약될 수 있다. 논문 서문에서 그는 말한다. "우리는 이 발견이, 대체 의학에서 목격되는 치유 현상을 비롯한 '미묘한 에너지 현상'의 토대를 이루는 메커니즘을 보다 깊이 이해하고 설명하는 데에 커다란 도움이 될 것이라고 믿는다."**

포포닌은 우리에게 무엇을 말하고자 하는 것일까? 실험 1은 DNA 유령 효과를 설명함으로써 우리와 세상, 우리와 다른 사람들, 우리와 저 너머 우주가 맺고 있는 관계를 보여주며, 우리의 DNA와 우리 자신에 관한 실험이다.

---

* 이 실험 결과는 러시아에서 먼저 발표되었다. P. P. Gariaev, K.V. Grigor'ev, A.A. Vasil'ev, V.P. Poponin, V.A. Shcheglov, 〈레이저 상관 분산검사법에 의한 DNA 용액의 파동 역학 조사(Investigation of the Fluctuation Dynamics of DNA Solutions by Laser Correlation Spectroscopy)〉, *Bulletin of the Lebedev Physics Institute*, no.11-12(1992), pp.23-30. 온라인 기사 〈DNA 유령 효과: 진공 하부구조에서 새로운 에너지장의 직접적 측정(The DNA Phantom Effect: Direct Measurement of a New Field in the Vacuum Substructure)〉에서 블라디미르 포포닌이 인용(2002년 3월 19일 업데이트). www.twm.co.nz/DNAPhantom.htm.
•• 앞의 글.

실험 1

포포넌과 가리아예프는 우리의 세계를 이루고 있는 '물질'인 광양자에 DNA가 미치는 영향을 보여줄 선구자적 실험을 준비했다. 그들은 먼저 특별히 고안된 튜브에서 공기를 모두 제거하여 흔히 생각하는 진공 상태를 만들었다. 전통적으로 **진공**vacuum 이란 용어는 공기조차 없이 완전히 비어 있는 것을 의미하지만, 과학자들은 그 안에 무엇인가 남아 있다는 사실을 알고 있다. 바로 광양자 말이다.

두 과학자는 정밀하게 제작된 광양자 감지 장치를 이용해 튜브 안의 어느 위치에 광양자가 자리해 있는지를 측정했다. 광양자가 곳곳에 흩어져 있는지, 유리벽에 붙어 있는지, 아니면 튜브 바닥에 뭉쳐져 있는지를 확인한 것이다. 그 결과는 전혀 놀랍지 않았다. 광양자는 완전히 무질서하게 제멋대로 흩어져 있었다. 즉 튜브 안 곳곳에 있었다. 과학자들의 예상대로였다.

이어서 과학자들은 인간의 DNA 샘플을 광양자만 들어 있는 밀폐된 튜브 안에 삽입했다. DNA가 나타나자 광양자는 전혀 뜻밖의 행동을 보였다. 처음처럼 흩어져 있는 것이 아니라, 살아 있는 물질의 출현에 반응해 **자기들 스스로 배열을 새로이 했던 것이다.** DNA가 광양자에 직접 영향을 준 것이 분명했다. 마치 DNA가 보이지 않는 힘을 통해 광양자들을 일정한 패턴으로 배치하게 한 것 같았다. 이것이 중요한 까닭은, 전통 물리학에서는 이러한 현상을 설명할 방법이 전혀 없기 때문이다. 하지만 이 실험 결과, 우리 인간을 이루는 물질인 DNA가 **우리의 세계를 이루는 물질**인 양자에 직접적 영향을 주는 것이 관찰되고 기록된 것이다.

다음으로 놀라운 일은, 튜브에서 DNA를 제거했을 때 일어났다. 과학자들은 광양자가 원래 상태로 되돌아와 튜브 전체로 흩어지리라 예상했다. 마이컬슨-몰리 실험(1장 참조)의 예를 따라 전통적 과학은 이 외에 다른 일은 절대로 있을 수 없다고 확신했다. 하지만 과학자들은 전혀 다른 광경을 목격해야 했다. 광양자들은 DNA가 여전히 튜브 안에 있다는 듯 일정한 패턴 그대로 머물러 있었다. 포포닌은 이를 두고 '우리의 직관에 반하는 놀라운 결과'라고 묘사했다.*

실험 장비와 결과를 거듭 점검한 포포닌과 동료들은 이러한 결과를 설명할 논리를 찾아야 한다는 임무에 직면했다. DNA는 튜브에서 제거된 후에도 광양자에게 계속 영향을 준단 말인가? DNA가 튜브에 뭔가를 남긴 것일까? 물리적 물질이 제거된 후에도 그 힘은 남아 있는 것일까? 아니면 뭔가 신비한 기현상인 것일까? DNA와 광양자는 물리적으로 분리되어 있는 동안에도 우리가 인지하지 못하는 방법과 강도로 서로 이어져 있는 것일까?

논문을 요약하면서 포포닌은 자신과 동료 연구자들이 '뭔가

---

* 블라디미르 포포닌 〈DNA 유령 효과〉. 미국 캘리포니아 볼더크릭 소재의 '하트매스 협회' 연구 분과의 후원으로 1995년 러시아에서 재수행됨.

새로운 장場의 구조가 존재한다는 가설을 받아들일 수밖에 없었다"고 썼다. 살아 있는 물질의 현존과 직접적으로 관련 있는 효과인 것으로 보이기에, 이 현상은 'DNA 유령 효과'라고 이름 붙여졌다. 포포닌의 새로운 장 구조는 고대 전통뿐만 아니라 막스 플랑크가 그보다 50여 년 전에 정의한 '매트릭스'와 매우 유사하다.

실험 1의 요약: 이 실험은 여러 이유 때문에 중요하다. 가장 대표적인 이유를 꼽자면, 우리 세계를 이루고 있는 에너지와 DNA가 직접 관련되어 있다는 것을 명확히 보여주기 때문이다. 이 놀라운 실험을 통해 많은 결론을 도출할 수 있는데, 특히 다음 두 가지는 확실하다.

❶ 과거에 우리가 인식하지 못했던 형태의 에너지가 존재한다.
❷ 세포/DNA는 이러한 형태의 에너지를 통해 물질에 영향을 준다.

(아마 최초이겠지만) 실험실이라는 엄격히 통제된 환경에서 이루어진 실험인 만큼, 고대 전통들이 수세기 동안 신성시해온 강력한 관계에 대한 확고한 증거가 등장한 셈이다. DNA는 우리 세계의 본질적 요소인 광양자의 행동을 변화시켰다. 고대 전통들

• 앞의 글.

과 경전들이 오랫동안 주장해 온 대로, 우리는 우리를 둘러싼 환경에 직접 영향을 준다는 것이 과학 실험으로 입증된 것이다.

이는 뉴에이지New Age 사상이나 단순한 희망사항이 아니라 엄연한 실재이다. DNA 유령 현상은 적절한 조건과 적절한 장비만 갖추면, DNA의 영향력을 과학적으로 증명할 수 있음을 보여준다(여기에 대해서는 뒤에서 다시 다루어진다). 이 실험은 생명과 물질이 연결되어 있다는, 혁명적이고도 생생한 증거이지만, 다음 두 실험 덕분에 DNA 유령 효과는 훨씬 더 큰 중요성을 띠게 된다.

실험 2

이 연구는 인간의 감정이 우리 몸의 세포 기능에 직접적으로 영향을 준다는 것을 의심의 여지없이 보여주었다.* 1990년대에 과학자들은, 미 육군의 후원으로 살아 있는 세포, 즉 DNA가 몸에서 분리된 후에도 계속 감정의 영향을 받는지를 조사했다. 다시 말해, 조직 샘플을 채취한 후에도 긍정적이든 부정적이든 인간의 감정이 그 샘플에 계속 영향을 주는 것일까?

전통 과학에서는 그렇지 않다고 생각한다. 무슨 수로 가능하겠는가? 다시 한번 말하자면 1887년의 마이컬슨-몰리 실험은

---

* 글렌 레인, 마이크 액킨슨, 롤린 맥크레이티, 〈공감과 분노의 생리적 심리적 영향〉, *Journal of Advancement in Medicine*, vol. 8, no. 2 (Summer 1995), pp.87-103.

세상 만물을 이어주는 것이 전혀 '없다'는 확고한 증거가 되었다. 이러한 전통적 사고방식으로는 조직이든 피부든 기관이든 뼈든 일단 몸에서 분리되면 신체와의 연결이 완전히 끊어진다. 하지만 새로운 실험 결과는 전혀 다른 무엇인가를 보여준다.

1993년 저널 〈어드밴스Advances〉에 한 연구 논문이 실렸다. 육군은 감정과 DNA의 연결이, 분리 후에도 계속 이어지는지, 만약 그렇다면 얼마나 멀리까지 이어지는지 여부를 확인하기 위한 실험을 했다.* 연구자들은 자원자의 입 안에서 조직과 DNA 샘플을 채취했다. 샘플을 같은 건물의 다른 방으로 옮기고는 현대의 과학자들이 도저히 불가능하다고 말하는 현상이 과연 일어날지 관찰했다. 특별히 고안된 장치에 담긴 DNA가 수십 미터 떨어진 다른 방에 있는 샘플 제공자의 감정에 반응하는지를 전기적으로 측정한 것이다.

샘플 제공자는 일련의 영상을 지켜보았다. 신체 내부의 감정 상태를 정확히 변화시키기 위해 참혹한 전쟁터의 생생한 광경에서부터 에로틱한 이미지와 코미디물까지 다양한 영상이 준비되었다. 덕분에 샘플 제공자는 짧은 시간 안에 다양한 감정을 실제처럼 경험할 수 있었다. 그동안 다른 방에서는 샘플 제공자

• 줄리 모츠, 〈누구나 기(氣) 치유사가 될 수 있다(Everyone an Energy Healer)〉, 산타페의 The Treat V 컨퍼런스, *Advances: The Journal of Mind-Body Health*, vol. 9 (1993).

의 DNA가 어떤 반응을 보이는지 관찰했다.

샘플 제공자가 극단적 감정에 이르렀을 때, 멀리 떨어져 있던 세포와 DNA는 동시에 강력한 전기적 반응을 보였다. 수십 미터나 떨어져 있음에도 DNA는 신체에 물리적으로 연결되어 있는 듯했다. 의문이 제기되었다. "도대체 왜?"

참고로 이 실험에 관련된 일화가 하나 있다. 필자는 세계무역센터와 펜타곤이 테러를 당한 9월 11일에 호주에서 책 홍보용 강연을 하고 있었다. 다시 로스앤젤레스로 돌아오니 열흘 전 내가 떠난 곳과 전혀 다른 곳에 도착했다는 느낌이 들었다. 아무도 여행을 하지 않았다. 공항과 부속 주차장이 텅 비어 있었다. 세계가 극적으로 변화된 것이다.

귀국 후 바로 로스앤젤레스에 강연 일정이 잡혀 있었다. 과연 누가 올까 싶었지만 주최 측에서는 강연을 감행하기로 했다. 강연이 시작되자 주최자의 걱정이 현실로 나타났다. 극소수의 청중만이 나타난 것이다. 강연이 시작되자, 과학자와 작가들은 마치 서로에게 연설을 하는 듯한 기분에 휩싸였다.

나는 우주 만물의 상호연결성에 대해 발표하며, 바로 위의 육군 실험 이야기로 끝을 맺었다. 그날 저녁 회식 자리에서 다른 발표자가 나에게 다가오더니, 강연을 잘 들었다며 자신 역시 그 연구에 동참했다고 말했다. 바로 클리브 백스터Cleve Back-ster 박사로, 진행 중인 프로젝트의 일부로서 그 실험을 **기획**한 장본인이었다. 인간의 의도가 식물에 영향을 준다는 그의 선구자적 연구 덕분에 육군 실험에 참여하게 되었던 것이다. 여기서 군이 이 일화를 이야기하는 것은 이어서 백스터 박사가 한 말 때문이다.

육군은 샘플 제공자와 샘플이 수십 미터 떨어져 있되 여전히 같은 건물에 있는 수준에서 실험을 마쳤다. 하지만 백스터 박사와 팀원들은 훨씬 먼 거리에서의 실험을 계속했다. 한번은 샘플 제공자와 샘플이 500킬로미터나 떨어져 있기도 했다.

또한 샘플 제공자의 경험과 샘플 반응 사이의 시간 간격을 콜로라도에 소재한 원자시계로 측정했다. 실험에서 감정과 세포 반응의 시간 차이는 번번이 0이었다. **감정이 생기는 즉시 세포가 영향을 받았던 것이다.** 세포가 같은 방 안에 있든, 수백 킬로미터 떨어져 있든, 결과는 마찬가지였다. 샘플 제공자가 감정적 경험을 하면 DNA는 여전히 몸 안에 있다는 듯 즉시 반응했다.

무슨 사이비 과학처럼 들리겠지만, 이 점을 고려해 보자. 세상 만물을 잇고 있는 양자장場이 정말 존재한다면 모든 것은 언제나 연결되어 있을 것이다. 클리브 백스터 박사의 동료인 제프리 톰프슨Jeffrey Thompson 박사는 이러한 견해에 따라 너무도 멋진 말을 했다. "우리의 몸이 실제로 끝나거나 시작되는 곳은 없다."[*]

- 제프리 D. 톰프슨, D.C., B.F.A., 온라인 기사, 〈인간 세포의 비밀스러운 삶(The Secret Life of Your Cells)〉, Center for Neuroacoustic Research (2000). 톰프슨의 동료인 클리브 백스터 박사의 동명 연구에 대한 저서와 논문을 인용. www.neuroacoustic.org/articles/articlecells.htm.

실험 2의 요약: 이 실험이 제시하는 의미는 실로 방대하며 어떤 사람에게는 다소 난해해 보일 수도 있다. 사람과 신체 일부를 분리할 수 없다면, 산 사람의 장기를 다른 이에게 이식할 경우 두 사람은 서로 계속 이어져 있게 된다는 말인가?

보통 우리는 매일 수십 명은 물론이고 때로는 수백 명의 사람들과 접촉하며, 물리적으로 접촉할 때도 적지 않다. 그저 악수를 나누느라 서로 손을 대기만 해도 피부 세포가 떨어져 나가 내 DNA가 상대방에게 남는다. 상대방의 DNA 역시 나에게 남는다. 그렇다면 세포의 DNA가 살아 있는 한 우리 둘은 서로 계속 연결되어 있는 것일까? 이 질문에 대답하자면, "그렇다"이다. 연결은 계속되는 것으로 보인다. 하지만 연결의 강도는 우리가 이 연결을 얼마나 의식하고 있는지에 따라 달라지는 듯하다.

이와 같은 가능성들 덕분에 이 실험은 실로 커다란 의미를 지닌다. 또한 보다 심오한 무엇인가를 위한 토대가 된다. 샘플 제공자가 어떤 감정을 겪을 때 분리되어 있던 DNA가 그 감정에 반응한다면, 한쪽에서 다른 쪽으로 감정을 실어다 줄 무엇인가가 있는 것이 당연하다. 그렇지 않은가?

그럴 수도 있고 아닐 수도 있다. 이 실험은 너무 단순해서 쉽게 간과해버린 놀라운 개념을 제시하는 것일 수도 있다. 그 개념이란 다름 아닌 **애초에 감정은 운반될 필요조차 없었다**는 것이다. 에너지가 굳이 샘플 제공자에게서 머나먼 곳의 샘플까지 이동할 필요가 없었을 수도 있다. 샘플 제공자의 감정이 이미 DNA

안에 있기 때문이다. 아니 사실을 말하자면, 감정은 생기는 순간 우주 어디에나 존재하게 된다. 이 놀라운 가능성에 대해서는 3장에서 심도 있게 다룰 것이다.

여기서 핵심, 즉 굳이 이 실험을 세 가지 대표 실험 중 하나로 꼽은 까닭은, 단순히 이것 때문이다. 샘플 제공자와 DNA가 어떤 식으로라도 연결되어 있다면, 이 둘을 이어주는 뭔가가 존재하는 것이 분명하다. 따라서 다음과 같은 네 가지 결론이 나온다.

❶ 살아 있는 조직 사이에는 우리가 전에는 몰랐던 형태의 에너지가 존재한다.

❷ 세포와 DNA는 이러한 에너지장을 통해 서로 소통한다.

❸ 인간의 감정은 살아 있는 DNA에 직접적으로 영향을 준다.

❹ 이 영향력은 얼마나 떨어져 있든 거리와 상관없이 계속된다.

실험 3

감정이 신체 건강과 면역 체계에 영향을 미친다는 사실은 전 세계의 영적 전통들에서 오래전부터 인정하고 있다. 하지만 이것이 일반인들도 이해하기 쉽게, 과학적으로 입증된 적은 거의 없다.

1991년 하트매스 협회HeartMath Institute는 인간의 감정이 신체에 미치는 힘과 세상에서 하는 역할을 측정하기 위해 특별한 방법을 고안했다. 하트매스는 감정과 기분이 시작되는 곳으로 보이는 신체 기관, 곧 심장에 집중했다. 이 선구자적 실험은 수많은 유명 저널에 실렸고, 여러 논문에 인용되었다.*

하트매스가 발표한 가장 중요한 발견 중 하나는 심장을 둘러싼 도넛 모양의 에너지장이 신체 밖으로까지 뻗어 있다는 사실이다. 이러한 전자기적 에너지장은 원환체圓環體 형태를 띠며, 지름이 1.5~2.5 미터 정도이다(그림 2 참조). 이것이 몸에서 나오는 오라aura나 고대 산스크리트 경전에 묘사된 프라나(氣)인 것은 아니지만, 우리 신체에서 비롯된 에너지임은 분명하다.

하트매스의 연구자들은 이 에너지장 안에 아직 발견되지 못한 다른 종류의 에너지가 있지 않을까 궁금해했다. 그리하여 이를 확인하기 위해 인간의 감정이 생명의 본질인 DNA에 미치는 영향을 실험해보기로 했다.

1992년부터 1995년까지 실행된 실험에서 과학자들은 인간 DNA를 유리 비커에 따로 담고** **일관된 감정**coherent emotion이라고 알려진 강력한 감정 형태에 노출시켰다. 이 실험의 주축을 이루었던 글렌 레인Glen Rein과 롤린 맥크레이티Rollin McCraty에 따르면, 이러한 생리적 상태는 '마음을 차분히 가라앉힌 다음, 의

---

* 하트매스 협회는 1991년 설립된 비영리 연구기관으로, '효율, 생산성, 건강, 행복을 높이고 스트레스를 극적으로 감소시키기 위해 다양하고도 독특한 기술과 제품과 서비스를 제공'하는 것을 그 목표로 한다. www.HeartMath.com/company/index. html.

** 글렌 레인, 〈의식적 의도가 인간 DNA에 미치는 영향(Effect of Conscious Intention on Human DNA)〉, *Proceedings of the International Forum on New Science* (Denver, CO: 1996).

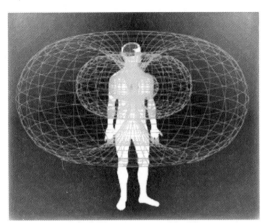

그림 2. 위의 그림은 인간의 심장을 둘러싼 전자기장의 형태와 상대적 크기를 보여준다. (하트매스 협회의 승낙하에 게재.)

식을 심장에 집중하여 긍정적 감정에 몰입하도록 특별히 고안된 정신적·정서적 자기 관리 기법을 이용해[*] 의도적으로 만들어진다. 이 같은 일관된 감정 훈련을 받은 다섯 명이 일련의 실험을 수행했다. 과학자들은 DNA를 화학적으로, 시각적으로 분석하는 특별한 기술을 이용해 세밀한 변화까지도 감지했다.

실험 결과는 부인할 수 없을 만큼 명확했으며, 그 의미는 오해할 수 없을 만큼 명료했다. 인간의 감정이 DNA의 형태를 변화시킨 것이다! 물리적으로 접촉하지 않고 그저 자신의 신체 내

- 글렌 레인, 롤린 맥크레이티, 〈새로운 생리 측정 가능 상태와 관련된 물과 DNA의 구조 변화(Structural Changes in Water and DNA Associated with New Physiologically Measurable States)〉, *Journal of Scientific Exploration*, vol. 8, no. 3 (1994), pp.438-439.

에 특정 감정을 일으킴으로써 비커에 담긴 DNA 분자에 영향을
준 것이다.

오직 한 명만 참가한 첫 번째 실험에서는 '직접적 의도, 무조
건적 사랑, 특정 형태의 DNA 분자의 시각화'를 통해 영향력을
발휘했다. 한 연구자의 말을 빌리자면, "이번 실험 결과, 다른 의
도는 다른 영향을 주어 DNA 분자를 휘감기거나 풀리게 만든다
는 사실이 밝혀졌다."* 확실히 이 실험은 지금까지의 전통적 과
학으로서는 도저히 받아들일 수 없는 의미를 제시하고 있다.

우리는 몸 안의 DNA가 처음부터 정해져 있는 것이라고 믿어
왔다. DNA는 우리가 태어날 때 '얻은 상태 그대로'이며, 약, 화
학, 전기장을 제외하고는 우리가 무슨 짓을 한다 해도 절대 변
하지 않는다는 것이 사회 통념이다. 하지만 이 실험은 이것이
새빨간 거짓말임을 드러냈다.

세계를 변화시키는 마음의 기술

그렇다면 이 실험들이 말해주는 우리 인간과 세계의 관계는 어
떤 것일까? 이 세 실험의 공통점은 인간의 DNA와 관련된 연구
라는 것이다. 우리 몸을 이루고 있는 물질이 바깥 세계에 어떤

• 글렌 레인, 〈의식적 의도가 인간 DNA에 미치는 영향〉.

식으로든 영향을 준다는 것은 전통적 과학에서는 있을 수 없는 일이다. 인간의 감정이 몸 안에 있든, 수백 킬로미터 떨어져 있든, DNA에 영향을 준다는 것 또한 터무니없는 말이다. 그런데 이 세 실험은 이처럼 불가능하다고 여겨졌던 일들이 가능하다는 것을 입증하고 있다.

각 실험을 제각각 따로 생각해 보아도 흥미롭다. 전통적 사고 방식의 경계를 넘어 이례적인 무엇인가가 존재한다는 것을 저마다 보여주고 있으며, 일부는 다소 놀랍기까지 하다. 좁은 관점에서 보자면, 이들 실험은 '다음에 다시 살펴봐야겠지만 일단은 보류해 두어야 할 사항들' 목록에 오르기 십상이리라. 하지만 세 실험을 합쳐 생각해 보면 패러다임이 산산이 부서진다. 이 세 실험은 우리에게 이야기하고 있다. 각 실험을 보다 큰 퍼즐의 한 조각으로 보면, 에셔Escher*의 드로잉처럼 숨겨져 있던 이야기가 튀어나온다! 그러니 좀 더 깊이 살펴보자.

첫 번째 실험에서, 포포닌은 인간 DNA가 빛의 파동에 직접적 영향을 준다는 사실을 입증했다. 두 번째 실험에서 육군 과학자들은 우리가 DNA와 수백 킬로미터 떨어져 있든, 같은 방에 있든, 그 영향력은 똑같다는 사실을 입증했다. 세 번째 실험에서 하트매스의 연구자들은 인간의 감정이 DNA에 직접적 영향을

• 역주: 기이한 시각 효과로 유명한 네덜란드의 판화가 마우리츠 코르넬리스 에셔 (Maurits Cornelis Escher, 1898~1972).

준다는 사실을 입증했다. 따라서 인간의 감정은 우리 세계를 이루고 있는 물질[광양자]에도 직접적 영향을 준다. 이는 새로운 기술, 곧 **마음의 기술**의 시작이라 할 수 있다. 우리가 우리 몸과 세계에 영향을 줄 수 있다는 정도에 그치는 것이 아니라, 이러한 영향력이 엄연히 존재하며 어떻게 작동하는지까지도 보여준다!

이 세 실험은 다음의 두 가지 결론을 제시해 주는데, 이는 이 책의 핵심 사상이기도 하다.

> ❶ '저 밖에는' 우주 만물을 서로 이어주는 에너지장과 같은 무엇인가가 존재한다. 이렇게 이어주는 에너지장 덕분에 세 실험에서 전혀 예상하지 못한 결과가 나올 수 있었던 것이다.
>
> ❷ 우리 몸의 DNA는 우리로 하여금 우주 만물을 연결하는 에너지장에 접근할 수 있게 해주는데, 그 장으로 들어가는 비결은 감정이다.

또한 이들 실험은 우리와 에너지장의 연결이야말로 우리 존재의 본질이자 정수임을 보여준다. 에너지장이 어떤 식으로 작동하고, 우리가 에너지장에 어떻게 연결되어 있는지 이해한다면, 우리는 에너지장에 대해 우리가 알고 있는 것들을 우리의 삶에 적용시킬 수 있을 것이다.

이것이 우리의 삶에 과연 어떤 의미가 있을지 곰곰이 생각해보자. 우리가 그 힘을 활용할 수 있어서 우주 만물이 시작되는 양자 설계도를 변화시킬 수 있다면, 이 세상에 풀릴 수 없는 문제나 치유될 수 없는 질병, 개선될 수 없는 상황이 어떻게 있을 수 있겠는가? 여기서 양자 설계도란, 막스 플랑크가 '의식과 지성을 가진 정신conscious and intelligent Mind'이라고 묘사한, 전에는 전혀 인식하지 못했던 에너지장이다.

디바인 매트릭스

위의 실험에 따르면, 이 매트릭스는 우리가 익히 알던 것과는 전혀 다른 형태의 에너지로 이루어져 있다. 그 탓에 과학자들이 그토록 오랜 세월 동안 찾아내지 못한 것이다. '미묘한 에너지 subtle energy'라고 불리는 이것은 전형적인 전기장과는 전혀 다르다. 촘촘하게 짜인 망網의 형태로 우주의 직물을 이루는 이 에너지를 필자는 '디바인 매트릭스Divine Matrix'라고 부른다.

디바인 매트릭스는 다양한 방식으로 정의될 수 있겠지만, 그 중 가장 간단한 정의를 소개하자면 다음 세 가지이다.

❶ 우주에 존재하는 모든 것을 담고 있는 그릇이다.
❷ 우리의 내면과 외부의 세계를 잇는 다리이다.
❸ 우리의 일상적 생각, 느낌, 감정, 믿음을 비추어주는 거울이다.

디바인 매트릭스에는 다른 에너지에서는 볼 수 없는 세 가지 특징이 있다.

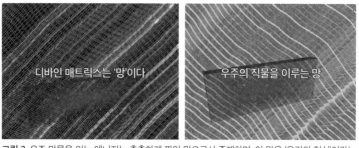

디바인 매트릭스는 '망'이다

우주의 직물을 이루는 망

그림 3. 우주 만물을 잇는 에너지는 촘촘하게 짜인 망으로서 존재하며, 이 망은 '우리의 현실'이라는 직물의 토대를 이룬다.

첫째, 언제 어디에나 이미 존재하고 있다. TV나 라디오 방송을 하려면 반드시 한 곳에서 전파를 만들어야 다른 곳으로 보낼 수 있지만, 디바인 매트릭스는 이미 어디에나 존재하고 있다.

둘째, 빅뱅이라고 부르든 '태초'라고 부르든, 창조가 이루어진 시초에 이 장이 생겨난 것으로 보인다. 그 전에는 무엇이 존재했는지 그 누구도 알 수 없지만, 어마어마한 에너지의 방출로 인해 우주가 생겨났으며 그것이 바로 공간 자체를 만들어냈다고 물리학자들은 믿는다.

고대 리그베다의 창조에 관한 구절을 보면, 태초 전에는 "공기든 하늘이든 아무것도 존재하지 않았다." '무無'의 존재가 공간의 '무엇'인가로 폭발함에 따라 무 사이에서 물질이 태어났다. 디바인 매트릭스는 시간이 시작되었던 순간의 메아리이자 시간과 공간으로 이루어진 연결망으로서 우리를 우주 만물과 잇고 있다. 이 같은 영원한 연결성으로 인해 디바인 매트릭스 안에서는 그 어떤 것도 지역적으로 제한받지 않는다.

세 번째이자 우리 삶에서 가장 큰 의미가 있는 디바인 매트릭스의 특징은, 그것이 '지성'을 지닌 듯 보인다는 점이다. 즉, 에너지장은 인간의 감정에 **반응한다.** 고대에는 이러한 비밀스러운 힘을 우리 곁에 붙들어두기 위해 최선을 다했다. 우리 선조들은 우주 만물을 잇는 에너지와 소통하는 법을 신전의 벽에 새기고, 낡은 양피지에 기록하고, 자신들의 삶 자체에 각인시켰다. 우리의 몸을 치유하는 법, 강렬한 꿈과 희망을 현실화시키는 법을 후손에게 전하고자 했던 것이다. 하지만 그러한 최초의 가르침이 기록되고 오천 년 가까이 지난 오늘날에야 과학의 언어는 세계와 우리 사이의 관계를 재발견하게 되었다.

위의 세 실험에서 발견된, 그리고 다른 실험들에 의해 이론화된 에너지는 너무나 새로워서, 과학자들은 아직 통일된 이름조차 정하지 못하고 있다. 그 탓에 우주 만물을 연결하고 있는 장field은 여러 이름으로 불리고 있다. 예를 들어, 아폴로에 탑승했던 우주비행사 에드거 미첼Edgar Mitchell은 이를 '본래 마음Nature's Mind'이라고 부른다. 초끈 이론을 연구하는 물리학자 미치오 카쿠Michio Kaku는 '양자 홀로그램Quantum Hologram'이라고 부른다. 우주를 이루고 있다고 믿어지는 우주적 힘을 부르는 이 같은 현대적 이름 말고도, 양자 물리학이 나오기 수천 년 전 작성된 글에도 비슷한 주제와 비슷한 단어가 등장한다.

예를 들어, 4세기의 영지주의 복음서에는 이러한 힘을 '마음

mind'이라는 단어로 묘사한다. "만물을 다스리는 위대한 힘, '우주의 마음Mind of the Universe'이 '고요'로부터 나타나…."** 이름은 다를지언정 이들 모두는 똑같은 것, 곧 '우리의 현실'이라는 직물의 살아 있는 정수를 묘사하고 있는 것으로 보인다.

플랑크가 이탈리아 피렌체에서 행한 연설에서 언급한 것 역시 바로 이 마음이다. 플랑크는 1944년 강연 도중 당시의 과학자들조차 완전히는 이해하지 못할 연설을 했다. 사실 그 당시만이 아니라 21세기인 지금에 보아도 혁신적이라 할 만큼 예언적 선언이다.

> 물질 연구라는 더없이 명철한 과학에 평생을 헌신해온 사람으로서 나는 여러분께 원자에 관한 연구 결과를 밝히고자 합니다. 세상에 원자라는 것은 없습니다! 모든 물질은 원자를 진동하게 하고 원자라는 더없이 미세한 태양계를 유지시키는 힘으로부터 비롯되고, 그 힘에 의해서만 존재합니다. (…) 이러한 힘의 배경에는 의식과 지성을 가진 마음이 있다고 추정해야 마땅합니다. 그 마음이 바로 '모든 물질의 매트릭스the matrix of all matter'인 것입니다.**

• 일레인 페이젤, 《영지주의 복음서(The Gnostic Gospels)》(New York: Random House, 1979), pp.50-51.
•• 막스 플랑크, 〈물질의 존재(Das Wesen de Materie)〉.

이번 장에서 다룬 실험과 논의들은 플랑크의 매트릭스가 존재한다는 더없이 확고한 증거이다. 어떤 이름으로 부르든, 어떤 물리 법칙을 적용시킬 수 있든 없든, 우주 만물을 잇는 에너지장은 분명히 존재한다. 지금 바로 이 순간, 여기에 있는 것이다. 당신과 내가 존재하듯 이 에너지장 역시 존재하고 있다. 이것은 우리 안의 우주이자 우리를 둘러싼 우주이며, 우리의 마음속에서 가능한 모든 것과 우리 밖의 실제 세계 사이를 이어주는 양자 다리quantum bridge이다. 이러한 에너지 매트릭스가 존재하기에 위의 세 실험과 같은 결과가 나올 수 있었던 것이며, 우리 **안**의 긍정적 감정과 기도가 우리 **밖**의 세계에 영향을 줄 수 있는 것이다.

하지만 우주 만물의 매트릭스와 우리 인간의 연결은 여기에서 멈추지 않는다. 이 연결은 우리가 볼 수 없는 것들에까지 이어진다. 디바인 매트릭스는 어디에나 있으며 만물 자체이다. 하늘 높이 나는 새에서부터 우리의 몸과 집이 빈 공간인 양 통과해 버리는 우주 입자에 이르기까지, 모든 물질은 디바인 매트릭스라는 똑같은 그릇에 담겨 있다. 당신과 이 책의 단어 사이의 빈 공간을 메우고 있는 것 역시 바로 디바인 매트릭스이다. **공간 자체**도 디바인 매트릭스로 이루어져 있다. 도대체 디바인 매트릭스가 어디에 있는 것인지 궁금한가? 공간이 있는 곳에는 어디에나 이 미묘한 에너지 역시 존재한다고 생각해 보라.

그래서 도대체 무슨 의미가 있는데?

모두가 짐작은 하지만 아무도 입밖에 내지는 않는 커다란 비밀처럼, 디바인 매트릭스는 우리 모두를 상상도 할 수 없을 만큼 긴밀하게 잇고 있다. 하지만 이것이 도대체 무슨 의미가 있는 것일까? 상상이 살고 있는 곳이자 현실이 태어나는 곳인 '순수 양자 공간'을 우리 모두가 공유하고 있어 우리가 세상 모든 사람과 사물에 깊이 얽혀 있다는 것은 과연 어떤 의미를 지니는 것일까? 우리가 자신의 삶과 세상사를 멍하니 지켜보는 단순한 방관자가 아니라는 말이 정말이라면, 우리는 도대체 무엇을 얼마나 할 수 있는 것일까?

앞의 실험들은 실험실의 그 어떤 기계도 창조할 수 없는 힘이 우리 안에 있다는 사실을 보여준다. 이는 물리 법칙에 한정되지 않는 힘이다. 적어도 오늘날까지 알려진 물리 법칙으로는 이를 설명할 길이 없다. 또한 이러한 연결이 존재한다는 것을 알기 위해 반드시 실험실 장비가 필요한 것도 아니다.

누군가에게 전화를 걸려고 하는데 마침 그 사람에게서 전화가 오거나, 그 사람이 나한테 전화를 걸고 있는 중이어서 통화 중일 때가 몇 번이나 있었는가?

번화가나 쇼핑몰이나 공항에서 친구들과 즐거운 시간을 보내다가 문득 이곳에서, 혹은 이들과 함께, 정확히 지금과 같은 행동을 예전에 한 적이 있다는 기묘한 느낌이 든 적은 또 몇 번이나 있었는가?

이런 사례는 재미난 이야깃거리가 되지만, 그렇다고 해서 단순히 우연의 일치인 것만은 아니다. 이런 일이 **왜** 일어나는지 과학적으로 증명할 수는 없어도, 이런 일이 일어난다는 것은 누구나 알고 있다. 이러한 연결과 데자뷔는 우리가 물리 법칙이 부과한 한계를 초월한 존재들임을 보여준다. 이처럼 간단한 예만 보아도 우리가 알고 있는 것보다 더 많은 무엇인가가 우주와 우리 사이에 있음을 알 수 있다.

이는 또한 우리의 역할이 세계를 단순히 관찰하기만 하는 것은 아님을 일깨워준다. 초월적 통찰력transcendent insight을 통해 의도적으로 이러한 것을 경험할 수 있는데, 이는 '우연히' 생기기보다는 간절히 원할 때 일어난다. 몇몇 특출한 사람을 제외하고는 우리가 물리 법칙보다 더 빨리 소통하거나 시간 여행을 하거나 동시에 두 곳에 존재할 수 없는 것은 당연하다. 그것은 우리 스스로 그럴 수 없다고, 우주에서 우리가 맡은 역할은 관찰자라고 확고히 믿고 있기 때문이다. 다음 장에서 다룰 내용이 바로 이것이다.

우리는 창조자들이다. 아니 그 이상으로, 우리는 서로 연결된 창조자들이다. 우리 모두는 삶에 의미를 주는 끊임없는 변화에 디바인 매트릭스를 통해 참여하고 있는 것이다. 이제 문제는 우리가 수동적 관찰자인가 아닌가가 아니라, 어떻게 하면 의도적으로 우주 만물을 변화시킬 수 있는가이다.

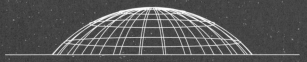

제2부

상상과 현실을 잇는 다리

디바인 매트릭스는 어떻게 작동하는가

THE DIVINE MATRIX

3장

우리는 수동적 관찰자인가,
강력한 창조자인가

"그렇다면,
 우주는 도대체 왜 이처럼 거대한 것일까?
 우리가 여기에 있기 때문이다."
_물리학자 존 휠러

"상상이 현실을 창조한다.
 (…) 인간은 곧 상상력이다."
_신비주의자 네빌Neville Goddard(1905~1972)

1854년 시애틀 추장은 워싱턴의 입법자들에게 북미의 자연 파괴는 현재 수준을 훨씬 넘어설 것이며, 결국 미래 세대의 생존을 위협하게 될 것이라고 경고했다. 19세기 중반과 마찬가지로 오늘날에도 여전히 타당하기 이를 데 없는 깊은 지혜를 보여준 추장은 이렇게도 말했다. "사람은 생명의 망을 짜지 않았다. 그저 망 안의 한 가닥에 불과하다. 사람이 망에게 하는 모든 것은

곧 자기 자신에게 하는 것이다."•

시애틀 추장이 말한 '생명의 망 안에서의 인간'과 '디바인 매 트릭스와 연결된 인간'이라는 두 개념은 서로 너무나 비슷하다. 우리 인간은 우리가 보는 모든 것의 일부로서 우리 자신과 세계 그리고 저 너머 차원과 끊임없이 대화를 주고받는 존재들이다. 즉 **양자 대화**quantum dialogue의 참가자들이다. 이러한 우주적 소통 안에서 우리의 감정과 느낌, 기도, 믿음은 매 순간 우리가 우주 에게 건네는 말이다. 마찬가지로, 우리 몸의 활력에서부터 세계 평화에 이르기까지, 모든 것은 우주가 우리에게 주는 응답이다.

우주에 '참여'한다는 것의 의미

앞장에서 말했듯이, 물리학자 존 휠러는 '참여하는 우주'에서 우 리 인간이 역할을 맡고 있을 뿐만 아니라, 그것도 **중요한 역할**을 맡고 있다고 주장했다. 여기서 핵심은 **'참여하는'**이라는 단어이 다. 이 우주에서 당신과 나는 방정식의 일부가 된다. 우리 모두 우리가 창조하는 것의 '경험자'일 뿐만 아니라 삶에서 일어나는 일들의 촉매들인 것이다. 이 둘은 동시에 일어난다! 우리는 '변

• 시애틀 추장, 〈시애틀 추장이 워싱턴에 보내는 메시지(A Message to Washington from Chief Seattle)〉, www.chiefseattle.com.

화하고 있는 우주의 일부'이다. 이 끊임없는 창조 속에서 "우리 인간은 우주를 바라보는 자그마한 일부인 동시에 우주를 만들어가는 일부이다."*

휠러의 이러한 주장은 혁명적 가능성의 문을 열어젖힌다. 만약 우리의 의식이 우주를 만드는 것이라면, 우리의 우주는 우리 의식의 결과이다. 20세기 말의 이 이론에 '지성을 가진 마음', 즉 '모든 물질의 매트릭스' 때문에 우주 만물이 존재한다고 했던 1944년 막스 플랑크의 말을 생각하지 않을 수 없다. 여기서 제기되는 의문은 지극히 간단하다. **무슨 마음?**

참여하는 우주에서 의식을 집중하는 행위, 즉 **어딘가를 바라보며 관찰하는 행위**는 곧 우주 자체를 창조하는 행위이다. 우리는 세계를 관찰하고 연구한다. 우리가 바로 플랑크가 말한 마음인 것이다. (혹은 적어도 이 위대한 마음의 일부인 것이다.) 우리가 어디를 보든 우리 의식은 우리가 보는 것에 무엇인가 변화를 야기한다.

> **비결 5** 우리가 의식을 집중하는 행위는 곧 우주를 창조하는 행위이다. 의식이 우주를 창조한다!

- 존 휠러, 팀 폴저와의 인터뷰, 〈우리가 보지 않아도 우주는 존재하는가?(Does the Universe Exist if We're Not Looking?)〉, *Discover*, vol.23, no.6 (2002년 6월), p.44.

과학계는 물질의 가장 작은 입자를 찾고자 하고, 우주의 경계를 밝히고자 한다. 하지만 위의 주장이 사실이라면, 과학계는 영원히 꿈을 이루지 못할 것이다. 양자계를 아무리 깊이 파고들고 드넓은 우주를 아무리 멀리 탐험하더라도, 무엇인가가 존재한다는 기대를 품고 바라보는 우리의 행위는 우리가 볼 무엇인가를 창조해 버린다.

참여하는 우주란, 정확히 어떤 우주일까? 우리 의식이 정말 우주에 변화를 가한다면, 실제로 세상을 얼마나 바꿀 수 있는 것일까? 그 대답은 놀랍기 그지없다.

카리브해의 어느 섬 출신으로 이름이 네빌Neville이라고 알려진 20세기의 한 비전가는, 꿈과 상상을 현실로 만드는 우리의 능력을 가장 잘 묘사한 사람이 아닐까 싶다. 그는 수많은 책과 강연에서 디바인 매트릭스의 다양한 가능성을 탐험하는 위대한 비결을 단순하면서도 직설적으로 설명했다. 네빌에 의하면, 우리가 경험하는 모든 것은, 즉 우리에게 일어나는 일이나 우리가 하는 일 모두는 절대적으로 우리 의식의 산물이다. 이러한 이해를 기초로 상상의 힘을 발휘한다면, 우리는 얼마든지 기적을 일으킬 수 있다. 디바인 매트릭스는 우주 전체를 담는 그릇이자 우리 의식으로 빚어진 그릇이기에, 이 그릇 밖에서는 그 어떤 일도 일어날 수 없다.

하지만 달리 생각하기란 얼마나 쉬운 일인가! 뉴욕과 워싱턴에서 9·11 테러가 발생한 직후 사람들은 한결같이 물었다. "그들은 우리에게 왜 이런 짓을 하는 겁니까? **우리가 그들에게 도대체 무슨 짓을 했단 말입니까?**" 우리는 '우리'와 '그들'이라는 관점에서 세상을 보는 시대를 살고 있으며, 좋은 사람들에게 어떻게 나쁜 일이 일어날 수 있는지 의아해한다. 우주 만물을 잇는 단일한 에너지장이 존재하며, 디바인 매트릭스가 실험을 통해 입증된 방식으로 작동한다면, **그들**과 **우리**는 나뉠 수 없으며, 모두가 **우리**이다.

우리에게 미워하고 두려워하라고 가르쳤던 국가 지도자들에서부터 우리의 마음을 울리며 사랑을 불러일으키는 여러 나라의 여러 사람들에 이르기까지, 우리 모두는 상상할 수도 없을 만큼 긴밀히 이어져 있다. 우리의 현실을 만드는 인큐베이터인 의식의 장場을 통하여. 치유든 고통이든, 평화든 전쟁이든, 우리 모두가 다 함께 창조해내는 것이다. 이는 새로운 과학이 우리에게 제시하는 여러 의미들 중 가장 이해하기 힘든 것일 수 있다. 하지만 이는 또한 우리의 더없는 치유와 생존의 원천이 될 수 있는 것이기도 하다.

네빌의 글들은, 우리네 삶이 행복과 불행으로 출렁이는 이유를 바깥에서 찾는 것이야말로 우리들의 세계관에서 가장 잘못된 것임을 일깨워준다. 하루하루의 사건에는 확실히 원인과 결과가 있지만, 그것들은 그 순간과는 아무런 관련이 없는 시간과 공간에서 비롯된 것 같다. 네빌은 우리와 우리 주변 세상의 관계에 있어서 가장 큰 수수께끼의 핵심을 이렇게 말한다. "인간의 가장 큰 착각은 자기 자신의 의식 상태 이외에 다른 원인들이 있다고 확신하는 것이다."* 이게 무슨 뜻일까? 이는 우리가 참여하는 우주에서 살고 있다는 것에 대해서 이야기할 때면 자연스레 제기되는 실제적인 의문이다. 우리는 우리의 삶과 우리가 사는 세상을 변화시킬 힘을 과연 얼마나 가지고 있을까? 그 대답은 실로 간단하다.

> **비결 6** 우리가 어떤 변화를 원하든, 우리는 그 변화를 창조하는 데에 필요한 모든 힘을 가지고 있다!

이러한 능력은 의식의 힘을 어떻게 사용하고 어디에 집중하느냐에 따라 달라진다. 네빌은 《의식의 힘The Power of Awareness》에서 이를 생생하게 보여주는 여러 실제 사례를 제시했다.

그중에서도 가장 강렬했던 이야기는 여러 해가 지난 지금도 여전히 내 마음에 남아 있다. 불치병인 희귀 심장병 진단을 받은 20대의 어느 남자에 관한 이야기로, 그는 결혼하여 두 명의 어린 자식을 두고 있었다. 모두에게서 사랑받는 그는 어느 모로 보나 행복하고 건강한 삶을 누려야 마땅했다. 네빌이 그와 이야기를 나누었을 무렵, 그는 살이 너무 빠져 '앙상한 해골'밖에 남

• 네빌, 《의식의 힘(The Power of Awareness)》(Marina del Rey, CA: DeVorss, 1961), p.9.

아 있지 않았다. 너무 허약한 상태라 대화를 나누기조차 힘겨 웠지만, 그는 네빌이 믿음의 힘에 대해 이야기하는 동안 조용히 귀를 기울였고, 이해의 표시로 고개를 끄덕였다.

역동적으로 진화하는 우주에 우리가 참여하고 있다는 관점에 서 보면, 모든 문제의 해결책은 오직 하나뿐이다. 나 자신의 태 도와 의식을 변화시키는 것이다. 네빌은 이러한 사고방식에 따 라 그에게 요청했다. **이미 치유가 시작된 것**처럼 느껴 보라고. 시 인 윌리엄 블레이크가 말했듯이, 상상과 현실 사이에는 아주 미 세한 선이 있을 뿐이다. 물리학자 데이비드 봄이 이 세계는 현 실의 보다 깊은 차원에서 일어나는 사건들의 투영이라고 제안 하듯이, 블레이크는 이렇게 썼다. "인간은 곧 상상력이다 / 그대 가 바라보는 모든 것은 밖에 있는 듯하나 안에 있고 / 그대의 상 상 속에서 필멸의 이 세상은 한낱 그림자일지니."• 상상 속에서 우리가 창조하고 있는 것들에 의식적으로 집중함으로써, 우리 는 비현실과 현실의 장벽을 허물고 상상을 현실로 슬그머니 **가 져올**nudge 수 있다.

네빌은 새 친구가 새로운 사고방식을 받아들이도록 돕기 위 해 자신이 어떤 말을 했는지 이렇게 설명했다. "나는 불치병 말 기 단계였던 친구에게, 모든 논리를 뒤엎고 치유된 자신의 모습 을 보고 놀라는 의사의 모습을 상상해 보라고 했어요. 의사가

• 네빌, 《율법과 약속》, p.57.

너무 놀란 나머지 두 번, 세 번 재확인을 하며 '이건 기적이야, 기적!'이라고 외치는 모습을 그려 보라고 권했어요."* 내가 왜 이 이야기를 하고 있는지 이미 아실 것이다. 그 사람은 **점점 좋아졌다.** 몇 달 후, 네빌은 그가 기적적으로 치유되었다는 내용의 편지를 받았다. 훗날 네빌과 다시 만났을 때, 그는 건강을 완전히 되찾아 가족과 함께 행복한 삶을 누리고 있었다.

그 사람이 밝힌 비결은, 네빌과 만난 후 **단순히 회복되기를 빌기보다는** '이미 치유되어 건강하다'는 가정하에 살았다는 데에 있다. 바로 여기에 우리의 마음속 깊은 꿈을 일상의 현실로 만드는 비결이 있다. 소원은 이미 이루어졌고, 꿈은 이미 현실이 되었으며, 기도는 이미 응답을 받았다고 느끼는 것이다. 이렇게 함으로써 우리는 휠러가 '참여하는 우주'라고 말한 것에 적극적으로 동참할 수 있는 것이다.

꿈은 이미 이루어졌다

결과를 향해 노력하는 것과 결과를 성취한 양 생각하고 느끼는 것 사이에는 미묘하지만 큰 차이가 있다. 우리가 무엇인가를 위해 노력하는 것은 끝을 알 수 없는 여행을 하는 것이다. 꿈을 향해 조

• 네빌, 《의식의 힘》, pp.103-105.

금 더 다가가기 위해 목표나 이정표를 정해두기는 하지만, 마음 속에서 우리는 꿈을 '이룬' 상태에 있는 것이 아니라 언제나 꿈을 향해 '다가가는' 상태에 있다. 소망을 달성한 '모습을 그리며' 이미 소망을 달성했다고 '생각하라'는 네빌의 가르침이 그토록 강력한 까닭도 바로 이 때문이다.

무술 관련 고대 자료를 보면, 이 원리가 의식에 어떤 식으로 작동하는지 물리적 차원에서의 멋진 상징이 나온다. 콘크리트 블록이나 판자 더미를 격파하는 것과 같이 현실적으로 도저히 불가능해 보이는 기술을 행하기 위해 온 정신을 특정 순간을 향해 모으도록 훈련받은 사람들을 본 적이 있을 것이다. 사실 이것 역시 네빌의 이야기와 똑같은 원리이다.

정신의 힘을 갖추지 않고서도 이러한 기술을 선보이고 싶어 때로 '속임수'를 쓰기도 하지만, 진짜로 하는 경우에는 바로 정신을 어디에 집중하느냐에 성패가 달려 있다. 예를 들어, 콘크리트 블록을 격파하기로 했다면, 손이 바닥에 닿는 순간을 온 마음으로 그린다. 네빌이 죽어가던 남자에게 했던 말과 마찬가지로, 이미 원하는 바를 이루었다고 생각하는 것이다. 치유는 **이미** 되었으며 콘크리트 블록은 **이미** 격파되었다.

무술인은 의식을 콘크리트 블록이 놓인 바닥 위의 어느 한 점에 집중함으로써 콘크리트 블록을 두 동강 낸다. 손이 바닥에 닿으려면 바닥과 손 사이의 공간을 가로질러야 가능하다. 그 공간이 우연히도 콘크리트 블록과 같이 단단한 것으로 메워져 있다는 사실은 일순 부차적인 것으로 변해 버린다. 이처럼 이들은 목표를 이루는 어려움에 대해서가 아니라 이미 목표를 이루었다고 생각한다. 아직 성공하기도 전에 목표를 이루었을 때의 기쁨을 만끽하는 것이다. 간단한 이 사례는 의식이 작동하는 법을 명쾌하게 보여주는 훌륭한 비유가 아닐 수 없다.

나도 20대 초반에 이 원리를 직접 경험한 적이 있다. 구리 제련소에서 일하며 록밴드에서 연주하던 생활을 청산하고, 영적인 힘에 집중하기 시작하던 시기였다. 스물한 번째 생일을 맞은 날 아침, 나는 느닷없이 장거리 달리기, 요가, 명상, 무술에 끌리는 나 자신을 발견했다. 나는 이 모두를 열정적으로 하기 시작했다. 내 세계가 무너지는 듯할 때마다 이것들은 나를 지켜주는 든든한 '바위'가 되어 주었다. 그러던 어느 날 무술 학원에서 가라테 수업이 시작되기 전, 나는 예전에는 한 번도 본 적이 없는 강력한 정신 집중의 힘을 목격했다.

그날 연습실로 들어온 사부님은 우리가 익히 알던 동작이나 기술과는 전혀 다른 것을 해보자고 했다. 그는 연습실의 두꺼운 매트 한가운데에 앉아 눈을 감고 명상에 들어가겠다고 했다. 그가 손바닥을 위로 한 채 양팔을 벌리고 얼굴을 숙이는 T자세를 취하면, 정신이 완전히 집중할 수 있도록 2분 정도 기다린 후, 그를 옮기기 위해 우리가 할 수 있는 짓은 무엇이든 하라는 것이었다.

당시 수련생은 남자가 여자보다 두 배 정도 많았는데, 서로 언제나 기분 좋은 경쟁을 벌이고 있었다. 하지만 그날은 그러한 분열이 전혀 없었다. 모두들 사부님 주위에 소리 없이 가만히 둘러앉아 있었다. 우리는 사부님이 매트 가운데로 뚜벅뚜벅 걸어가 책상다리를 하고 앉아, 눈을 감고 양팔을 뻗고 호흡법을 바꾸는 것을 지켜보았다. 사부님의 가슴이 부풀었다가 가라앉으며 점점 느리게 숨을 쉬다 아예 숨을 쉬지 않는 듯 멈춰버렸다. 넋이 나가 그 모습을 지켜보았던 기억이 아직도 생생하다.

우리는 서로 고개를 끄덕여 신호를 주고받고는 사부님에게로 다가갔다. 처음에는 손쉽게 끝날 줄 알고 우리 중 몇 명만 사부님을 들어 올리려고 했다. 사부님의 팔다리를 잡아 온갖 방향으로 밀고 당겼지만, 그는 꿈쩍도 하지 않았다. 우리는 깜짝 놀라 전략을 바꾸었다. 모두들 한쪽에 우르르 모여 사부님을 한 방향으로 힘껏 밀기 시작했다. 하지만 사부님은 팔은커녕 손가락 하나 움직이지 않았다!

몇 분 후, 사부님이 심호흡을 하며 눈을 뜨더니 부드럽게 특유의 농담조로 물었다.

"이게 어찌된 일인가? 왜 아직도 내가 여기 그대로 앉아 있지?"

사부님은 호탕한 웃음소리로 우리의 긴장을 가라앉혀주고는, 종종 그러하듯 두 눈을 반짝이며 방금 일어난 일을 설명했다.

"눈을 감고 꿈속에서처럼 마음에 그림을 그렸고, 그 꿈이 나의 현실이 된 거라네. 나는 내 몸 양쪽에 커다란 산이 하나씩 있고, 나는 그 봉우리들 사이에 앉아 있다고 상상했지."

그 말을 듣는 순간 나는 즉시 마음의 눈으로 그 그림을 보았고, 사부님이 자신의 상상을 어떤 식으로든 우리에게 스며들게 했다는 것을 느낄 수 있었다.

"내 양팔은 각각 산봉우리에 사슬로 묶여 있었네. 사슬이 거기 묶여 있는 한, 나는 산에 연결되어 있고 어떤 것도 그 연결을 끊을 수 없지."

사부님은 자신의 말 한마디 한마디에 집중하고 있는 제자들의 얼굴을 쭈욱 둘러보았다. 그러고는 활짝 웃으며 결론을 내렸다.

"나의 수제자들이 모두 힘을 합쳤어도, 나의 꿈을 변화시킬 수가 없었지."

훌륭하신 스승님은 무술 수업 도중의 짧은 시범을 통해, 우리 모두가 세계와 우리의 관계를 새롭게 규정하지 않으면 안 된다는 놀라운 가르침을 주셨다. 우리 눈에 보이는 세계에 연연하기보다는 우리 스스로 어떤 세계를 경험할지 선택할 수 있다는 것을, 그 창조 법칙을 보여주신 것이다.

그 비결은 사부님이 매트 위의 한 지점에 이미 단단히 고정되어 있다고 생생하게 느끼신 것에 있다. 그 순간에 사부님은 명상으로 만들어낸 세계에 살고 있었던 것이다. 상상 속의 사슬을 사부님 스스로 부수기로 결심하기 전까지는 그 누구도 사부님을 움직일 수 없었다. 우리가 깨달은 바로는 그러했다.

네빌의 표현을 빌리자면, 이러한 일을 해내기 위해서는 '미래의 꿈을 현재의 사실로[*]* 만들어야 한다. 이 같은 비과학적 표현은 너무나 간단하여 오히려 진실로 받아들이기 쉽지 않지만, 그는 이를 어떻게 이룰 수 있는지를 우리에게 정확하게 말해준다. 하지만 상상을 현실로 만들기 위해 우리가 해야 할 일은 '우리의 소망이 이미 이루어졌다고 느끼는 것'[**]뿐이라는 말의 간단함에 부디 현혹되지 않길 바란다. 참여하는 우주는 우리 스스로 만들어가는 것이지만, 그 창조의 힘을 발휘하기가 왜 그토록 어렵게만 여겨지는 것일까?

가능성은 여럿이지만 현실은 하나뿐

우리가 세계에 대해 생각하고 느끼는 방식이 삶에서 일어나는 일에 어떻게든 영향을 미치는 것은 어째서일까? 단순히 '미래의 꿈을 현재의 사실'로 만들기만 하면 이미 물밑에서 벌어지고 있는 일들까지도 진행 방향을 바꿀 수 있는 것일까? 예를 들어, 세상이 세계대전을 향해 치닫고 있는 것처럼 보인다면, 정말로 전쟁이 일어나야만 하는 것일까? 결혼 생활이 무너지고 있는 것처럼 보이거나, 건강을 잃게 될 운명이라고 믿는다면, 이런 경

- 앞의 책, p.10.
- 앞의 책.

험의 결과는 반드시 예고된 대로 일어나게 되는 것일까?

혹은 이미 벌어지고 있는 사건을 우리가 어떤 식으로 경험할지를 결정하는 다른 강력한 요인이 있는 것일까? 그런 요인이 있는데도 우리는 곧잘 그것들을 간과하는 것일까? 인생은 우리의 예상과 기대대로 흘러가는 것일까? 우리의 상상이 이미 현실이 되고, 우리의 꿈과 기도가 이미 응답을 받았다는 느낌으로 살기 위한 열쇠는, 가능성들이 처음에 어떻게 존재하는지를 이해하는 데에 있다. 그러려면 양자 물리학이 우리의 세계에 대해 알아낸 중요한 발견들을 짧게나마 되짚어보아야 한다.

양자 물리학은 원자보다 더 작은 것들의 행동 습관을 설명하는 데 커다란 성공을 거두었다. 심지어 일련의 '법칙'까지 만들어져 있어서, 보이지 않는 극소 세계에서 어떤 일이 일어날지 우리로 하여금 예상할 수 있게 해준다. 법칙은 몇 가지 안 되고 단순하지만, 아원자 차원에서 입자들이 하는 행동은 기묘하게 보일 수 있다. 예를 들어, 그것들은 우리에게 다음과 같이 말한다.

- 물리 '법칙'은 보편적이지 않다. 극소 세계에서는 물질이 일상 세계에서와는 전혀 달리 행동하기 때문이다.
- 에너지는 파동이나 입자로서 자신을 표현하고, 때로는 둘 다 일 수도 있다.
- 관찰자의 의식이 에너지의 행동 방식을 결정한다.

모두 타당한 법칙이지만, 양자 물리학의 방정식이 입자들의 **실제 존재**를 묘사하는 것은 아니라는 점을 명심해야 한다. 다시 말하자면 양자 물리학의 법칙들은 입자가 어디에 있는지, 일단 그곳에 간 후에 어떻게 행동하는지, 확실하게 설명해 주지 못한다. 그저 입자의 존재에 대한 **가능성**을 설명할 뿐이다. 입자가 어디에 있을 수 있고, 어떻게 행동할 **수 있고**, 그 특징은 어떠할 **수 있다**는 정도에 그친다. 이 모든 성질은 어느 것이나 시간이 지남에 따라 진화하고 변화한다. 이런 것들은 매우 중요한데, 우리가 바로 이 법칙들이 설명하고 있는 그 입자로 만들어져 있기 때문이다. 이들 입자가 어떻게 작동하는지 알 수 있다면, **우리가** 어떻게 작동하는지도 알 수 있는 커다란 가능성의 문이 열리게 된다.

양자 물리학이 우주에서 우리가 갖는 힘에 대해서 우리에게 말하고 있는 바를 이해하는 열쇠가 바로 여기에 있다. 우리의 세계와 우리의 삶, 우리의 몸은 양자적 가능성quantum possibilities 의 세계에서 선택된(혹은 상상된) 그대로 여기에 존재한다. 우리가 세계나 삶이나 몸을 바꾸고 싶다면, 우리는 먼저 이들을 새로운 방식으로 바라보아야 한다. 즉 여러 가능성 중 하나를 골라야 하는 것이다. 그 결과 양자적 가능성 중 오직 하나만이 우리가 현실로 경험하는 실재가 된다. 예를 들어, 나의 가라테 사부님은 자신이 한 자리에 단단히 고정되어 있다는 가능성을 선택해 상상했고, 이 때문에 아무도 그를 옮길 수 없었다.

다양한 가능성 중 어느 것이 현실이 될지는 우리의 의식과 관찰 행위로 결정되는 듯하다. 다시 말해, 우리가 관심을 주는 가능성이 우리 세계의 현실이 되는 것이다. 바로 이 대목에서 아인슈타인은 양자 이론에 문제가 있다고 보았다. "하나의 입자는 측정과는 독립된 개별적 실재여야 마땅하다."* 이 문맥에서 '측정'이란 관찰자, 즉 우리 자신에 해당된다.

> **비결 7** 우리가 의식으로 집중하는 것이 우리 세계의 현실이 된다.

우주에서 우리 인간의 역할은 무엇일까? 이것이 바로 양자 세계의 이치에 대한 의문에서 핵심이 되는 주제이다. 과학적 발견을 이해함으로써 이 발견을 어떻게 우리 삶에 이용할 수 있을지를 알아내는 것이 가장 중요한 까닭도 바로 여기에 있다.

세계를 설명하는 데 왜 두 그룹의 법칙이 필요한가 하는 미스터리는, 영국인 물리학자 제프리 잉그램 테일러Geoffrey Ingram Taylor가 1909년 처음 실시한 실험에까지 거슬러 올라간다. 거의 1세기 전의 실험이지만 그 결과는 여전히 토론과 의문의 중심이 되고 있다. 처음 실험이 진행된 이후 수차례 같은 실험이 반

• 실리그, 《알베르트 아인슈타인》.

복되었다. 그때마다 결과는 똑같았고, 아무래도 믿기지 않았다.

'이중슬릿double-slit'이라고 불리는 이 실험은 자그마한 구멍 두 개가 뚫린 벽에 양자 입자와 같은 물질을 발사한 후, 입자들이 벽을 통과한 다음 어떻게 행동하는지 관찰하는 것이다. 상식적으로 볼 때, 입자를 한쪽에서 보내면 실험이 끝날 때까지 계속 입자로 남아 있는 것이 당연하다. 하지만 실험 결과는, 입자의 여행이 시작되고 끝나는 사이 어느 지점에서 대단히 기묘한 일이 벌어진다는 사실을 보여주었다.

예를 들어, 입자가 구멍이 하나뿐인 벽을 통과하면 입자는 예상대로 입자로서 행동한다. 처음부터 끝까지 입자 노릇에 충실한 것이다. 당연하다.

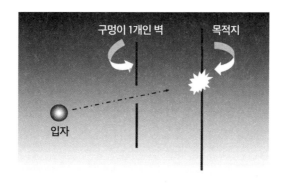

그림 4. 벽에 구멍이 하나일 때 입자는 예상대로 입자로서 행동한다.

반면 구멍이 두 개일 때면, 똑같은 입자를 쏘았는데도 도저히 불가능할 것 같은 행동을 보인다. 처음 발사될 때만 해도 입자였던 것이 도중에 신비로운 변화를 일으켜 두 구멍을 **동시에** 통과하는 것이다. 이는 에너지 파동만이 그럴 수 있는데, 목적지에 나타난 패턴 역시 에너지 파동을 쏘았을 때와 똑같은 모습이었다.

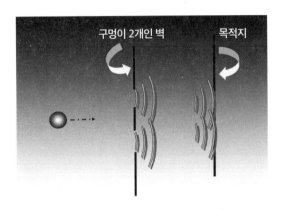

그림 5. 벽에 구멍이 두 개일 때면 입자는 마치 파동인 것처럼 동시에 두 구멍을 통과한다.

이는 과학자들이 '양자의 기묘함'이라고 부를 수밖에 없는 양자의 특성이다. 여기서 가능한 유일한 설명은, 두 번째 구멍으로 인해 전자가 일시적으로 파동으로 변했다가 목적지에 도착했을 때는 처음 출발했을 때**처럼** 입자로 돌아간다는 것이다. 이러려면 전자는 어떻게든 두 번째 구멍의 존재와 사용 가능성을 인식해야 한다. 바로 여기에 의식의 역할이 개입한다. 전자가 뭔가를 문자 그대로 '안다'는 것은 불가능하다. 따라서 그러한 앎의 유일한 다른 원천은 실험을 지켜보는 사람뿐이다. 전자가 통과 가능한 구멍이 두 개 있다는 것을 아는 존재는 바로 관찰자이며, 이러한 관찰자의 의식이 전자의 여행 경로를 결정한 것이다.

핵심은 이러하다. 전자는 때로 우리의 기대대로 행동한다. 그런 경우, 사물이 뚜렷이 구별되고 분리되는 우리 일상 세계의 법칙이 전자에도 적용된다. 하지만 전자는 때로 파동처럼 행동함으로써 우리를 놀라게 한다. 그런 경우, 이러한 행동을 설명하기 위해 따로 양자 법칙이 필요하다. 이와 같은 결과는 우리가 우주 만물의 일부이며, 의식이 우주에서 중요한 역할을 한다는 것을 의미하고, 우리로 하여금 우리 세계와 우리 자신을 새로운 시각으로 볼 기회를 제공해 준다.

역사적으로, 과학자들은 이중슬릿 실험의 결과를 설명하기 위해 두 가지 주요 이론 중 하나를 택해왔다. 각 이론은 장점이 있으며 다른 이론의 허점을 메워주는 설득력을 갖고 있다. 이 글을 쓰고 있는 지금도 두 이론은 격투 중인데, 세 번째 가능성이 최근에 등장했다. 이 세 이론에 대해 간단히 살펴보자.

코펜하겐 해석

1927년 덴마크 코펜하겐의 이론물리학 연구소에서 물리학자 닐스 보어Niels Bohr와 베르너 하이젠베르크Werner Heisenberg는 새 이론이 드러내는 양자의 기묘함을 논리적으로 이해할 방법을 찾아 분투했다. 그 결과 코펜하겐 해석Copenhagen interpretation이 탄생했으며, 양자가 왜 그처럼 행동하는지에 대해 지금까지 가장 널리 인정받는 이론이 되었다.

보어와 하이젠베르크에 따르면, 우주는 무한하게 겹쳐 있는 가능성으로서 존재한다. 어떤 확정된 위치나 상태도 없이 '양자 수프quantum soup' 상태로 있다가 무엇인가가 일어나는 순간 그 중 한 가지 가능성으로 고정되는 것이다.

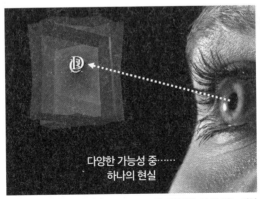

그림 6. 코펜하겐 해석에서는 A, B, C, D 등 여러 가능성 중 어느 것이 현실이 될지를 결정하는 것은 우리 의식의 집중이라고 본다.

그 '무엇인가'란 바로 인간의 의식, 혹은 단순한 관찰 행위이다. 우리가 벽의 구멍을 통과하는 입자를 지켜보고 있으면, 그 관찰 행위 자체가 양자의 여러 가능성 중 하나를 현실로 고정시킨다는 것이 실험으로 입증되었다. 이처럼 우리가 보는 모든 것은 우리가 집중한 한 가지 가능성이다.

> 장점: 실험에서 관찰된 양자의 행동을 설명하는 데 대단히 성공적이다.
>
> 단점: 이 이론(하나의 단일한 의견으로 가정할 수 있다면)에 대한 가장 큰 비판은 누군가가 혹은 무엇인가가 바라보고 있지 않다면 우주는 존재할 수가 없다고 암시한다는 것이다. 게다가 코펜하겐 해석은 중력 요인을 고려하지 않는다.

다세계 해석

양자의 괴이한 행동에 대해 코펜하겐 해석 다음으로 가장 널리 인정받는 이론은 평행 우주가 존재한다는 '다세계 해석Many-Worlds Interpretation'이다. 1957년 프린스턴 대학의 물리학자 휴 에버렛Hugh Everett이 제안한 이론으로, 양자 세계의 여러 커다란 신비를 설명해주어 많은 인기와 지지를 얻고 있다. 이 이론 역시 코펜하겐 해석과 유사하게 매 순간 무한한 가능성이 있다고 보

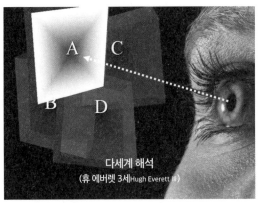

그림 7. 다세계 해석에서는 A, B, C, D 등 무한한 가능성이 이미 존재하고 있다고 본다. 각 가능성은 각각의 우주에 존재하며 다른 가능성의 우주에서는 보이지 않는다. 코펜하겐 해석과 마찬가지로 어느 가능성이 우리의 현실이 될지는 우리의 의식이 어느 곳에 초점을 맞추느냐에 달려 있다.

는데, 다만 이들 가능성은 모두 이미 존재하며 동시에 진행되고 있다고 여긴다.

다세계 해석이 코펜하겐 해석과 다른 점은 각 가능성이 각각의 공간에서 진행 중이며, 다른 공간에서는 서로 보이지 않는다는 것이다. 이 독특한 공간들은 대체 우주alternate universes라고 불린다. 우리는 하나의 우주에서 하나의 가능성의 시간 흐름을 따르다가, 때로는 다른 우주의 다른 가능성으로 양자 도약quantum leap을 하는 것으로 보인다. 이러한 관점에 따르면, 질병을 앓는 사람도 의식의 초점을 이동시킴으로써 주변 세상은 예전과 다름이 없는데도 '기적적인' 치유를 경험할 수 있다.

에버렛의 해석은 우리가 이미 각각의 대체 우주에 존재하고 있다고 본다. 우리는 다른 대체 우주들의 나를 고려하고 받아들임으로써 우리가 상상할 수 있는 모든 꿈과 환상을 살아낼 수 있다. 이 이론의 지지자들 중에는 심지어 우리가 밤에 꿈을 꾸는 까닭은 우리를 현실에 붙박아두었던 의식의 집중이 잠을 자면서 누그러져 다른 가능성의 세계로 옮겨가기 때문이라고 주장하는 이도 있다. 코펜하겐 해석에서의 관찰자와 비슷하게, 우리는 우리가 의식을 집중하는 가능성만을 볼 수 있다. 이것이 바로 특정 가능성을 '현실'로 만드는 비결인 것이다.

> 장점: 코펜하겐 이론에 의해 제시된 다양한 가능성을 우리가 왜 보지 못하는지를 설명해 준다.
> 단점: 양자 이론에 기초한 여느 이론이 그러하듯, 이 이론 역시 중력을 설명하지 못한다. 양자 세계의 현상 일부를 설명하고 있긴 하지만, 자연의 모든 힘을 설명할 수 없다면 완전한 이론이라고 볼 수 없다.

최근 들어 코펜하겐 해석과 다세계 해석의 단점을 보완한 세 번째 이론이 제기되었다. 옥스퍼드 대학의 수학 교수 로저 펜로즈 경Sir Roger Penrose의 이름을 따서 '펜로즈 해석Penrose Interpretation'이라고 불리는 이 이론은, 양자 물리학자들이 종종 간과하는 중력이야말로 우주를 유지하고 있는 힘이라고 주장한다.

펜로즈 해석

다른 두 해석의 지지자들과 마찬가지로 펜로즈 역시 다양한 가능성이 양자 준위quantum level에 존재한다고 믿는다. 하지만 그의 이론은 하나의 특정 가능성을 우리 현실에 '묶어두는' 것이 무엇인가에 대한 부분에서 전혀 다르다.

펜로즈는 다른 영역들의 양자 가능성이 물질의 형태를 띤다고 주장한다. 모든 물질에는 중력이 있으므로 각 가능성은 저마다 중력장을 형성한다. 하지만 이를 유지하기 위해서는 에너지가 필요한데, 하나의 가능성이 더 많은 에너지를 필요로 할수록

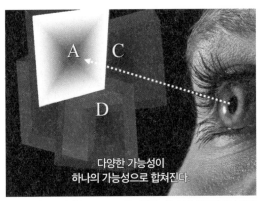

다양한 가능성이
하나의 가능성으로 합쳐진다.

그림 8. 펜로즈 해석은 A, B, C, D 등 다양한 가능성이 결국엔 하나의 현실로 합쳐진다고 본다. 모든 가능성을 무한히 유지하기에는 너무 많은 에너지가 필요하기 때문이다. 어떤 시점에서는 모든 가능성이 존재하지만, 가장 적은 에너지를 필요로 하는 가능성이 가장 안정된 상태를 유지하며, 따라서 이것이 우리가 경험하는 현실이 된다.

그 가능성은 더욱 불안정해진다. 모든 가능성들이 영원히 지속될 만큼 충분한 에너지를 얻기란 불가능하므로, 결국 양자 가능성들은 가장 안정된 하나의 가능성으로 합쳐진다. 그것이 바로 우리가 보고 있는 우리의 '현실'인 것이다.

장점: 이 이론의 가장 큰 장점은 아인슈타인 이론과 양자 이론을 분리시켰던 한 요인인 중력을 처음으로 다루었을 뿐만 아니라, 중력을 현실을 존재하게 하는 핵심적 힘으로 본다는 것이다.

단점: 펜로즈 해석(하나의 단일한 의견으로 상정할 수 있다면)의 가장 큰 단점은, 그를 비판하는 과학자들은 이 이론이 꼭 필요하지는 않을 수도 있다고 생각한다는 점이다. 양자 이론은 여전히 하나의 이론에 머물러 있으나 지금까지 양자 실험의 결과를 예측하는 데는 100% 성공해 왔다. 따라서 현실을 설명하는 데 그럴듯한 이론이 이미 나와 있다고 할 수 있다. 하지만 펜로즈의 해석은 그것과 함께 중력의 요인을 포함하고 있으며, 이는 다른 이론들이 간과한 부분이다.

그렇다면 어느 해석이 맞는 것일까?

초끈 통합 이론의 공저자이자 이론물리학자인 미치오 카쿠는 다음과 같이 양자 물리학의 곤경을 절묘하게 묘사했다. "양자 물리학은 이번 세기에 발표된 이론 중 가장 어리석은 것으로 종종 거론된다. 하지만 어떤 이들은 말한다. 양자 이론이 가진 유일한 이점이라고는 의심의 여지 없이 옳다는 점뿐이라고."[•]

세 가지 유력한 이론 중 어느 하나라도 극소 세계인 아원자계의 '비정상적' 행동과 우리 눈에 보이는 일상 세계의 이치를 다 함께 설명하고 있는 것이 있는가? 각 해석은 실험실에서 관찰되는 상황에 대해서는 아주 잘 설명하지만, '빠진 고리missing link'가 있다. 그것은 바로, 관찰되는 모든 것을 담는 그릇으로서 우리를 이어주는 디바인 매트릭스의 역할이다.

관찰자로 인해 예상하지 못한 실험 결과가 야기된다니 어리둥절할 수도 있겠지만, 만약 '비정상'이 전혀 비정상이 아니라면? 양자의 '기묘함'이 사실은 물질이 행동하는 정상적인 방식이라면? 광속보다 더 빨리 이동하는 정보에서부터 동시에 두 장소에 존재하는 물질에 이르기까지, 이 모든 기이함이 실은 우

• 미치오 카쿠, 《초공간: 평행우주, 시간 굴절, 10차원에 대한 과학 오디세이(Hyperspace: A Scientific Odyssey Through Parallel Universes, Time Warps, and the 10th Dimension)》 (New York: Oxford University Press, 1994), p.263.

리의 한계가 아니라 우리의 잠재된 가능성을 보여주는 것은 아닐까? 그렇다면 우리는 우리 자신에게 물어야 한다. "우주 만물을 이어주면서도 양자가 갖고 있는 자유를 우리로 하여금 누리지 못하게 막는 요인은 무엇이란 말인가?"

이들 이론에서 빠져 있는 요소는 바로 **우리 자신**이다! 보다 구체적으로 말하자면, (생각, 느낌, 감정, 믿음 같은) 의식 상태를 의도적으로 창조하는 우리의 능력이 빠져 있는 것이다. 여러 가능성 중 하나를 우리의 현실로 고정시키는 것은 바로 우리의 의식이다. 이 점에서 과학은 고대의 영적 전통들을 돌아보게 된다. 과학과 신비주의는 똑같이 우주 만물을 하나로 잇는 힘에 대해서 묘사한다. 그 힘은 단지 우리가 세상을 인식하는 방식을 통하여 물질이 행동하는 방식에, 그리고 현실 자체에 영향을 미친다고 한다.

하지만 주류 과학과 영적 전통들은 양자 물리학의 발견이 갖는 중요성을 자리매김하는 데 있어서 큰 차이를 보인다. 앞서 다루었던 이유들로 인해, 대부분의 물리학자들은 전자와 광양자의 행동 방식이 우리가 살아가는 일상과 아무 관련도 없다고 믿는다. 반면 고대 전통들은 우리가 우리의 몸과 세계를 바꿀 수 있는 것은 아원자계에서 물질이 행동하는 방식 때문이라고 본다. 만약 이것이 사실이라면, 양자 세계에서 일어나는 일은 우리의 일상 **하나하나와 모두** 밀접한 관련이 있다.

나의 인디언 친구 조셉이 계곡에서 말한 대로, 우리는 양자 입자들 안에서 우리가 보는 기적적인 효과를 창조하기 위해 기계 따위는 필요로 하지 않는다. 잃어버린 마음의 기술만 다시 찾는다면, 우리는 치유하고, 동시에 두 곳에 존재하고, 언제 어디에나 있고, 천리안을 가진 양 멀리 떨어진 곳을 보고, 텔레파시로 대화하고, 평화를 조성하고, 그 무엇이든 할 수 있다. 그 모든 것은 의식을 집중하는 힘의 문제이고, 이는 바로 고대로부터 소중히 이어져 온 영적 전통들이 갖고 있는 위대한 비밀이다.

현실 만들기 입문

대승 불교에서는 우리의 마음이 집중을 통해서 현실을 만들어낸다고 믿는다. 형상이 있는 세계이든 없는 세계이든, 모두 '주관적인 상상'이라는 우리 의식의 한 형태를 통해 만들어지는 것이다.* 우리가 하는 모든 경험은 우리에게 진짜처럼 느껴지는데, 이는 우리가 하나의 현실 가능성을 향해 의식을 집중하여 '진짜' 경험으로 만들기 때문이다. 단어 몇 개를 제외하고는 20세기의 양자 이론과 너무나 흡사하다.

---

* C. D. 샤르마, 《인도 철학의 비평적 개관(A Critical Survey of Indian Philosophy)》 (Delhi, India: Motilal Banarsidass Publishers, 1992), p.109.

양자 가능성들이 실제로 이루어지느냐의 여부가 우리의 감정에 달려 있고 감정이 현실 창조의 비결이라고 한다면, 한 가지 의문이 생긴다. '옆 사람이 나를 똑바로 바라보며 그런 일은 일어나지 않았다고 말하는데도 내가 그런 일이 실제로 일어난 것처럼 느끼려면 어떻게 해야 할까?' 예를 들어 보자. 사랑하는 사람이 중환자실에 누워 있는데도 그 사람이 이미 치유되었다고 말한다면, 그것은 나 자신을 속이는 일이 아닐까?

이 질문의 아이러니는 본질상 어느 한 가지 답만 있을 수가 없다는 점이다. 다양한 가능성이 존재하는 우주에서는 수많은 답이 가능하다. 여러 대체 현실 중에는 사랑하는 이가 이미 치유된 현실도 있을 것이다. 심지어 애초에 병에 걸리지 않은 현실 또한 있을 것이다. 하지만 우리가 알 수 없는 이유로 인해, 이들 가능성이 우리의 현실이 되지 않은 것이다.

이 의문에 대한 답은 세계에 대한 우리의 믿음, 선택할 수 있는 우리의 힘에 대한 우리의 믿음에 달려 있다. 그렇다면 이어서 이런 의문이 떠오른다. '우리는 어떤 가능성을 선택하는가? 우리가 사랑하는 사람들이나 의사는 어떤 현실의 바탕 위에서 의사 결정을 하는가?' 여기에 답하기 위해서는, 무엇보다 먼저 우리에게는 현실을 선택할 수 있는 능력이 있다는 사실부터 알아야 한다.

거의 죽음에 다다른 남자에 대한 네빌의 이야기에서처럼, 현재의 현실은 굳건히 정해져 있는 것이 아니다. 오히려 말랑말랑하여 이리저리 변형시킬 수 있는 것으로 보인다. 우리는 굳이 그럴 필요가 없는 때조차도 현실을 바꾸곤 한다. 네빌의 글에서 그 남자의 의사는 진단을 내리며(한 가지 현실을 선택하며) 특정 결과를 기대했다. 그 남자는 자신이 선택을 내렸다는 사실을 알지도 못한 채, 의사의 말을 무조건적으로 믿음으로써 특정 가능성을 현실로 만들었다. 그러다 다른 가능성이 있다는 사실을 **받아들였을** 때 비로소 그의 몸은 새로운 믿음에 반응했다. 그것도 순식간에. (이러한 가능성의 또 다른 놀라운 예를 4장에서 다룰 것이다.)

아인슈타인은 문제를 만들어낸 사고 수준에 머물러서는 그 문제를 풀 수 없다는 명언을 남겼다. 마찬가지로, 현실을 만들어낸 의식 수준에 머물러서는 현실을 변화시킬 수 없다. 코펜하겐 해석과 다세계 해석과 펜로즈 해석이 말하는 다양한 가능성 중 하나를 현실로 만들기 위해서는, 그 가능성을 정확히 조준해야 한다. 이는 우리가 우리 일상을 어떤 식으로 '보느냐', 즉 어떤 식으로 느끼느냐에 달려 있다.

현실이라고 부르는 것을 우리가 직접 선택할 수 있다는 점을 인식하고 나면, 대개는 다음과 같은 의문이 생기기 마련이다. '그럼, 어떻게 그렇게 하죠? 아무리 봐도 병색이 완연한 사람인데 어떻게 이미 치유되었다고 믿을 수 있죠?' 이에 답하기 위해서는 세계가 우리에게 보여주는 환상 너머를 보려는 우리의 의지에 대해서 먼저 이야기해야 한다. 예를 들어, 사랑하는 이가 병에 걸렸다면 아픈 몸의 너머를 보고, 그가 이미 치유되었으며, 새로운 현실에 함께 있다고 생각하고 느껴야 한다.

다만 다른 가능성을 현실로 선택하려면, 새로운 현실에 대해 **생각**하거나 사랑하는 이가 이미 회복되었으면 좋겠다고 **소망**하는 것만으로는 부족하다. 이는 세계를 새로운 시각으로 볼 때 가장 조심해야 할 함정일 것이다. 사랑하는 사람들이나 장소들, 물건들을 잃을지도 모른다는 두려움 때문에, 이건 사실이 아니라고 되뇌며 눈앞의 현실을 부인함으로써 상황의 중대함을 무시하려는 유혹에 빠지기 쉽다. 하지만 끔찍한 현실을 치유의 현실로 대체하려는 **행동**을 취하지 않는 한, 현실을 받아들이지 못하는 것은 절망이나 실망만큼이나 무익할 뿐이다.

나에게도 이런 덫에 빠져 결국 세상을 떠나버린 친구가 몇몇 있다. 눈을 감기 전 심장이나 마음에 일어나는 변화는 본인만이 알겠지만, 나는 그들 자신의 믿음으로 인해 그들이 겪는 고통을 곁에서 지켜볼 수 있었다. 그들은 논리적으로 따졌다. "내게 그렇게 막강한 능력이 있다면, 왜 아직도 병이 낫지 않는 것인가? 생각을 완전히 뜯어고쳤는데도, 왜 아직도 치유되지 않은 거지?"

이는 심오하면서도 개인적이며 민감한 주제이다. 우주가 무엇이고, 어떤 이치에 따라 움직이며, 신이 어디에 있는가에 대해 토론하는 과정에서, 이런 식의 답변은 종종 강렬한 반응을 야기한다. 핵심은 이러하다. 새로운 가능성을 선택하는 것과 새로운

현실로서 결과물이 깨어날 수 있도록 생각과 느낌과 믿음으로
철저히 따르는 것 사이에는 미묘한 차이가 있다.

> **비결 8** 새로운 현실을 선택한다고 단순히 말하는 것만으로는
> 충분치 않다!

양자 가능성을 선택하기 위해서는, 그 존재 방식에 따라 살아야
한다. 네빌의 말대로, 우리는 새로운 가능성에 우리 자신을 내맡
겨서, '더 이상 옛 상태가 아닌 새로운 상태에 살면서, 그 상태를
사랑해야' 하는 것이다.* 이는 더없이 소중히 전승되어 온 고대
전통들의 가르침과 정확히 일치한다. 이러한 인간과 신성의 소
통 기술을 우리는 종종 '기도'라고 부른다.

양자에게 말하기: 느낌이 비결이다

앞에서 양자의 기묘함에 대한 다양한 해석을 살펴보았다. 이들
이론은 단순히 바라보는 행위 자체가 **왜** 그 대상을 변화시키는
지에 특히 집중한다. 그 원인을 두고 저마다 의견은 다양하지만

---

* 네빌, 《율법과 약속》, p.13.

한 가지 공통분모를 가지고 있다. 그것은 다름 아닌 세계의 관찰자로서 우리 인간의 역할이다.

우리가 무엇인가를 볼 때, 즉 어느 시간에 어느 공간에 의식적으로 관심을 집중시킬 때, 우리는 다양한 양자 가능성 중 하나를 그 순간 현실로 고정시키고 있는 것 같다. '평행 현실parallel reality'에서 비롯된 것이든, 깜박이는 양자 가능성들의 수프에서 나온 것이든, 우리가 '현실'로 보는 것은 우리의 실존으로 말미암아 그렇게 된 것이다.

이는 현대 과학계에는 충격적인 소식이지만, 고대 전통들과 토착 문화들에서는 몇 세기 전부터 익히 알고 있던 사실이다. 필사자, 신비주의자, 치유사, 학자 들은 우주와 인간의 관계에 숨겨진 위대한 비밀을 보호하고 후손에게 전하기 위해 당대의 언어를 사용하여 최선을 다했다. 덕분에 전혀 예상도 하지 못한 곳에서 우리는 때로 그런 놀라운 지혜와 맞닥뜨린다.

이집트 사막의 무덤과 신전 벽, 고대 나그함마디 문서의 영지주의 복음서에서부터 미국 남서부에 널리 퍼져 있었던 민간요법에 이르기까지, 상상과 꿈과 기도의 가능성에 생명을 불어넣는 언어는 여전히 우리 곁에 남아 있다. 해발 5천 미터 티베트 고원의 사찰에서 살고 있었던 한 남자의 말은 이 언어에 대한 가장 확실한 예일 것이다.

1998년 봄, 나는 연구와 순례를 겸해 티베트 중부의 고지대를 22일 동안 여행할 기회를 누렸다. 우리 일행은 오늘날 지구에 남아 있는 가장 웅장하고도 야생적인 외딴 지역을 둘러보았다. 12개의 사찰과 2개의 비구니 사찰을 방문하고, 승려, 여승, 유목민, 순례자 등 상상할 수도 없을 만큼 아름다운 이들을 만났다. 그러던 중 어느 주지 스님과 대면하게 된 나는 지금까지 여행하며 간절히 궁금해했던 의문을 여쭈었다.

쌀쌀한 아침, 우리는 과거의 위대한 가르침을 묘사한 고대 탱화와 불교 제단으로 둘러싸인 자그마한 법당에 이르렀다. 시간을 초월한 듯한 외모의 남자가 그곳에서 가부좌를 틀고 앉아 있었다. 나는 그 남자의 두 눈에 즉각 마음이 쏠렸다. 나는 순례 중에 만난 모든 승려와 여승에게 물었던 것과 동일한 질문을 통역가를 통해 그에게 건넸다.

"당신이 기도하는 모습을 보았습니다. 당신은 무엇에 대해, 어떻게 기도하십니까? 하루에 열네 시간에서 열여섯 시간 동안이나 기도문을 읊거나 종이나 징이나 목탁을 두드리는 모습을 보았는데, **당신 안에서는 무슨 일이 일어나고 있습니까?**"

통역가가 주지 스님의 대답을 전해주었을 때, 나는 온몸에 전율이 흘렀다.

"당신은 우리의 기도를 본 적이 없지요. 기도는 눈에 보이지 않기 때문입니다."

주지 스님은 발아래에 깔린 묵직한 모직 법복을 여미고는 말을 이었다.

"당신은 우리가 우리의 몸 안에 느낌을 만들어내기 위해서 하고 있는 일을 보았을 뿐이지요. **느낌이 곧 기도입니다!**"

나는 생각했다. '**너무도 아름답고, 너무도 단순하구나!**' 20세기 말의 과학 실험이 입증한 대로, 우리의 감정emotion과 느낌feeling 은 우리의 현실을 이루는 것들에 영향을 준다. 외부 세계의 원자, 전자, 광양자를 변화시키는 것은 바로 우리의 내적 언어이며, 이는 밖으로 내뱉는 말이라기보다는 우리가 우리 안에서 느끼는 느낌이다. 우주의 양자 힘quantum force과 소통하는 것은 감정의 언어이다. 디바인 매트릭스가 인식하는 언어는 바로 우리의 느낌인 것이다.

> **비결 9** 느낌은 디바인 매트릭스와 '소통하는' 언어이다. 꿈이 이미 이루어졌다고, 기도가 이미 응답을 받았다고 느껴라.

주지 스님은 20세기의 위대한 과학자들과 똑같은 말을 했다. 게다가 과학자들의 발견에서 한 걸음 더 나아가기까지 했다. 양자 가능성의 언어the language of quantum possibilities로 말하는 법을 알려준 것이다. 주지 스님은 오늘날 우리가 기도의 한 형식으로 알고 있는 방식으로 우주와 이야기하고 있었던 것이다. 기도가 기적을 일으키는 것도 놀랄 일이 아니다! 기도는 우리 마음의 기적이 우리가 살아가는 세계의 현실이 되는 순수 공간으로 들어가도록 우리를 안내해 준다.

자비심: 본성의 힘과 한 인간의 경험

주지 스님의 명료한 대답에 나는 정신이 아뜩해졌다. 주지 스님의 말은 2천 년 전 영지주의와 그리스도교 전통에 기록된 사상과 똑같았다. 기도가 응답받기 위해서는 열망의 긍정성에 그림자를 드리우곤 하는 의심과 회의를 초월하지 않으면 안 된다. 고대의 나그함마디 문헌에 기록된 예수의 말씀은 이러한 극단성을 극복하라는 짧은 가르침에 이어, 우리가 하는 명령의 힘에 대해 설파한다. "산더러 '움직여라' 하고 외치면 산이 움직일 것이다.*" 이 구절은 대부분 들어보았을 것이다.

주지 스님은 승려가 기도를 통해 무엇을 하는지 명료하게 설명해 주었다. 그들은 외적 표현이나 단어가 아닌 느낌과 감정이라는 양자 언어로 말하고 있었던 것이다.

2005년, 나는 37일 동안 티베트의 사찰을 다시 방문할 기회를 가졌다. 그러던 중 1998년에 느낌의 비밀을 전수해준 주지 스님이 돌아가셨다는 이야기를 전해 들었다. 자세한 사정은 알수 없었지만, 그가 더 이상 이 세상에 있지 않다는 것은 분명했다. 후임 주지 스님은 우리를 본 적이 없음에도 다시 찾아왔다

- 〈도마복음(The Gospel of Thomas)〉, the Institute for Antiquity and Christianity (Claremont, CA)의 콥트어 그노시스 라이브러리 프로젝트의 멤버들에 의해 번역 소개됨. 제임스 M. 로빈슨 편, 《나그함마디 문서(The Nag Hammadi Library)》 (San Francisco, CA: HarperSanFrancisco, 1990), p.137에서 인용.

는 소식에 반갑게 맞아주었고, 1998년에 시작된 대화를 이어서 함께 나누었다.

서리가 내려앉은 그날 아침, 우리는 예전과 다른 법당에서 새 주지 스님과 마주했다. 겨우 몇 분 전, 우리는 바위가 가장자리에 늘어선 구불구불한 길을 지나 춥고 좁고 어두침침한 방에 안내되었다. 우리는 어둠 속에서 위험하리만치 미끄러운 바닥을 따라 한 걸음씩 조심조심 나아갔다. 몇 세기에 걸쳐 흘러내린 야크 버터의 더께가 쌓인 탓에 바닥이 무척 미끄러웠다. 사찰의 중심부에 위치한 그 유서 깊은 법당의 공기는 서늘하고도 희박했다. 나는 새 주지 스님에게 추가적인 질문을 했다.

"우리를 다른 사람들과 세계, 그리고 우주와 이어주는 것은 무엇입니까? 우리의 기도를 육신을 넘어 실어다 주고 삼라만상을 지금처럼 유지시켜 주는 '그것'은 무엇입니까?"

통역가가 내 질문을 티베트어로 옮기는 동안 주지 스님은 나를 지그시 응시하고 계셨다.

나는 나도 모르게 통역가를 흘긋 바라보았다. 전혀 상상도 하지 못했던 대답을 들었기 때문이다.

"자비심compassion. 스승님께서는 자비심이 우리 모두를 이어주고 있다고 하십니다."

나는 보다 명확한 뜻을 알고 싶어 다시 물었다.

"어떻게 그럴 수 있지요? 스님은 본성의 힘으로서의 자비심을 말씀하신 것입니까, 아니면 감정적 경험으로서의 자비심을 말씀하시는 것입니까?"

통역가가 내 질문을 티베트어로 옮기더니, 주지 스님과 활발한 대화를 나누었다.

"자비심이 세상 만물을 잇고 있습니다."

그것이 최종 대답이었다. 그랬다! 티베트 불교의 심오한 요소와 관련하여 10분 동안 열정적으로 대화한 끝에 내가 얻은 대답은 그것이 전부였다.

며칠 후, 나는 다른 사찰에서 서열이 높은 스님에게 똑같은 질문을 했고, 다시 비슷한 대화에 빠져들었다. 주지 스님과 있을 때는 공식적인 만남이었지만, 이번에는 스님이 먹고 자고 기도하고 공부하는 작은 승방에서 이야기를 나누었다.

이 무렵 통역가는 내가 하는 질문이며 내가 풀고자 하는 수수께끼에 대해 잘 알고 있었다. 어스레한 빛을 발하는 야크 버터 등불 곁에 앉은 나는 나지막한 천장을 올려다보았다. 그날 오후 우리가 모여 앉은 그 방의 천장은, 오랜 세월 동안 등불이 내뿜은 빛과 열기로 인해 시커멓게 그을음이 앉아 있었다.

나는 며칠 전 주지 스님에게 물었던 바로 그 질문을 했다.

"자비심은 우주의 힘입니까, 인간의 경험입니까?"

스님의 시선이 내가 방금 전에 바라보았던 천장 쪽으로 향했다. 스님은 깊은 한숨을 쉬더니 여덟 살에 절에 들어온 이후 배운 지혜를 돌이켜보듯 잠시 생각에 잠겼다(당시 그는 20대 중반으로 보였다). 불현듯 스님이 고개를 내려뜨리고 나를 바라보며 대답했다. 그 답은 짧고도 강력했으며 대단히 이치에 맞았다.

"둘 다입니다. 자비심은 우주의 힘이자 인간의 경험입니다."

그날 지구 반대편 해발 5천 미터 높이에, 가장 가까운 마을까지도 몇 시간이나 걸리는 외딴 곳에 위치한 어느 스님의 방에서, 너무도 단순한 나머지 오늘날까지도 서양 문화가 간과하고만 지혜를 나는 깨달을 수 있었다. 스님은 무엇이 우리와 우주 만물을 이어주는지를 일깨워주었을 뿐만 아니라, 우리의 감정과 느낌이 그토록 강한 영향력을 가질 수 있는 비결까지도 알려주었다. 그것들은 동일한 하나인 것이다.

아무 느낌이나 다 되는 것은 아니다

아람어로 기록된 고대의 기도문인 사해사본을 최근에 번역한 글을 보면, 고대 유대의 신비주의적 종파인 에세네파는 무엇이 현실을 만드는가에 대해 티베트의 스님과 같은 의견을 가졌던 것으로 보인다. 새로운 번역은 또한, 왜 그러한 가르침이 그토록 모호하게 보이는지에 대한 신선한 단서도 제공해 준다. 신약성서 원본을 재번역한 결과, 지난 몇 세기 동안 원저자의 표현과 의도가 너무도 자유롭게 해석되었다는 사실이 드러났다. 흔히 말하듯 '번역의 과정에서 많은 것이 사라진' 것이다. (나의 전작인 《잃어버린 기도의 비밀Secrets of the Lost Mode of Prayer》에서도 이에 대해 다루었다. 또한 본서에 실린 사례들 역시 전작에 나와 있다. 하지만 워낙 중요한 내용인지라 여기에서 다시 다룬다.)

삶, 건강, 가족에 일어나는 일에 영향을 주는 우리의 능력과 관련된 구절로 "구하라, 그러면 받을 것이요"라는 성경 구절을 원본과 비교해 보면, 얼마나 많은 뜻이 사라져버렸는지 알 수 있다! 킹제임스 성경은 다음과 같다.

> "너희가 무엇이든지 내 이름으로 아버지께 구하면, 그분께서 그 것을 너희에게 주시리라. 지금까지는 너희가 내 이름으로 아무것도 구하지 아니하였으나, 구하라, 그리하면 받으리니 너희 기쁨이 충만하리라."

이를 원본과 비교해 보면, 핵심 사항이 빠져 있는 것을 알 수 있다. 아래 구절에서 볼드체로 강조한 곳이 바로 빠진 부분이다.

> "너희가 내 이름으로 직접 구하는 것은 무엇이든지 다 받게 되리라. 너희가 지금까지는 그러지 않았다. (…) **그러니 속셈을 조금도 감추지 말고 구하고, 이미 응답받았다는 느낌에 흠뻑 젖어라.**

• 요한복음 16:23-24.

너희가 열망하는 것들로 에워싸여, 기쁨으로 충만해져라."*

이 구절들은, 우리의 '느낌'이야말로 우리 의식에 명령을 내리고 집중하게 하는 언어라고 말하는 양자 법칙을 상기시켜 준다. 삶을 바꾸는 '느낌의 언어'란 특정 시간에 **무엇을 행하느냐가 아니라, 내면의 존재 상태**인 것이다.

디바인 매트릭스가 인지하는 언어가 감정인 것은 분명하지만, 아무 느낌이나 다 되는 것은 물론 아니다. 만약 그랬다가는 이 사람의 감정과 저 사람의 전혀 다른 감정이 얽히고설켜 세상은 온통 뒤죽박죽되고 말 것이다. 자비심은 우주의 힘인 동시에 우주와 소통하는 인간의 경험이라고 스님은 말했다. 이 가르침의 핵심은, 자비심을 가지려면 특정 상황에 대해 옳고 그름을 따지지 말고 다가가야 한다는 것이다. 다시 말하자면, 판단이나 에고ego 없이 상황을 인식해야 한다. 디바인 매트릭스와 효율적이고도 깊이 있게 소통하려면 이것이 필수이다.

물리학자 아미트 고스와미Amit Goswami가 말했듯이, 양자 가능성을 현실로 만들기 위해서는, 일반적인 의식 상태로는 부족하

• 《우주의 기도: 아람어로 기록된 예수 말씀에 관한 고찰(Prayers of the Cosmos: Meditations on the Aramaic Words of Jesus)》, 네일 더글라스 클로츠 역 (San Francisco, CA: HarperSanFrancisco, 1994), pp.86-87.

160 제2부. 상상과 현실을 잇는 다리

다. '비범한 의식 상태non-ordinary state of consciousness'가 되어야 한다.

아람어 번역에서는 이를 위해 '속셈을 조금도 감추지 말고' 구해야 한다고 되어 있다. 현대적인 표현을 쓰자면, **에고에 기반을 두지 않은 마음**으로 의사결정을 내려야 한다는 것이다. 상상, 믿음, 치유, 평화를 현재의 현실로 만드는 가장 큰 비결은, 그 선택의 결과에 연연하지 않는 것이다. 즉 어떤 일이 일어나야 한다든가 일어나서는 안 된다는 마음을 내지 말고 기도에 임해야 한다.

> **비결 10** 아무 느낌이나 다 되는 것은 아니다. 에고와 편견이 없는 느낌만이 창조로 이어질 수 있다.

이러한 중용의 상태는 위대한 수피 시인 루미의 글에 가장 잘 묘사되어 있는 듯하다. 루미는 간단하고도 강력한 단어로 말한다. "옳다느니 그르다느니 따지고 헤아리는 생각 너머에 한 마당이 있나니, 나는 그곳에서 너를 만나리."** 우리는 과연 얼마나 자주 루미가 말하는 편견 없는 마당에 서 있다고 말할 수 있

---

* 아미트 고스와미, 〈신에 관한 과학적 증거는 이미 여기에 있다(The Scientific Evidence for God Is Already Here)〉, *Light of Consciousness*, vol. 16, no. 3 (Winter 2004), p.32.
** 《루미》, p.98.

을까? 사랑하는 이가 위기에 처해 있을 때, 평정심을 유지할 수 있는 이가 몇이나 될까? 하지만 이는 우리의 힘에 대한 가장 큰 레슨이자 가장 큰 도전이며, 참여하는 우주에서 우리의 창조하는 힘에 대한 거대한 아이러니가 아닐 수 없다.

세계를 변화시키겠다는 **열망이 강할수록 그렇게 할 수 있는 우리의 힘은 오히려 더욱 위축되는 것 같다**. 그것은 우리의 소망에 에고가 곧잘 끼어들기 때문이다. 에고가 끼어드는 일이 없다면 그렇게까지 변화를 바랄 리도 없을 것이다. 우리가 스스로 현실을 바꿀 수 있음을 알 정도로 의식이 성숙해짐에 따라, 현실을 바꾸고자 하는 열망도 그 중요성이 덜해지는 것 같다.

예를 들어, 차를 몰고 싶다는 열망이 차를 사자마자 급속히 가라앉는 것처럼, 치유와 평화의 기적을 이룰 능력이 생기면 치유와 평화에 대한 절실함이 사라져버리는 것 같다. 이것은 세계를 바꿀 수 있음을 알게 됨에 따라, 세계를 있는 그대로 받아들이는 수용성 또한 그만큼 커지기 때문이 아닌가 싶다.

집착 없이 자유롭게 힘을 가지는 것이 그토록 중요한 까닭은, 그럼으로써 우리의 기도가 더욱 효과를 발휘할 수 있기 때문이다. 사랑하는 이의 회복을 위해 명상을 하고, 노래를 부르고, 춤을 추고, 기도하는 이들이 곧잘 던지는 질문에 대한 해답이 바로 여기에 있다.

그런 모든 행위는 분명 좋은 의도에서 하는 것이겠지만, 거기에는 사랑하는 이를 낫게 하겠다는 집착이 포함된 경우가 적지 않다. 이는 기적적 회복이 반드시 일어나야 한다는 믿음으로 이어지게 된다. 하지만 치유가 일어날 **필요가 있다**는 것은, 치유가 아직 일어나지 않았다는 것을 의미한다. 치유가 이미 일어났다면, 그토록 간절히 기도할 필요가 없다. 치유되기를 간절히 기도하는 그 자체가 오히려 질병에 걸린 현재 상태를 강조하고 있는 셈이다! 그러니 이제 기적을 현실로 만들기 위한 시도에서 흔히 간과되곤 하는 고대의 두 번째 가르침을 살펴보자.

아람어 번역본은 우리에게 이미 응답받은 느낌에 "흠뻑 젖으라"고 하고 열망하는 것들로 "에워 싸이라"고 하고, 그래서 기쁨으로 충만해지라고 말한다. 이는 양자 물리학 실험과 고대 종교가 공통적으로 제시하는 지혜를 떠올리게 한다. 우리는 치유, 풍요, 평화, 기도에 대한 **응답이 이미 주어진 것처럼** 먼저 진심으로 느껴야 한다. 그래야 이것들은 현실이 될 수 있다.

이 구절을 통하여, 예수는 자신의 말을 듣는 이들이 지금까지 그렇게 하지 않았다고 말한다. 좋은 의도로 간절히 치유의 기도를 올리는 나의 친구들과 마찬가지로, 자신들의 기도가 응답받기를 요청하면서 단순히 **치유가 일어나게 해달라**고 요청만 한다면, 그것은 디바인 매트릭스의 우주 장이 인식할 수 있는 언어가 아니다. 예수는 바로 이 점을 이야기하고 있는 것이다. 그는 제자들에게 우주가 뜻을 알아들을 수 있도록 우주에게 '말해야' 한다는 것을 상기시킨다. 사랑하는 이가 완쾌되었다는 기분에 에워싸이고 세계 평화로 자신이 둘러싸여 있는 것처럼 느낄 때,

그것이 바로 모든 가능성의 문을 여는 언어이자 코드인 것이다.

　이런 느낌 안에서, 우리는 우리의 인생사가 우연의 연속일 뿐이라는 **의심 상태**에서 벗어나 우리 자신이 존재하는 모든 것의 일부임을 **아는** 관점으로 이동하게 된다. 그리하여 과학계에서 '양자 도약quantum leap'이라고 일컫는 에너지의 이동을 창조하게 되는 것이다. 원자의 전자가 공간 이동 없이 특정 에너지 준위에서 다른 에너지 준위로 뛰어오르듯이, 양자 언어로 말함으로써 현실을 선택할 수 있다는 사실을 단지 짐작하는 정도가 아니라 확신하게 될 때, 우리는 다른 의식 상태 안에 있게 된다. 이 상태가 바로 꿈과 기도와 기적이 시작되는 '순수 공간'의 상태이다.

우리는 창조력을 타고났다

1930년 알베르트 아인슈타인은 신비주의자 인도 시인 타고르와 대화를 나누며, 우주에서의 인간의 역할에 대한 20세기 초의 두 관점을 이렇게 정리했다. "우주의 속성에 대해 전혀 다른 두 견해가 있다." 첫 번째는 '세계를 인류에 **의존하는** 하나의 단일체'로 보는 관점이고, 두 번째는 '세계를 인간 요인과 **독립된** 실재'라고 보는 관점이다.* 2장에서 설명한 실험은 원자든 전자든

---

* 《아인슈타인 어록집 증보판》, p.205.

세계를 구성하는 물질을 우리가 의식적으로 관찰하기만 해도 그 물질의 행동 방식에 직접적 영향을 끼친다는 사실을 증명하고 있지만, 세 번째 가능성이 있을 수 있다. 이 가능성은 아인슈타인이 제시한 두 극단의 중간에 위치한다.

처음에 우주는 우리 인간과 아무 관련 없는 과정을 통해 존재하게 되었을 수도 있다. 우주 창조는 인간 없이 시작되었지만 우주가 확장하며 진화함에 따라 인류가 출현하게 되었다. 너무나 멀리 떨어져 있어서 그 빛이 우리 눈에 미처 닿기도 전에 그 생애가 끝나버린 별에서부터 우리가 '블랙홀'이라고 부르는 신비한 에너지 소용돌이에 이르기까지, 변화는 전 우주적으로 끊임없이 계속되고 있다. 우리 눈에 보이든, 보이지 않든.

하지만 우리 인간이 우리가 사는 세상의 단순한 구경꾼인 것만은 아니라는 점 또한 분명하다. 의식적인 관찰자로서 우리 인간은 눈에 보이는 모든 것의 부분을 이루고 있다. 우리가 **어떻게** 우리의 현실을 변화시키는지에 대해 아직까지 통일된 이론은 없지만, 어느 이론이든 우주가 우리의 존재로 인해 변화한다는 사실에는 동의한다. 의식하는 것이 곧 창조 행위 자체인 것으로 보인다. 물리학자 존 휠러가 말했듯이, 우리는 '참여하는' 우주에 살고 있다. 하지만 우리가 우리 주변 세상을 제멋대로 통제하거나, 우리 의지를 강요하거나, 마음대로 쥐락펴락할 수 있는 것은 아니다.

오늘날 우주의 일부로서 우리가 가진 능력은, 살아가는 방식을 통하여 세상의 작은 부분을 수정하고 변화시킬 수 있는 정도에 불과하다. 하지만 양자 가능성의 세계 안에서, 우리는 창조 세계에 보다 적극적으로 참여할 수 있다. 우리가 창조할 수 있도록 전선이 이어져 있기 때문이다! 양자 준위에서 우리는 우주적으로 결합되어 있기에 우리 삶의 사소해 보이는 변화가 지구 전체는 물론이고 저 너머 우주에까지 거대한 영향력을 끼칠 수 있다. 우주와의 이러한 양자 연결은 너무도 심오하여 이를 설명하기 위해 과학자들이 새로운 용어를 만들어낼 정도이다. 예를 들어, 1장에서 언급했던 '나비 효과'는 자그마한 변화가 실로 거대한 영향을 끼칠 수 있음을 의미한다.

공식적으로 '초기 조건에의 민감한 의존성'이라고 알려진 이 현상은 세계 한쪽에서의 사소한 변화 하나가 다른 장소와 시간에 어마어마한 변화를 초래하는 방아쇠가 될 수 있다는 것이 핵심이다. 이는 흔히 다음과 같은 비유로 설명된다. "도쿄에서 나비 한 마리가 날갯짓한 탓에 한 달 후 브라질에 허리케인이 들이닥칠 수 있다."* 자주 사용되는 다른 예로, 1914년 페르디난드 대공의 운전사가 엉뚱한 거리에서 방향을 튼 결과 생긴 일을 들 수 있다. 이 실수 탓에 오스트리아의 황태자는 암살범과 맞닥뜨

- 잭 코헨, 이언 스튜어트, 《카오스의 붕괴: 복잡한 세계에서 단순성 찾기(The Collapse of Chaos: Discovering Simplicity in a Complex World)》 (New York: Penguin Books, 1994), p.191.

려 죽게 되었고, 이것은 1차 세계 대전의 촉매가 되었다. 누구나 한 번씩은 길을 잘못 들게 마련이다. 하지만 대공의 운전사가 행한 이 사소한 실수는 전 세계에 영향을 끼쳤다.

2장에서 우리는 우리와 세계의 관계를 보여주는 세 가지 실험에 대해 이야기했다. 이 실험들은 감정이 DNA를 변화시키고, DNA가 세계를 이루는 물질을 변화시킨다는 것을 보여주었다. 육군 실험과 클리브 백스터 박사가 따로 행한 실험은, 이러한 영향력이 시간이나 거리에 제한받지 않는다는 것을 입증했다. 따라서 그 결과를 다 합쳐보면, 우리는 우리가 알고 있는 물리 법칙의 한계에서 벗어나 세계에 직접 영향을 줄 수 있는 능력을 우리 안에 이미 가지고 있는 것이다.

이들 실험은 오늘날 우리가 알고 있는 과학 법칙에 우리가 제한되어 있지 않다는 것을 말해준다. 이러한 능력은 신비주의자인 성 프란체스코가 600여 년 전에 암시한 바로 그 힘일 수 있다. "우리 안에는 아름답고도 야성적인 힘이 있다."

치유와 평화를 가져오도록 우주의 본질을 바꿀 수 있는 능력이 우리 안에 정말 있다면, 이를 의식적으로 행할 수 있게 해줄 언어가 있어야 마땅하다. 흥미롭게도, 그것은 바로 그리스도교 교회가 4세기 성경을 편집하는 과정에서 잃어버린 감정과 상상과 기도의 언어이다.

기적이 일어나기를 멈출 때

몸과 마음의 연결, 기도의 영향력에 대한 연구는 이미 공개적으로 발표된 바 있다. 전쟁으로 갈가리 찢긴 고장에서의 현장 실험과 유명 대학의 연구를 통해, 우리 몸 안의 느낌이 우리 자신뿐만 아니라 바깥 세계에까지 영향을 준다는 사실이 분명히 밝혀졌다.* 우리의 내적 경험과 외적 경험 사이의 관계로 인해, 특정 형태의 기도가 강한 영향력을 발휘하는 것으로 보인다. 어떻게 그런 현상이 일어나는지는 여전히 불가사의하지만, 기도가 실제 효험이 있는 것은 분명하다. 미스터리는 이것만이 아니다. 연구 논문에 따르면, 기도의 긍정적 영향은 기도를 하는 동안에만 지속된다. 기도가 멈추면 기도의 영향력도 사라지는 것이다.

예를 들어, 평화를 비는 기도를 실험하는 동안, 연구자들이 관찰한 주요 지표들이 통계적으로 유의미한 감소세를 보였다. 교통사고율, 응급실 이용률, 심지어 폭력 범죄까지도 줄어들었다.

---

* 몸-마음의 연결에 대한 가장 확실한 근거의 하나로는 듀크 대학의 제임스 블루멘탈의 획기적인 실험 〈심장에 좋은 영향을 주는, 흥분 가라앉히기(Chill Out: It Does the Heart Good)〉를 들 수 있다. 감정적 반응과 심장 건강 사이의 관계를 분석한 이 과학적 실험은 듀크 대학 신문(1999년 7월 31일)에 관련 기사가 실렸으며, 논문은 *Journal of Consulting and Clinical Psychology*에 발표되었다. www.dukemednews.org.

일어날 수 있는 모든 일이 평화롭기 그지없었다. 이는 흥미로운 결과이지만 실험이 끝나고 발생한 상황은 연구자들에게 아직도 미스터리로 남아 있다.*

실험이 끝나자 폭력성이 되돌아오다 못해 심지어 실험 전보다 더 높은 수치로 즉각 치솟았다. 어떻게 된 일일까? 명상과 기도의 효과는 왜 사라진 것일까? 이 질문에 대한 답은 변화를 일으키는 의식의 성질을 이해하는 데 커다란 도움이 될 것이다. 훈련을 받은 피실험자들이 명상과 기도를 그만두었던 것이다. 이것이 이 미스터리의 답이다.

우리가 우리의 현실 선택이 일시적으로만 가능하다고 믿는다면, 새로운 현실이 존재한다고 느끼는 것을 멈추는 순간 영향력 또한 사라지는 것이 당연하다. 치유, 평화, 풍요의 느낌이 한 번에 겨우 몇 분만 지속된다고 믿는다면, 우리의 현실 만들기는 일시적 현상으로 끝나고 만다. 현대의 과학 실험과 고대 문헌의 가르침 사이에서, 우리는 현실 만들기가 단순히 우리의 **행위**가 아니라 우리의 **존재** 그 자체임을 명심해야 한다!

- 전시 상황에 미치는 내적 평화에 대한 훌륭한 사례로는 데이비스 W. 오름존슨, 찰스 N. 알렉산더, 존 L. 데이비스, 하워드 M. 챈들러, 월리스 E. 래리모어의 선구적 연구, 〈중동의 국제 평화 프로젝트(International Peace Project in the Middle East)〉, *The Journal of Conflict Resolution*, vol. 32, no. 4 (December 1988), p.778.

비결 11 우리는 우리의 세계로서 우리가 경험하기로 선택한 것
들과 삶 속에서 하나가 되어야 한다.

느낌이 바로 우리가 선택한 방법이기에 우리가 항상 느끼고 있
다면 우리는 항상 선택하고 있는 것이다. 세상 어딘가에는 평화
가 있게 마련이므로 확신을 갖고 세계 평화에 대해 늘 감사함을
느끼자. 우리는 매일 어느 정도씩 치유되고 새로워지므로 나 자
신과 사랑하는 이의 건강에 대해 늘 감사함을 느끼자.

2천 년 전 작성된 아람어 찬송가가 후대인들에게 전하고자
한 의미가 바로 이것이리라. 사라졌던 영지주의 문헌인 도마복
음서는 말한다. "그대들이 그대들 안에 있는 것을 꽃피우면, 그
대들에게 있는 그것이 그대들을 구원하리라. 그대들 안에 있는
그것을 꽃피우지 못하면, 그대들 안에 없는 그것이 그대들을 죽
이리라."●

비록 짧은 글귀이지만 이것이 의미하는 바는 아주 강력하다.
예수의 이 말은, 우리의 삶과 세계를 결정하는 힘은 우리 모두
가 공통적으로 가지고 있는, 우리 안에 있는 능력이라는 것을
보여준다.

● 〈도마복음〉, 《나그함마디 문서(The Nag Hammadi Library)》, p.134.

삶이 항상 물리 법칙을 따르는 것은 아니다

우리가 기존의 물리 법칙을 거부하는 방식으로 살아간다면 어떻게 될까? 아니, 그런 법칙이 있는 것조차 알지 못한 채 살아간다면? 물리 법칙을 아예 모르는 것 같은 양자 입자들의 예를 우리가 따르는 것이 정말 가능할까?

상식은 말한다. 무엇인가가 어느 한 장소에 존재한다면 그것이 무엇이든 동시에 다른 장소에 존재할 수는 없다고. 하지만 양자 실험은 그렇지 않다는 것을 입증했다.

그 결과 다음과 같은 질문이 생겨난다. 세계를 구성하는 물질이 동시에 두 곳에 있을 수 있다면, 우리 역시 세계의 일부이니 그럴 수 있지 않을까? 직장이나 교실에서 열심히 할 일을 하는 동시에 해변이나 계곡에서 즐거운 시간을 보내지 못할 까닭이 무엇인가? 누구나 그런 상상을 해보았겠지만, 말도 안 되는 헛소리로 치부해버렸을 것이다. 그렇지 않은가?

하지만 다른 사람에게 일어난 신기한 일에 관한 뉴스에는 일반적으로 어느 정도 진실이 담겨 있다. 그 구체적 상황은 저마다 다양하겠지만, 각 사건에 깔린 공통된 주제는 때로 추적이 가능하다. 노아의 대홍수가 바로 그 완벽한 예이다. 다양한 문화와 역사를 살펴보면 거의 어디에서나 발견되는 공통의 주제이다. 서로 다른 대륙과 언어와 민족들이 거의 똑같은 이야기를 공유하고 있는 것이다.

세부 사항은 다르지만 동시에 두 곳에 존재한 사람에 대한 기록들 역시 역사에 분명히 남아 있다. 거의 같은 시간대에 전혀 다른 장소에 같은 사람이 물리적으로 나타난 것이다. 주로 요가 수행자나 신비주의자, 잠재된 능력을 어떤 식으로든 개발한 개인에게 일어난 일이지만, 항상 그런 것은 아니다. 이들의 공통점은 일반적으로 사랑과 자비심 같은 감정적 능력이 대단히 뛰어났다는 것이다. 성자의 성스러운 행위와 관련된 사건이 많았으며, 선교사나 원주민이나 신뢰할 만한 사람들이 목격담을 상세한 기록으로 남겼다.

예를 들어, 파올라의 성 프란체스코는 여러 차례 동시에 두 곳에 나타났는데, 그중 가장 자세한 기록이 남아 있는 것은 1507년에 일어난 일이다. 신도들은 성자가 교회 제단에서 열심히 기도드리는 것을 보고는 방해하지 않기로 했다. 하지만 교회를 나와 보니 바로 밖에 성자가 서 있는 것을 보고 기겁을 했다. 그것도 성자 혼자 있는 것이 아니라 거리를 지나가는 행인들과 이야기를 나누고 있었다. 신도들은 재빨리 교회 안으로 들어갔지만, 성자는 여전히 제단에서 '기도에 잠겨' 있었다. 파올라의 성 프란체스코는 깊은 명상으로 만들어낸 신비한 의식 상태를 통해, 동시에 두 장소에서 같은 사람들에게 나타난 것이다.

스페인 아그레다의 수녀원에서 46년을 살았던 수녀 마리아는 1620년부터 31년까지 대서양 너머 머나먼 땅을 500번도 넘게 여행했다고 주장했다. 마리아 수녀를 잘 알고 함께 지낸 이들은 그녀가 수녀원을 단 한 번도 떠난 적이 없다고 확신했다. 하지만 마리아는 자신이 '무아지경의 경험'이라고 부르는 상태에서 머나먼 장소로 '날아갔다'고 진술했다.

오늘날 원격투시로 불리는 현상이 300여 년 전에도 있었던 것이다. 원격투시란 의식을 특정 위치에 집중함으로써 먼 곳의 사건을 목격하는 능력을 의미한다. 다만 한 가지 기묘한 차이점이 있다. 아그레다의 마리아는 먼 곳을 방문했을 뿐만 아니라 거기서 마주친 원주민들에게 예수의 삶에 대해 가르쳐 주었다. 그녀는 모국어인 스페인어로 말했지만, 인디언들은 그녀의 말을 알아듣고는 위대한 예수의 가르침을 받아들였다.

멕시코의 대주교 돈 프란시스코 만소 이 수니가Don Francisco Manzo y Zuniga는 아그레다의 마리아 이야기를 듣고 이를 기록으로 남기게 했다. 대주교가 사실 확인을 위해 파견한 선교사들은 놀랍게도 예수의 삶에 대해 이미 잘 알고 있는 원주민 인디언들을 만났다. 어찌나 정확하게 알고 있었던지, 선교사들은 그 자리에서 전체 부족에게 세례를 주었다.

10여 년이 지난 후, 아그레다의 마리아의 신비로운 여행은 마침내 교회의 인정을 받았다. 마리아는 순종의 맹세를 한 다음 육체적으로는 결코 가보지 못한 땅의 모습을 세세히 묘사했다. 심지어 기후와 계절 변화와 그곳 원주민의 신앙과 문화와 같은 미묘한 사항까지도 완벽하게 설명했다. '교회의 엄중한 검증'을 걸쳐 아그레다의 마리아의 신비로운 여행은 사실로 인정을 받왔으며, '지난 시대의 신비 중 최고'로 꼽히고 있다.*

동시에 두 곳에 존재하는 일이 아득한 옛날인 16세기와 17세기에만 일어난 것은 결코 아니다. 보다 최근인 2차 세계 대전 때도 성자가 동시에 여러 장소에 나타나는 일이 자주 있었다. 그중에서도 가장 널리 인정받는 것은 이탈리아의 신비주의자 파드레 피오Padre Pio의 사례이다. 나치 점령 하의 산 지오바니 로톤도San Giovanni Rotondo가 연합군의 공격으로부터 안전할 것이라고 단언했던 파드레 피오가 환한 빛에 둘러싸인 채 나타났는데, 이는 '동시에 두 곳에 존재하는' 사례 중에서도 드문 경우에 속한다.

독일군 요새에 폭탄을 투하하기 위해 연합군 폭격기가 산 지오바니 로톤도의 상공에 들어서자 갈색 수도사복을 걸친 파드레 피오의 모습이 비행기 앞 공중에 떡 하니 나타난 것이다! 전장이라는 극심한 스트레스 때문에 종종 겪는 순간적인 환영과는 달리, 파드레 피오의 모습은 모두가 볼 수 있을 만큼 오랫동안 공중에 떠 있었다. 그가 공중에 그렇게 떠 있는 동안에는, 조종사가 그 도시에 폭탄을 떨어뜨리려고 했던 어떤 시도도 통하지 않았다.

조종사들은 당황한 나머지 폭탄을 그대로 실은 채 비행경로

- 조안 캐롤 크루즈, 《성자들의 삶에 깃든 신비, 불가사의, 기적(Mysteries, Marvels, Miracles in the Lives of the Saints)》(Rockford, IL: TAN Books and Publishers, 1997).

를 바꾸어 가까운 비행장에 착륙했다. 그중 한 명은 비행기에서 내리자마자 가까운 예배당을 찾아갔다. 그런데 놀랍게도 그 안에서 아까 비행기 앞에 나타났던 바로 그 수도사를 만났다. 다름 아닌 파드레 피오였다!

조종사의 생각과는 달리, 파드레는 유령도 아니었고 오래전 죽은 성자의 혼령도 아니었다. 진짜 살아 있는 사람이었다. 그날 파드레 피오는 어떻게 해서인지 동시에 두 장소에 있었다. 땅 위의 예배당 안과 공중의 비행기 앞에. 연합군이 이탈리아를 나치의 손에서 해방시킬 때까지 산 지오바니 로톤도는 파드레 피오의 단언대로 무사히 보존되었다.*

도저히 일어날 수 없다고 생각되는 일과 맞닥뜨릴 때면 우리는 그것을 기적이라고 말하곤 한다. 그렇다면 지난 600년 동안 일어난 수많은 기적적 사건에 대한 기록을 우리는 어떤 식으로 해석해야 할까? 헛소리나 간절한 소망이 빚어낸 환상으로 치부해 버려야 할까? (…) 아마도 시간이 남아돌거나 지나친 열망에 사로잡힌 사람들이 공모했을 가능성은 언제나 있다.

하지만 정말 지금 이곳에서 뭔가 신비로운 일이 일어나고 있

---

* 파드레 피오 신부의 삶에는 예언, 신비한 향기, 성흔, 바이로케이션(동시에 두 장소에 나타남) 등 기적과 같은 일들이 무수히 일어났다. 특히 2차 세계대전 때 있었던 이 기적은 Eternal Word Television Network의 웹사이트를 보라. bit.ly/padrepiothemystic 또는 www.ewtn.com/catholicism/library/padre-pio-the-mystic-13846

다면? 인간이 현대의 물리 법칙에 제한받지 않는다는 것이 명백히 입증된다면, 우리는 기존의 믿음을 넘어선 새로운 믿음이 발하는 강력한 빛 속에서 우리 자신을 볼 수 있게 될 것이다.

서문의 시에서 입문자들이 뜻밖의 경험을 함으로써 새로운 자유를 찾았듯이, 우리가 시공의 경계를 넘어서는 양자의 '발걸음'을 따른다면, 우리는 우리 몸을 치유하고 삶에 기쁨을 불러오는 능력을 마음대로 쓸 수 있게 될 것이다. 핵심은 이것이다. 불가능해 보이는 것을 하기 위해서는 먼저 낡은 사고방식의 한계를 뛰어넘어야 한다. 입문자들이 절벽의 '가장자리'에 서는 두려움을 극복하고 걸음을 떼는 순간 과거에는 결코 불가능하리라고 **여겼던** 일이 가능해졌듯이, 기적을 우리의 현실로 만들기 위해서는 먼저 그러한 일은 불가능하다는 고정관념부터 극복해야 한다.

> **비결 12** 우리는 오늘날 우리가 알고 있는 것과는 달리, 물리 법칙에 의해 제한받지 않는다.

우리가 물리 법칙에 제한받지 않는다는 것을 알기 위해서는, 누군가가 먼저 기적을 일으켜 우리 모두 그것을 볼 수 있어야 한다. 아마 그 사람은 치유와 같은 특정 영역에서 특별한 재능을 타고났을 수도 있다. 혹은 세계를 전혀 다른 눈으로 보는 열린 마음을 가지고 있을 수도 있다. 어느 경우이든 누군가 한 사람이 (그가 예수이든 당신의 이웃 사람이든) 특별한 일을 해내는 순간, 똑같은 기적을 우리 모두가 일으킬 수 있게 될 것이다.

북아메리카의 원주민들이 자기네 바닷가에 닻을 내린 유럽의 배를 보지 못한 일이 그 훌륭한 예이다. 커다란 돛대와 돛이 달린 거대한 나무배라는 개념이 너무나 생소했던 그들은, 자신들이 보고 있는 광경에 대해 아무 말도 할 수 없었다. 우리의 눈이 영화의 프레임을 하나하나 인식하듯이, 원주민의 눈도 수평선에 떠 있는 배의 모습을 분명히 자각했다. 하지만 우리의 뇌가 각 프레임을 합쳐 연속된 화면처럼 느끼게 만들어 우리가 눈앞의 광경을 이해할 수 있게 하듯이, 원주민의 뇌도 똑같이 해야 했다. 문제는 그들 중 누구도 그런 배를 예전에 본 적이 없다는 것이었다. 자신들의 집단 경험을 아무리 샅샅이 뒤져보아도 유럽의 선박을 어떻게 보아야 할지 알려주는 것이 없었다.

그러던 중 부족의 주술사가 평소와 달리 사팔눈을 만들어 쳐다보자 그것을 알아볼 수 있었다. 일단 주술사가 배를 알아보자, 다른 부족민들도 몇 시간 전까지만 해도 볼 수 없었던 것을 볼 수 있었다. 사람들이 스스로 인식을 허락해야 이렇게 볼 수 있게 되는 것이다. 뭔가 색다른 것을 기꺼이 시도하려는 의지에 기대어, 그들에게 완전히 새로운 세계가 열리게 된 것이다. 어쩌면 우리는 500년 전 바닷가의 원주민과 그리 다르지 않을지도 모른다. 우리가 세계와 우주와 우리 자신을 약간 다른 방식으로 본다면, 우리 눈앞에 무엇이 나타날지는 그저 상상할 수 있을 따름이다.

앞에서 우리는 이렇게 물었다. "전자는 동시에 두 장소에 있을 수 있는데, 우리는 왜 그렇게 하지 못하는가?" 질문을 약간 달리 해보면, 그 이유를 알 수 있다. 우리가 하지 못하는 것을 입자는 할 수 있다는 믿음에 쉽게 빠져들기보다는, 전자가 동시에 두 장소에 있기 위해서 전자에게 무엇이 필요한지부터 생각해보자. 우리를 이루고 있는 물질이 어떤 조건에서 기적을 일으키는지 알아낸다면, 우리도 삶 속에서 기적을 만들어내기 위한 조건을 알 수 있다. 이러한 기적의 이치를 이해하기 위해서는, 자신을 바꿈으로써 세상을 바꿀 수 있는 능력이 누구에게나 있다는, 우리 존재의 한 단면을 탐험할 필요가 있다. 홀로그램의 힘이 바로 그것이다.

4장

한번 연결된 것은 영원히 연결된다

홀로그램 우주에서 살아가기

"그리하여 우리가 여기에 있다. 창조계라 불리는
이 거대한 홀로그램의 모든 부분들로서.
창조계는 우리 모두의 큰 자아SELF이다.
이는 모두 우주적 놀이이며,
당신 이외에는 아무것도 없다!"
_과학자이자 작가, 신비주의자 이차크 벤토프Itzhak Bentov(1923~1979)

"모래 한 알에서 세계를 보고,
들꽃 한 송이에서 천상을 보고 싶다면
네 손바닥 안에 무한을 움켜쥐고,
한 시간 속에 영원을 담을지니."
_시인이자 신비주의자 윌리엄 블레이크William Blake(1757~1827)

앞장의 실험에서 제기된 미스터리는 지금까지도 풀리지 않고
있다. 디바인 매트릭스가 실제로 존재한다는 증거는 일부나마
나왔다. 한때 연결되어 있던 두 개의 '무엇인가'는(두 개의 광양자
든, 광양자와 DNA든, DNA 제공자와 DNA든) 수십 센티미터는 물론

이고 수천 킬로미터 떨어져 있다 해도 여전히 서로 이어져 있는 것처럼 **행동했다.** 문제는 이것이다. **왜?**

실재인가, 홀로그램인가?

'백문이 불여일견'이라는 말을 자주 들어보았으리라. 나는 시각적 사람이라 그런지, 이 말에 충분히 공감한다. 예를 들어, 트럭에 시동이 걸릴 때 엔진이 어떻게 작용하는지 알려면, 열쇠를 돌릴 때 피스톤이 왜 움직이고, 불꽃이 왜 점화되는지를 설명하는 안내서를 읽는 것보다 직접 보는 것이 백 배 낫다! 일단 큰 그림을 보고 나면, 세부 사항을 이해하기 위해 언제든 처음부터 다시 시작할 수 있다. 하지만 세부 사항이 중요하지 않은 것은 아닌데도, 트럭을 그냥 출발시키고 싶을 때도 있다.

우리 중 많은 이들이 그렇지 않을까 싶다. 무엇인가가 **왜** 이런 식으로 작동하는지에 대한 설명서와 안내서가 넘치는 첨단 기술 시대에 살고 있지만, 직접 경험이야말로 새로운 개념을 분명하게 이해할 수 있는 최고의 방법이라는 점은 여전하다. 그 좋은 예로 '홀로그램'이라는 개념이 처음 소개되었을 때를 들 수 있다. 홀로그램은 1940년대 말에 발견된 이후 과학 실험에서 꾸준히 이용되었다.* 하지만 홀로그램이 무엇이고, 어떻게 작동하는지에 대해 일반인들은 아무 관심이 없었다. 그러다 1977년 영화 〈스타워즈Star Wars〉가 개봉되었다.

영화의 앞부분 핵심 장면에서, 어느 행성의 대표인 레아 공주가 자기네 국민들을 구해달라며 도움을 호소하는 모습이 나온다. 로봇 R2-D2의 메모리칩에 디지털 홀로그램의 형태로 메시지가 저장되어 있었는데, 그 로봇은 전 세계 관객의 마음과 상상력을 사로잡았다.

레아 공주가 우주의 한쪽에 머물러 있는 동안, R2-D2는 공주가 마치 여기에 있다는 듯 공주의 축소된 이미지를 방 안에 비추어 공주의 요청을 전달한다.

살아 있는 듯한 공주의 모습이 느닷없이 공중에 나타나 도움을 호소하는 것이다. 3차원 입체 형상의 공주를 본 관객들은 자신이 그 방에 있기만 하다면 손을 뻗어 극장의 옆 사람을 만지듯 공주를 만질 수 있을 것만 같은 느낌에 빠져들었다. 하지만 그렇게 해봐야 손은 텅 빈 공기를 그냥 통과해 버렸을 것이다. 공주는 그저 홀로그램이었던 것이다.

70년대를 산 사람들 대부분은 이 장면을 통해 처음으로 홀로그램 영상을 경험하고, 그것이 얼마나 사실적으로 느껴지는지

• 1948년 헝가리 과학자 데니스 가보르가 홀로그램 기술을 발명했다. 그로부터 23년 후인 1971년 그는 그 공로로 노벨상을 수상한다.

를 실감하게 되었다. 또한, 우리의 전화 통화 방식이 그리 멀지 않은 미래에 어떤 모습으로 바뀔지 놀라운 짐작을 할 수 있었다. 수십 년이 지난 오늘날에도 **홀로그램**이라는 단어를 들으면 곧장 레아 공주가 떠오르곤 한다.

일반적으로 홀로그램은 특정 방식으로 투영되거나 특정 빛에 비추어졌을 때 살아 있는 듯 보이는 3차원 그림으로 간주된다. 필름 형태로 제작되기도 하지만, 그렇다고 홀로그램이 단순히 사진인 것은 결코 아니다.

홀로그램 법칙은 세상에서 가장 단순하면서도 가장 이해하기 어려운 자연 현상 중 하나일 것이다. 그것은 또한, 상상만 해도 어지러운 시간대 안에 대대적인 변화를 초래할 엄청난 잠재력을 지니고 있다. 하지만 이 힘을 우리의 개인적 삶에 이용하기 위해서는 먼저 홀로그램이 무엇이며, 어떻게 작동하는지를 이해해야 한다. 따라서 기본 사항부터 알아보자. 홀로그램이란 무엇일까?

홀로그램 이해하기

과학자들에게 홀로그램이 무엇이냐고 묻는다면, 십중팔구 빛에 직접 노출되었을 때, 표면이 불현듯 3차원 입체 형상으로 보이는 특별한 종류의 사진이라는 이야기부터 듣게 될 것이다. 이러한 입체 형상은 필름의 전체 표면에 사진을 레이저로 분포하여 만든다. 이러한 '분포성distributedness'으로 인해 홀로그램 필름이 그토록 독특한 것이다.

이런 방법으로, 필름 표면에 전체 이미지가 본래 보이는 그대로 담겨 있다. 다만 크기가 더 작을 뿐이다. 다시 말하자면, 각각의 조각이 하나의 홀로그램이다. 원래의 필름이 아무리 여러 조각으로 나뉜다 해도 각 조각에는 원래 이미지 전체가 오롯이 담겨 있다.

그림 9. 무엇인가가 홀로그램적이라는 말은 그것이 아무리 잘게 나뉜다 해도 각 조각마다 전체를 담고 있다는 의미이다. 위의 그림을 보면 알 수 있듯이, 우주를 네 부분으로 나누든, 은하계 하나를 보든, 한 사람을 보든, 심지어 하나의 원자를 보든, 각 조각마다에는 우주 전체가 작은 크기로 담겨 있다.

자동차 시동을 직접 켜보는 것이야말로 자동차의 작동 원리를 가장 잘 이해할 수 있는 방법이듯, 홀로그램 사례를 살펴보는 것이야말로 홀로그램 원리를 이해할 수 있는 최고의 방법일 것이다.

．． ．

1980년대에 홀로그램 기술을 이용한 책갈피가 시중에 판매되었다. (지금은 수집가들의 수집 목록에 올라가 있다.) 책갈피는 언뜻 보면 반짝이는 호일 같은 은색 종이띠로 만들어졌다. 하지만 책갈피를 환한 빛에 직접 비추어 이리저리 기울여보면 기존의 책갈피에서는 상상도 할 수 없었던 일이 벌어진다. 호일 속의 이미지가 느닷없이 살아나 공기 중으로 불쑥 튀어나오는 것이다. 책갈피를 이쪽저쪽 기울여도 예수의 얼굴, 성모 마리아, 피라미드 위로 점프하는 돌고래, 활짝 핀 장미 등 3차원 입체 이미지가 살아 있듯이 생생히 그대로 공중에 뜬다.

이런 책갈피를 가지고 있다면, 홀로그램 원리를 이해하기 위해 직접 실험해볼 수 있다. 단, 주의사항이 있다. 이 실험의 단점은 책갈피가 파괴되어 버린다는 것이다! 이를 명심하고서 예리한 가위를 꺼내어 이 아름다운 책갈피를 아무 모양이든 수백 조각으로 자르자. 그리고 가장 작은 조각을 주워 다시 더 잘게 자르자. 만약 이 책갈피가 정말 홀로그램이라면 확대경 아래에 점 같은 책갈피 조각을 놓아도 크기는 작아졌을지언정 전체 이미지가 완전히 보일 것이다. 왜냐하면 이미지가 책갈피 곳곳에 오롯이 존재하기 때문이다.

쌍둥이 광양자의 미스터리를 풀다

이제 홀로그램이 무엇이고 어떻게 만들어지는지를 이해했으니, 1장에서 다루었던 제네바 대학 실험을 다시 살펴보자. 쌍둥이 광양자들은 서로 22킬로미터 떨어져 있었다. 두 갈래 길에 이르러 그중 하나가 한 길을 선택하자, 두 번째 입자도 쌍둥이가 내린 선택을 '안다'는 듯이 똑같은 선택을 내렸다. 몇 번이나 실험을 되풀이했지만 결과는 계속 똑같았다. 두 입자는 수십 킬로미터 떨어져서도 서로 여전히 **연결되어 있는 것처럼** 행동했다.

전통적인 과학의 관점에서 보자면, 이러한 현상이 일어나기 위해서는 쌍둥이 광양자가 어떻게든 서로에게 신호를 보내야 한다. 물리학자들은 난감하기 짝이 없었다. 두 입자가 빛의 속도보다 더 빨리 신호를 주고받는다는 뜻이 되기 때문이다. 하지만 아인슈타인의 상대성 이론에 따르면 그 어떤 것도 빛보다 더 **빠를 수는 없다.**

그렇다면 이 입자들은 물리 법칙을 무시한다는 것일까, 아니면 뭔가 다른 원리가 감추어져 있는 것일까? 혹시 우리는 기존의 사고방식으로는 너무도 생소한 원리이기에 이를 알아내려 하기보다는 익히 알고 있는 에너지 이동 법칙에 이 실험의 미스터리를 억지로 끼워 맞추려고 하는 것은 아닐까?

애초에 한 광양자가 다른 광양자에게 신호를 보내지도 않았다면? 광양자 사이의 정보나 사랑하는 이를 위한 기도, 혹은 지구 반대편의 평화를 갈구하는 마음은, 굳이 어딘가로 이동하여 수신될 필요가 없는 것은 아닐까?

대답은 "그렇다!"이다. 이것이 우리가 살아가는 우주이다. 캘리포니아주 멘로파크에 위치한 스탠퍼드 연구소의 인지과학 프로그램의 공동 기획자인 러셀 타그Russel Targ는 이러한 상호연결성을 아름답고도 감동적으로 묘사한다. "물리적으로 서로 분리되어 있는 것들이라도 사실은 즉각 소통할 수 있다. 우리는 그렇게 초공간적 세계에 살고 있다."* 타그는 상호연결성이 의미하는 바를 분명하게 설명한다. "내가 눈을 감고 수천 킬로미터 떨어진 사람에게 메시지를 보낼 수 있다는 말은 아니다. 어떤 의미에서는 나의 의식과 그의 의식이 서로 연결되어 있다는 뜻이다."** 두 광양자 사이에 메시지가 이동할 필요가 없었던 이유는, 다른 입자가 이미 메시지를 알고 있었기 때문이다. 메시지

---

* 2004년 영화 〈서스펙트 제로〉(E. 엘리아스 메리지 감독, 파라마운트 스튜디오스, DVD 발매 2005년 4월)의 제작자와 함께 한 특별 해설에서 러셀 타그가 한 말.
** 앞의 인용.

는 전통적 방식에 따라 **한 장소에서 다른 장소로** 굳이 이동할 필요가 없었다.

홀로그램의 정의에 따르면, 홀로그램 안의 모든 부분은 다른 모든 부분을 반영한다. 또한 특정 부분에 존재하는 특성은 다른 모든 부분에도 존재한다. 이처럼 초공간적 홀로그램인 우리 우주에서는 만물을 잇고 있는 에너지가 서로 즉각적 소통을 가능하게 한다. 영적 스승들은 일반적으로 이러한 세계관에 동의한다. 시스템 철학을 개발한 어빈 라즐로Ervin Laszlo는 이렇게 말한다. "우주 자체가 그러하듯이, 생명은 근원적 장場과 더불어 '신성한 춤'을 추며 진화한다."•

고대 대승 불교의 《화엄경》에서 우주 만물을 잇는 에너지에 대하여 '아름다운 망網'이라고 묘사한 것 역시 이와 일맥상통한다. 우주가 초공간적 홀로그램이라면 우주 만물은 서로 이어져 있을 뿐만 아니라 저마다 세상 만물을 담고 있다. 《화엄경》은 머나먼 과거의 한때에, 이 망이 우주 그 자체처럼 "사방으로 무한히 뻗어 나가도록 걸려 있었다"고 이야기를 시작한다.

이 망은 우주의 **존재** 자체일 뿐만 아니라 우주 전체를 담고 있으며 홀로그램적 특성을 제공한다. 《화엄경》에 따르면, 이 망

• 어빈 라즐로, 〈물질, 생명, 정신의 새로운 개념들(New Concepts of Matter, Life and Mind)〉, Physlink의 허락하에 인쇄된 한 논문.
Website: www.physlink.com/Education/essay_laszlo.cfm.

의 곳곳에 보석이 무한히 달려 있어 우주의 눈 노릇을 한다. 우주 모든 만물이 다른 모든 만물에 비치는 것이다. 홀로그램에 대한 가장 오래된 묘사라고 할 수 있는 이 경전은, 이어서 각 보석이 전체 망에 변화를 초래하는 힘에 대해 설명한다. "한 보석에 투영된 보석들은 또한 다른 모든 보석을 투영하고 있어 투영이 끝도 없이 무한히 이어진다."* 내가 읽은 《화엄경》 번역에 따르면, 이 망은 '모든 구성원들이 중중무진으로 서로 관련되어 있는 하나의 우주'를 상징한다.**

자연이 생존하고 성장하고 진화하기 위해 사용하는 미묘하고도 강력한 힘을 너무도 훌륭히 묘사하고 있다. 홀로그램 우주에서는 각 부분이 전체 우주를 보다 작은 크기로 투영하므로, 우주 만물은 어디에나 존재하게 된다. 홀로그램 원리에 따르면, 우리가 생존하고 성장하기 위해 필요한 모든 것이, 아주 단순한 풀잎에서부터 우리의 복잡한 몸에 이르기까지, 우리와 더불어 항상 존재한다.

무한히 상호연결된 홀로그램의 힘을 이해하면, 그 어떤 것도 숨길 수 없으며 그 어떤 것도 비밀이 될 수 없다는 사실이 명백해진다. 비밀이 있다고 믿는 것은, 서로 분리되어 있다는 우리의 지각이 낳은 부산물들일 뿐이다. 우리가 다른 사람이나 세계

• 프랜시스 해럴드 쿡, 《화엄 불교》, p.2.
•• 앞의 책.

와 분리되어 있는 것처럼 보일지라도, 이는 홀로그램이 비롯되는 차원인 디바인 매트릭스 안에서는 있을 수 없는 일이다. 이런 일체화된 차원에서는 그 어떤 것도 '여기'나 '저기' 같은 것이 있을 수 없다.

이제 이 책의 앞부분에 제시된 과학 실험의 미스터리가 풀린 셈이다. 미 육군이 샘플 제공자와 세포 조직으로 실험했을 때, DNA는 샘플 제공자와 여전히 연결되어 있다는 듯 감정의 변화를 그대로 반영했다. 500킬로미터나 떨어진 곳에서도 마찬가지였다. DNA가 샘플 제공자의 감정에 반응하는 원인을 전통적 과학으로는 도저히 설명할 길이 없다.

대다수 사람은 어떤 에너지가 이 실험에 관여했을 것이라고 추측할 것이다. 에너지라고 하면 우리는 흔히 한 장소에서 발생해 다른 장소로 어떻게든 이동하거나 전달되어야 한다고 생각한다. TV에 방송되는 드라마이든 라디오에서 흘러나오는 음악이든, A지점에서 B지점으로 에너지가 송출되어야 가능해진다. 그러니 어떤 종류의 에너지가 샘플 제공자에게서 DNA로 이동했을 것이라고 추측할 수 있다. 하지만 이렇게 하려면 시간이 걸린다. 10억분의 1초에 불과하다고 할지라도 에너지가 한 지점에서 다른 지점으로 이동하기 위해서는 반드시 시간이 걸린다는 것이 전통적 과학의 견해이다.

하지만 이 실험의 핵심은, (백만 년에 겨우 1초의 오차를 낼까 말까 한) 원자시계로 측정을 했지만 에너지 이동에 시간이 소요된 흔적이 전혀 없었다는 데에 있다. 샘플 제공자에게 발생한 감정은 즉각 DNA에 영향을 미쳤다. 즉, 애초에 감정 전달이라는 것 자체가 불필요했던 것이다. 양자 준위에서, 샘플 제공자와 DNA는 같은 패턴의 일부를 이루고 있었고, 한쪽의 정보를 다른 쪽도 이미 가지고 있었다. 그것들은 이미 서로 연결되어 있었다. 샘플 제공자의 감정에서 나온 에너지는 이미 **모든 곳에 있었기에 굳이 어떤 곳에서 어떤 곳으로 이동할 필요가 없었다.**

따라서 치유이든, 사랑하는 이의 안전이든, 중동이나 전쟁에 휩싸인 60여 개국의 평화든, 우리가 바라는 어떠한 변화든, 우리는 그 변화를 이룩하기 위해 우리의 마음을 그 소망이 실현될 장소로 이동시킬 필요조차 없다. 어떤 것이든 어디로든 '보낼' 필요가 없다. 우리가 마음으로 비는 그 순간, 기도는 온 세상에 이미 존재하게 된다.

비결 14   우주적으로 연결된 의식 홀로그램은 소망과 기도가 우리 마음에 생겨나는 순간 이미 목적지에 도달해 있음을 보장한다.

이러한 원리가 의미하는 바는 실로 광대하고도 심오하다. 하지만 이것이 우리 삶에 주는 의미를 제대로 이해하기 위해서는, 홀로그램이 작동하는 방식의 마지막 조각, 즉 홀로그램 안에서 변화를 창조하는 힘을 검증해야 한다. 만약 모든 것이 서로 연결되어 있고 언제 어디에나 이미 존재한다면, 우리가 홀로그램의 한 부분을 변화시킬 때 과연 어떤 일이 벌어질까? 이 답에 당신은 다시 한번 놀라게 될 것이다.

어느 곳에서든 하나의 변화가 일어나면 모든 곳에서 바뀐다

영화 〈콘택트〉에는 주인공이 어린 시절을 회상하는 장면이 나오는데, 주인공의 아버지가 갑자기 사망하기 전, 딸의 인생에 어떤 영향을 끼쳤는지를 잘 보여준다. 아버지는 딸의 야심 찬 꿈에 아낌없는 지지를 보내며 말하곤 했다. 그녀의 미래에 벌어질 위대한 일들은 작은 단계들을 통해 성취될 것이라고.

이는 모든 부모가 자식에게 가르쳐주어야 할 훌륭한 지혜일 뿐만 아니라, 의식과 생명의 홀로그램이 작동하는 방식이기도 하다. 우리가 여기서 조금, 저기서 조금, 작은 변화를 일으키면 느닷없이 모든 것이 변화하게 된다. 사실상 한 부분에서의 작은 변화가 전체 패러다임을 영원히 뒤바꿔놓을 수도 있다.

철학자이자 신비주의자인 어빈 라즐로는 그 이유를 이렇게 설명한다. "한 장소에서 일어난 일은 다른 장소에서도 일어난다. 한때 일어난 일은 그다음에도 수차례 되풀이해서 일어난다. 그 어느 것도 '지역적'이지 않다. 즉 특정 장소와 시간에 국한되

는 일은 세상에 없다."** 마하트마 간디나 마더 테레사와 같은 위
대한 영적 스승들이 더없이 감동적으로 보여주었듯이, 홀로그
램의 초공간성은 막강한 힘을 지니고 있다. 양자 세계에서 '골
리앗'의 변화를 일으키는 '다윗'인 것이다.

홀로그램의 모든 부분은 전체 이미지를 담고 있기에, 한 부분
에 일어나는 변화는 필연적으로 전체에 반영된다. 이 얼마나 강
력한 연결성인가! 한 군데의 작은 변화가 모든 곳을 바꾸어놓는
다! 작은 변화가 전체 시스템에 영향을 주는 가장 좋은 예는, 우
리도 익히 잘 알고 있는 물질에서 찾을 수 있다. 바로 우리 몸의
DNA이다.

현대적 수사 방식을 기초로 한 영화를 보면, 범죄 현장에 남
겨진 흔적을 통해 범인의 정체가 밝혀진다. 핏방울이나 체모에
서부터 정액 자국, 심지어 부러진 손톱에 이르기까지, 범인의 몸
일부를 수사관이 찾아내면 범인의 정체가 밝혀지게 된다. DNA
가 신체의 어느 부위에서 나온 것이든, 아무 상관이 없다. 홀로
그램 원칙에 따라 모든 부분마다 전체가 담겨 있기 때문이다.
DNA의 각 조각은 (돌연변이를 제외하고는) 다른 조각들과 정확히
닮아 있다.

인간의 몸에는 보통 50조~100조 개의 세포가 있다고 추정
된다. 각 세포는 23쌍의 염색체로 이루어지고, 각 염색체마다

● 어빈 라즐로, 〈물질, 생명, 정신의 새로운 개념들〉.

DNA가 담겨 있다. 따라서 사람의 몸 안에는 2,300조~4,600조 개의 DNA가 있다. 한 번에 세포 하나씩 DNA를 바꾸려면 시간이 얼마나 걸릴까? 하지만 DNA가 종의 청사진을 수정할 때는, 한 번에 한 가닥씩 선형적인 방식으로 할 필요가 없다. 어느 하나의 DNA가 변형되면 홀로그램 원칙에 따라 온몸 전체에 그 변화가 반영되기 때문이다.

비결 15 우리 삶의 작은 변화는 의식의 홀로그램을 통해 세계의 모든 곳에 반영된다.

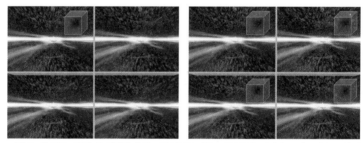

그림 10. 한 홀로그램 안에서 '어떤 것'의 모든 부분은 다른 모든 부분을 반영하고, 어느 한 부분에 일어난 변화는 전체에 반영된다. 예를 들어 우주를 네 조각으로 나눈다면, 각 조각은 전체 우주의 거울이 된다. 한 조각에서 일어난 변화는(첫 번째 조각에 나타난 육면체) 즉각 모든 거울 안에 반영된다.

십중팔구 이런 의문이 들리라. **이것이 내 인생이랑 대관절 무슨 상관이란 말인가?** 질문은 명백하나, 그 답은 다소 모호하다. 홀로그램의 미묘한 힘은 한 부분에서의 변화가 지렛대 역할을 하여 전체에 어마어마한 변화를 초래한다는 데에 있다. 홀로그램 원리를 이해하는 것이 중요한 까닭은, 이것이 삶의 이치를 정확히 보여주기 때문이다. 우리 몸의 DNA에서부터 우리를 둘러싼 세계의 원자 구조, 기억과 의식의 작동 원리에 이르기까지, 우리 인간은 이제 막 이해하기 시작한 보다 거대한 존재의 홀로그램에 속하는 것으로 보인다.

홀로그램 우주에서 살아가는 홀로그램 두뇌

1970년대의 어느 날, 나는 뇌 수술 장면을 찍은 다큐멘터리를 본 적이 있다. 사고로 뇌 조직 깊은 곳에 생겨난 압력을 제거하기 위한 수술이었다. 환자는 의식이 완전히 깨어 있는 상태였고, 외과 의사들은 뇌의 어느 부분이 신체의 어느 부분과 관련되어 있는지를 알아내기 위해 전기 탐침으로 뇌에 자극을 가했다. 예를 들어, 노출된 뇌의 특정 부분을 전극봉이 건드렸을 때 환자가 작열하는 빛을 '본다면' 그 부위는 시각 담당으로 기록되었다.

　수술실의 환한 조명 아래에 노출된, 살아 있는 뇌를 보는 것은 기묘한 경험이었지만, 그보다 더욱 흥미로운 점은 인간의 뇌가 작동하는 방식이었다. 예를 들어, 전통적으로 시각 담당이 아니라고 여겨지던 곳이 전기 자극을 받았을 때 환자가 빛을 보는 경우가 잦았다. 마치 뇌의 여러 부분이 뇌의 다른 부위의 시각

기능을 어떤 식으로든 습득한 듯했다.

또한 신경학자인 칼 프리브램Karl Pribram의 혁명적 연구는 대뇌의 기능이 과거의 가설과는 달리 훨씬 전체적이라는 사실을 밝혀냈다. 프리브램의 연구가 있기 전만 해도, 우리는 뇌가 특정 부위에 특정 정보를 저장하는 놀라운 생물학적 컴퓨터와 비슷하리라고 믿었다. 이러한 기계적 기억 모델에 따른다면, 특정 형태의 기억은 뇌의 특정 장소에 저장된다. 하지만 과학적 실험은 전혀 다른 결과를 보여주었다.

위의 다큐멘터리에서 인간 뇌의 여러 부위가 다른 부위의 기능을 '할 수 있다'는 것을 보여주었듯이, 과학 실험들은 기억을 저장한다고 믿어지는 뇌 부위를 제거당한 동물이 여전히 생명을 유지하며 기억을 간직하고 있다는 것을 입증했다. 즉 기억과 뇌의 물리적 부위 사이에 직접적 관계가 존재하지 않는 듯했다. 기계적 뇌 기억 모델은 틀린 것이 분명했다. 무엇인가 다른 기묘하고도 멋진 일이 우리 뇌에 일어나고 있는 것이다.

70년대 초, 프리브램은 이러한 실험 결과를 설명하는 강력한 새 모델을 제시했다. 뇌와 기억이 홀로그램처럼 작동한다는 선구자적 견해를 밝힌 것이다. 우리 뇌가 정보를 처리하는 방법을 실험으로 확인한 덕분에 이 견해는 더욱 확고한 기반을 다지게 되었다. 프리브램은 자신의 가설을 검증하고자 과거의 연구들을 이용했다. 40년대에 과학자 데니스 가보르Dennis Gabor는 수학자 푸리에Fourier가 고안한 복잡한 푸리에 방정식을 이용해 최초의 홀로그램을 만들었고, 덕분에 1971년 노벨상을 수상했다. 프리브램은 뇌가 정말 홀로그램 원리대로 모든 정보를 피질 전체에 분포시킨다면, 뇌는 푸리에 방정식에 따라 정보를 처리할 것이라고 추측했다.

프리브램은 뇌세포가 전파를 발생시킨다는 것을 알고서 뇌파 패턴을 푸리에 방정식을 이용해 확인해 보았다. 그의 이론은 정확했다. 뇌의 정보 처리 과정이 홀로그램 방정식과 일치했던 것이다.

프리브램은 홀로그램 안의 홀로그램이라는 단순한 은유를 이용해 자신의 뇌 모델을 설명했다. 어느 인터뷰에서 그는 말했다. "시각 시스템 안의 홀로그램들은 (…) 패치 홀로그램들 patch holograms입니다."* 이것들은 더 큰 이미지를 담고 있는 작은 부위들인 것이다. "전체 이미지는 한 개의 커다란 수정체가 아니라 수백 개의 자그마한 수정체가 모여 하나를 이루는 벌레의 눈처럼 구성되어 있습니다. (…) 전체 패턴이 절묘하게 짜인 덕분에 우리는 그것을 하나의 단일한 이미지로 인식하는 것입니다."**

흥미롭게도, 프리브램과 데이비드 봄은('시작에 앞서'에서 봄의

---

* 칼 프리브램, 대니얼 골먼과의 인터뷰, 〈프리브램: 뇌과학의 마젤란(Pribram: The Magellan of Brain Science)〉에서 한 말. www.sybervision.com/ Golf/hologram.htm.
** 프랜시스 해럴드 쿡, 《화엄 불교》, p.2.

견해에 대해 다룬 바 있다) 서로 독립적으로 연구하던 중 각자의 실험 결과를 설명하기 위해 같은 견해를 취하게 되었다. 그들은 삶을 이해하고자 제각각 홀로그램 모델을 적용했던 것이다. 봄은 양자 물리학자로서 우주를 홀로그램으로 본다. 프리브램은 신경과학자로서 뇌가 홀로그램 처리 장치이며, 우리 정신이 홀로그램 원리를 따른다고 본다. 이 두 이론이 합쳐진다면 단순히 패러다임을 뒤흔드는 정도에서 그치지 않을 것이다.

이는 우리 인간이 많은 현실들 안에 다른 많은 현실들이 포개지고 그 안에 또 다른 현실들이 포개지는 거대한 시스템의 일부임을 암시한다. 이러한 시스템 안에서, 우리의 세계는 보다 더 깊고 근원적인 현실에서 일어나는 사건들의 그림자나 투사로 간주될 수 있다. 우리가 우주라고 생각하고 보고 있는 것은, 사실상 우리 자신이다. 우리의 개인적이고도 집단적인 정신이 더 깊은 차원의 가능성들 중 하나를 물리적 현실로 만드는 것이다. 이처럼 혁명적인 우주관과 인간관은 우리가 꿈꾸고, 상상하고, 희망하고, 기도하는 모든 가능성에 직접적인 접근을 허용한 것이나 다름이 없다.

이것이 가능한 이유를 프리브램은 연구를 통해 보여주었다. 그는 우주와 상호작용하는 뇌의 홀로그램 모델을 통하여, 우리의 뇌 기능이 시간과 공간을 초월하는 경험을 허용한다고 말한다. 이러한 맥락에서는 그 어떤 것도 가능하게 된다. 그러한 잠재력을 현실화하기 위한 열쇠는, 우리가 우리 자신을 새로운 방식으로 생각해야 한다는 데에 있다. 그렇게 할 때, 뭔가 멋진 일이 일어나기 시작한다. 우리가 변화되는 것이다.

우리가 자신을 가능성의 우주에서 살아가는 막강한 존재라고 '부분적으로' 믿거나 '긴가민가하는' 것은 불가능하다. 우리는 그렇거나 그렇지 않거나 둘 중 하나이다. 이것이야말로 이 책의 핵심이다. 우리는 그럴 만한 이유를 가질 때만이 우리 자신을 달리 생각할 수 있다. 전 우주적으로 연결된 홀로그램인 디바인 매트릭스의 개념은, 우리가 스스로의 믿음에 의해서만 제한을 받는다는 것을 보증해 준다.

고대의 영적 전통들이 암시하듯이, 우리의 깊은 믿음이라는 보이지 않는 벽이 우리의 가장 큰 감옥이 될 수 있다. 하지만 우리의 믿음은 더없는 자유의 원천이 될 수도 있다. 세계의 지혜 전통들은 서로 다름에도 결론은 모두 같다. **우리는 감옥에 갇힐 수도 있고 자유로울 수도 있는데, 그 선택을 할 수 있는 것은 우리 자신 뿐이다.**

겨자씨의 힘

칼 프리브램의 선구자적 실험과 그 뒤를 이은 과학자들의 연구는 우리 뇌가 홀로그램 정보 처리 절차를 따른다는 사실을 입증했다. 우리들 각자가 그러하다면, 우리의 집단 정신과 집단의식도 마찬가지일 것이다. 오늘날 60억이 넘는 사람들이 지구에서 살아간다. 각 개인의 정신은 디바인 매트릭스라는 그릇 안에서, 보다 큰 단일 의식의 부분을 이룬다.

저마다 아무리 달라 보여도 각 개인의 의식에는 전체의식의 패턴이 담겨 있다. 이러한 연결성 덕분에 누구나 전체의식에 직접 접근할 수 있다. 즉 우리는 누구나 우리가 사는 세상의 홀로그램을 바꿀 힘을 갖고 있다. 이러한 개념이 어떤 이들에게는 기존의 사고방식과 너무 달라 생소하겠지만, 어떤 이들에게는 자신들의 믿음과 경험에 완벽히 부합될 것이다.

과학적 연구는 홀로그램 원리를 입증해 보였을 뿐만 아니라, 집단 구성원들이 공통의 의식 경험을 공유하고 있을 때 그 효과가 집단을 넘어 모임 장소 밖에까지 감지된다는 사실을 밝혀냈다. 물리 법칙이나 주변 환경에 제한받지 않는 어떤 미묘한 회로를 통해 내적 경험이 옮겨지는 것이다. 그중 한 예로, 초월명상(TM)이 많은 사람들에게 끼친 영향을 들 수 있다.

1972년, 만 명 이상의 인구가 거주하는 미국의 24개 도시에서 오직 1%의 인구가(100명) 실험에 참여하여 공동체 전체에 커다란 변화를 초래한 일이 있다. 실험 참가자들이 특별한 명상 기법을 이용하여 내적 평화를 만들어내자 그것이 주변 세계에까지 반영된 것이다. 마하리시 마헤시 요기는 인구의 1%가 자신이 주장하는 방식으로 명상하면 인구 전체의 폭력성과 범죄율이 줄어들 것이라고 주장하였다. 그를 기려 이 실험은 '마하리시 효과'라고 이름 붙여졌다.

이와 같은 실험들 덕분에 '중동의 국제 평화 프로젝트'라는 획기적 프로젝트가 실행되었고, 그 결과가 1988년 〈분쟁해결 저널Journal of Conflict Resolution〉에 실렸다.[•] 1980년대 초 이스라엘과 레바논이 전쟁을 벌이는 동안, 실험 참가자들은 단순히 평화에 대해 생각하거나 기도하는 것이 아니라 초월명상 기법으로 자신의 몸 안에 평화를 빚어냈다.

특정한 날, 특정한 시간마다 실험 참가자들은 전쟁으로 갈가리 찢긴 중동 지역에 배치되었다. 실험 참가자들이 평화로운 상태에 잠겨 있는 동안 테러율, 범죄율, 응급실 이용률, 교통사고율이 모두 감소했다. 하지만 실험 참가자들이 명상을 멈추자 통계 수치는 다시 치솟았다. 이러한 실험은 과거의 발견을 재확인해 준다. 인구의 아주 작은 비율이 내적 평화를 누리기만 해도 그 평화가 주변 세계에 투영되는 것이다.

요일, 휴일, 심지어 달 모양의 변화까지를 변수로 고려했지만 언제나 일관된 결과가 나왔고, 덕분에 주변 세계에 영향을 주기 위해 최소 몇 명이 내적 평화를 경험해야 하는지를 알아낼 수 있었다. 그 수치는 바로 인구의 1%의 제곱근이었다. 이는 영향력을 발휘하는 데 필요한 최소한의 비율로, 더 많은 이가 참여할수록 더 뚜렷한 결과를 얻을 수 있다. 우리는 왜 이러한 영

• 〈중동의 국제 평화 프로젝트〉, *The Journal of Conflict Resolution*, p.778.

향력이 발생하는지 완전히는 알 수 없지만, 실험 결과와 상호연
결성은 그 존재감을 확실히 보여준다. 이 원리는 집단의 규모에
상관없이 적용된다. 교회든, 대도시든, 지구 전체든. 얼마나 많
은 사람들이 평화와 치유를 위해 협력해야 하는지를 알아내려
면, 다음 공식을 이용하면 된다.

❶ 집단의 현재 구성원 총수를 확인하라.

❷ 총 구성원 수의 1%를 계산하라(구성원 수 × 0.01).

❸ 위에서 계산한 값(총 구성원 수의 1%)의 제곱근을 계산하라
(2번의 수치를 계산기에 입력하고 제곱근 버튼 √ 를 누르면 된다).

계산해 보면, 생각보다 훨씬 적은 숫자가 나올 것이다. 예를 들
어, 인구 백만의 도시라면 필요 인원은 겨우 100명이다. 인구가
60억에 달하는 지구 전체를 따져도 겨우 8천 명이면 충분하다.
물론 이 숫자는 변화를 일으키기 위해 필요한 최소한의 인원이
다. 더 많은 사람이 참여할수록 그 효과는 더 빨리 발휘된다.

물론 아직도 더 많은 연구가 필요하겠지만, 위와 같은 영향력
이 존재한다는 것은 분명하다.

> **비결 16** 집단의식의 변화를 '야기'하기 위해 필요한 최소 인원
> 은 총 구성원의 1%의 제곱근이다.

여러 지혜 전통들에서 각 개인이 전체에 미치는 중요성을 그토록 강조한 이유가 바로 이것 때문이리라. 믿음의 힘을 주제로 한 가장 잘 알려진 우화를 보면, 예수는 더 큰 가능성을 향한 문을 열기 위해 필요한 것은 아주 작은 믿음뿐임을 보여주기 위해 홀로그램 원칙을 사용하였다. 예수는 말했다. "내가 진정으로 너희에게 말한다. 너희에게 겨자씨 한 알만한 믿음이라도 있으면, 이 산더러 '여기에서 저기로 옮겨가라!' 하면 그대로 될 것이요, 너희가 못할 일이 없을 것이다."* 다음 장에서 예수의 이 말이 의미하는 바를 살펴보겠다. 하지만 그에 앞서 '믿음'이 무엇을 의미하는지부터 분명히 짚고 넘어가자.

'믿음'이란 단어는 때로 약간의 감정적 부담을 수반하는데, 이는 확실한 근거가 없는 믿음을 의미할 때가 종종 있기 때문이다. 일반적으로 이를 '맹목적 믿음'이라고 부른다. 하지만 절대적인 맹목적 믿음 같은 것은 없다는 것이 내 생각이다. 우리의 모든 믿음은 우리의 내면 깊은 곳, 존재하는 것들과 존재할 수 있는 것들이 서로 깊이 연결되어 있다는 느낌에서 온다. 이를 항상 의식하는 것은 아닐지도 모르고, 왜 그렇게 생각하는지 설명할 수 있는 것도 아니지만, 우리의 믿음은 우리에게 진실 자체이다. 그리고 그러한 진실함이야말로 믿음의 근거가 된다.

한편 양자 물리학의 발견에 힘입은, '첨단 과학'이라는 든든

---

* 마태복음 17:20.

한 토대를 갖춘 믿음 역시 존재한다. 3장에서, 우리는 단순히 바라보기만 해도 물리적 세계가 변화하는 이유를 설명한 여러 해석을 살펴보았다. 뒤따르는 모든 설명은, 우주의 가능성의 수프 안에 다양한 현실이 공존하고 있다는 것을 인정한다. 실험 결과에서 알 수 있듯이, 우리가 무엇인가를 보는 행위, 즉 **의식적 관찰**은 이들 수많은 가능성 중 하나를 우리의 현실로 고정시킨다. **즉 우리가 관찰하는 동안 갖고 있던 믿음이나 기대가 수프의 원료가** 되어, 어느 가능성이 우리의 '진짜' 경험이 될지 '선택'하게 되는 것이다.

이를 명심하고서 예수의 말씀을 살펴보자. 산도 움직일 수 있다는 말을 하기 위해 믿음이라는 단어를 쓴 것이 아니다. 2천 년 가까운 역사를 지닌 이 우화는, 우리에게 이미 존재하는 무한한 가능성 중에서 현실을 선택하게 하는 언어의 막강한 힘에 대해 말하고 있다. 네빌이 믿음에 대해 명쾌하게 설명했듯이, "당신의 소망이 이미 이루어졌다는 가정을 끈질기게 고집함으로써 (…) 세계는 그 가정에 맞추어 필연적으로 변화한다."• 산의 예에서, 산이 이미 움직였다고 진심으로 생각한다면, 우리의 믿음, 신앙, 가정은 그러한 가능성을 우리의 현실로 만드는 에너지가 된다. 모든 가능성의 양자계에서 산은 선택의 여지가 없다. 무조건 움직여야 한다.

• 네빌, 《의식의 힘》, p.118.

다음 사례는 이러한 종류의 믿음이 얼마나 단순하고도 자연스러울 수 있는지 보여준다. 또한 생각의 자그마한 변화가 세계에 커다란 차이를 만든다는 무한한 가능성을 향해 활짝 문을 열어준다.

몇 해 전, 나는 '산을 움직이는 것'에 맞먹는 생물학적 경이를 목격했다. 이 경우 '산'은 중년 여성의 방광 안에서 생명을 위협하는 종양이었다. 의사들은 이 덩어리가 악성이며 치유 불가능하다는 진단을 내렸다. 호텔 연회실에 마련된 임시 교실에서 그룹 1은 중국 베이징의 어느 병원에서 약도 없이 기적적으로 종양을 치유하는 강사의 모습을 담은 필름을 관람했다.*

영상 속의 병원은 베이징에서 대체 치료법을 일상적으로 사용하여 큰 성공을 거둔 수많은 병원 중 한 곳이었다. 우리는 인사를 주고받은 후 앞으로 볼 것에 대해 마음의 준비를 했다. 강사는, 필름을 보여주는 것은 치유의 힘이 우리 안에 있다는 사실을 일깨워주기 위함이라고 강조했다. 병원을 홍보하거나 불치병에 걸린 사람들이 베이징으로 우르르 몰려오도록 유도하기 위함이 아니라는 것을 분명히 했다. 우리는 앞으로 이런 일을 교실이나 자신의 집 거실에서도 얼마든지 보게 될 것이라고 했다. 강사의 말에 따르면, 치유의 비결은 나 혹은 사랑하는 이의

---

* 《자연치유의 101가지 기적(Miracles of Natural Healing)》, 닥터 팡 밍이 개발한 Chi-Lel™ 치유법을 단계별로 담은 교육용 비디오. www.chilel-qigong.com.

몸 안의 (물론 당사자의 허락을 받아) 감정과 에너지에 자비심을 갖고 집중하는 능력에 달려 있다.

필름 속의 여자는 온갖 방법을 다 써보아도 실패하자 최후의 수단으로 약을 쓰지 않는 그 병원을 찾았다. 병원에서는 건강에 대한 각 개인의 책임을 강조하고는, 환자를 단순히 '고쳐서' 집으로 돌려보내는 대신 삶을 행복하게 해주는 새로운 가치관을 제시했다. 여기에는 새로운 식습관, 몸 안의 기氣를 자극하기 위한 유연한 움직임, 새로운 호흡법 등이 포함되었다. 이처럼 생활 방식을 바꾸기만 해도 환자의 몸이 건강해져 스스로 병을 이겨낸다는 것이다. 필름에는 환자가 경험한 치료 과정이 담겨 있었다.

캠코더로 찍은 필름이 시작되자, 병원 침대로 보이는 곳에 누운 여성이 보였다. 그녀는 진정제도 마취제도 없이 의식이 완전히 깨어 있는 상태였다. 하얀 가운을 입은 세 명의 의사가 그녀 뒤쪽에 서 있는 동안, 초음파 기술자가 앞에 앉아 몸속의 종양을 비추어줄 기기를 쥐고 있었다. 장미 봉오리가 며칠 동안 자라 만개하는 장면을 몇 초로 축약하여 보여주는 자연 다큐멘터리와는 달리, 시간의 흐름에 따라 일어나는 변화를 그대로 보여주었다. 이러한 실시간 화면 덕분에 의사들의 치료가 얼마나 큰 효과를 보이는지 생생히 알 수 있었다.

필름은 겨우 4분짜리였다. 우리는 그 4분 만에, 서양 의학의 기준으로 보면 '기적'이라고 일컬어질 만한 장면을 목격했다. 하지만 디바인 매트릭스라는 홀로그램적 환경에서 이는 전혀 놀랄 일이 아니다. 의사들은 자신의 몸 안에 특별한 감정을 강화해 줄 언어를 사용하는 데에 동의했다. "미래의 꿈을 현재의 사실로 만들어 (…) 우리의 소망이 이미 이루어졌다고 생각하라"는 네빌의 말대로, 의사들은 그녀의 종양이 이미 치유되었다고 느낀 것이다.* 의사들은 치료를 하는 그 순간 종양이 존재한다는 사실을 알고 있었지만, 종양의 존재는 이미 존재하는 수많은 가능성들 중 하나에 불과하다는 것 또한 알고 있었다. 그래서 의사들은 다른 가능성을 불러오는 암호를 썼다. 디바인 매트릭스가 알아듣고 반응할 수 있는 언어, 즉 에너지를 지배하는 감정의 언어를 사용한 것이다(3장 참조).

의사들은 일종의 기도를 반복해서 읊조렸는데, 우리말로 대략 번역하자면 "이미 이루어졌다, 이미 이루어졌다"라는 뜻이다. 처음에는 아무 일도 일어나고 있는 것 같지 않았다. 그러다 느닷없이 종양이 파르르 흔들리며 여러 현실들 사이에서 망설이듯이, 보이다 보이지 않다를 반복하기 시작했다. 우리는 외경심 속에서 스크린을 바라보며 완전히 침묵에 잠겼다. 종양은 몇 초 후 흐릿해지더니 완전히 사라졌다. 증발해 버린 것이다. 그외의 나머지는 몇 초 전과 달라진 것이 없었다. 여인의 생명을 위협하던 종양만 없어진 것이다. 병실도 그대로였다. 의사와 초

• 네빌, 《의식의 힘》, p.10.

음파 기술자도 그대로였고, 그 어떤 '괴이한' 일도 일어나지 않은 듯했다. 그저 여인의 생명을 위협하던 상황만이 사라졌을 뿐이다.

그때, 나는 작은 믿음만으로도 산을 움직일 수 있다는 고대의 경구를 떠올렸다. 그 전만 해도 산을 움직인다는 말이 일종의 은유라고 여겼는데, 문자 그대로의 뜻임을 그제야 깨달았다. 1%의 제곱근 공식에 대입해 보면, 이 사례는 의식이 우리 현실에 직접 영향을 끼칠 수 있다는 사실을 명백히 보여준다.

치유가 일어나는 동안, 병실에는 모두 여섯 명이 있었다. 세 명의 의사, 초음파 기술자, 카메라를 든 사람, 그리고 환자. 위의 공식에 따르면 병실 인구의 1%의 제곱근은 겨우 0.244명이다! 이미 치유되었다고 믿는 사람이 한 사람만 있어도 환자의 신체적 현실이 달라지는 것이다.

이 사례에서는 아주 적은 숫자였는데도, 공식이 그대로 들어맞았다. 앞에서 말했듯이, 이 수치는 새로운 현실이 시작되게 하는 **최소한의** 인원이다. 십중팔구 병실에 있던 사람들 모두 환자의 치유를 확신했을 것인데, 덕분에 그 확신이 환자의 몸에 현실화되는 데 겨우 2분 40초가 걸렸다.

나는 허락을 받아 그 필름을 의료계 종사자를 비롯해 전 세계의 수많은 사람들에게 보여주었다. 반응은 다양했지만 예상을 벗어나지는 않았다. 환자가 치유되면 일반적으로 짧은 침묵이 강연장을 뒤덮는다. 방금 눈으로 목격한 것을 마음과 정신에 새기는 데 시간이 필요한 것이다. 이어서 기쁨의 한숨 소리, 웃음 소리, 심지어 박수 소리까지 들린다. 어떤 이는 기존에 갖고 있던 믿음이 정말이라는 확신을 얻는다. 기적 같은 일이 가능함을 눈으로 직접 목격하면서 믿음이 더욱 견고해지는 것이다.

하지만 회의적인 사람들도 많다. 이들은 대개 똑같은 질문을 한다. "만약 저게 사실이라면 왜 여태 우리가 모르고 있었을까요?" 그러면 나는 답한다. "이제 아셨잖습니까!" 그러면 다음 질문이 나온다. "치유 효과가 얼마나 오래 지속될까요?" 연구 결과, 그 병원에서 익힌 운동법, 호흡법, 식사법을 계속한 환자는 5년 후에도 95%가 건강하게 살고 있었다.

믿고 싶은 열망과 현대 의학으로는 그런 성과를 올릴 수 없다는 좌절감 사이의 한탄과 함께, 보통 이런 말이 튀어나온다. "이건 너무 쉬워요. 설마, 사실일 리가 없어요!"

나는 대답한다. "왜 굳이 어려워야 합니까?" 디바인 매트릭스의 홀로그램 세계에서는 그 어떤 일이든 가능하며, 우리는 어느 가능성을 현실로 만들지 선택할 수 있다.

하지만 우리는 '여기'에 있고, 가능성들은 '저 밖에' 있다는 믿음 때문에 때로는 도저히 불가능하다는 느낌에 휩싸이곤 한다. 디바인 매트릭스가 작동하는 방식에 따르면, 우리가 흔히 '저 밖에' 있다고 생각하는 것들은 보다 깊은 차원에서는 사실상 이미 '여기'에 있으며, 그 반대도 마찬가지이다. 어떤 현실이 펼쳐질지는, 우리가 가능성의 장 안에서 우리 자신을 어떤 식으로 보느냐에 달려 있다.

더없이 끔찍한 고통에서부터 끝없는 환희에 이르기까지 모든 가능성은 이미 존재하며, 드넓은 공간을 넘어 이들 가능성을 우리의 현실로 끌어올 수 있다. 우리는 모두 상상력과 꿈과 믿음이라는 소리 없는 언어를 통해 그렇게 할 수 있다.

여기가 거기이고 그때가 지금이다

매트릭스 안에서 시공간 뛰어넘기

"시간은 보이는 것과 전혀 다르다.
한 번에 한 방향으로만 흐르는 것이 아니라,
미래와 과거가 동시에 존재한다."
_알베르트 아인슈타인(1879~1955)

"시간은 모든 것이 동시에 일어나지 않도록 막아준다."
_존 휠러(1911~2008)

"시간은 / 기다리는 이들에겐 너무 느리고 / 걱정하는 이들에겐 너무 빠르고 / 슬퍼하는 이들에겐 너무 길고 / 기뻐하는 이들에겐 너무 짧다네 / 하지만 사랑하는 이들에게는 / 시간이라는 것이 없나니." 헨리 반 다이크의 이 시는 시간의 아이러니를 절묘하게 묘사하고 있다.

시간은 아마도 모든 인간 경험 중에서 가장 정의하기 어려운 것이리라. 시간은 손으로 잡을 수도, 사진으로 찍어둘 수도 없다. 일광 절약 제도(섬머타임)가 시사하는 바와 달리, 시간을 잠시 저축해 두었다가 나중에 다시 꺼내 쓰기란 불가능하다. 시간을 묘사하려면, 상대적인 표현을 쓸 수밖에 없다. 과거의 **그때** 무엇인가가 일어났으며, '**지금**' 무엇인가가 일어나며, 미래의 **어느 때** 무엇인가가 일어날 것이라고 말한다. 시간을 묘사할 수 있는 유일한 길은 그 시간 **안에** 일어나는 사건들을 통해서이다.

시간은 그 신비로움으로 인해 수천 년 동안 인간의 관심을 사로잡았다. 인류가 까마득한 옛날부터 시간의 흐름을 주기로, 또 '주기 안의 주기'로 계산하는 정교한 시스템을 구축하려고 애쓴 데는 다 그만한 이유가 있다. 예를 들어, 전체 문명을 지탱해줄 곡식을 심을 때를 알려면 지난번 씨를 뿌린 후 얼마나 많은 날이 지났는지, 달은 몇 번이나 모양을 바꾸었는지, 일식이나 월식이 몇 차례나 있었는지 등에 주의를 기울여야 한다. 고대의 시간 시스템은 이러한 사항들을 기록으로 남겼다. 예를 들어, 마야 문명의 달력은 약 5천 년 전인 기원전 3113년부터 시작되며, 힌두교의 달력은 4백만 년 전 우주가 창조된 시점으로까지 거슬러 올라간다!

20세기까지만 해도 서양에서 시간은 으레 시적인 의미에서의 생각으로, 인간 경험의 인공적 산물이라고 여겨졌다. 철학자 장 폴 사르트르는 시간과 우리의 관계를 '특별한 종류의 분리: 다시 하나 되는 분할'이라고 했다. 하지만 이러한 시적 견해는 1905년 아인슈타인이 상대성 이론을 발표함으로써 뒤집혔다. 그 이전에 시간은 높이, 길이, 폭을 갖춘 3차원 공간과는 전혀 다른 별도의 경험으로 간주되었다. 하지만 아인슈타인은 공간과 시간이 긴밀히 얽혀 있어 서로 분리될 수 없다고 주장했다. 이러한 시공space-time은 우리가 익히 알고 있는 3차원 경험 너머의 세계, 이름하여 4차원을 형성한다. 느닷없이 시간이 평범한 철학적 개념이 아니라 (…) 무시할 수 없는 힘force이 되어버린 것이다.

아인슈타인은 우리의 시간 개념을 뒤흔들고는 시간의 신비한 특성을 다음과 같이 간략하게 설명한다. "과거, 현재, 미래의 구별은 고집스러운 환상에 지나지 않는다."* 이러한 강력한 주장으로 아인슈타인은 우리의 시간관을 완전히 변화시켰다. 이것이 대체 무슨 의미일까? (…) 만약 과거와 미래가 지금 이 순간에도 존재하고 있다면, 우리는 과거와 미래와 소통할 수가 있는 것일까? 시간 여행이 가능하다는 말인가?

아인슈타인이 대담한 주장을 하기 전에도, 위의 질문이 제기하는 가능성들은 과학자와 신비주의자와 작가들의 호기심을 자아냈다. 시간의 경험에 바쳐진 이집트의 비밀 신전에서부터 H. G. 웰스의 1895년 고전 소설 《타임머신The Time Machine》에 이르기까지, 시간의 흐름을 오르내리는 능력에 대한 가능성은 우리의 상상력을 사로잡고, 우리의 꿈을 채웠다. 시간 여행에 대한 환상은 우리 인류만큼이나 오래되었으며, 시간 여행에 대한 의

• 《아인슈타인 어록집 증보판》, p.75.

문은 앞으로도 끝없이 이어질 것 같다.

시간은 실재일까? 시간은 우리 인간 없이도 존재하는 것일까? 시간이 의미를 지니는 것은 우리의 의식 때문이지 않을까? 만약 그렇다면, 시간을 재빨리 앞뒤로 돌려 먼 미래를 구경하거나, 과거의 인물을 만날 수는 없을까? 같은 시간대를 공유하는 다른 차원이나 다른 세계와 접촉할 수는 없을까?

이제부터 우리는 '여기'와 '거기' 사이의 경계를 허물며, 시간이 우리 삶에서 실제 의미하는 바를 새로운 눈으로 보게 될 것이다.

시간 너머에서 온 메시지

위타 핼버스탬Yitta Halberstam과 주디스 레벤탈Judith Leventhal의 훌륭한 저서 《작은 기적들: 일상의 특별한 우연Small Miracles: Extraordinary Coincidences from Every day Life》에는 용서의 힘에 관한 놀라운 이야기가 실려 있다.* 이 감동적인 이야기의 핵심만 간추려 소개하겠지만, 이 책을 찾아 이야기 전체를 읽어보라고 권하고 싶다. 이 이야기가 그토록 흥미로운 까닭은, 용서의 힘이 너무도 강한 나머지 시간마저 초월하기 때문이다.

● 위타 핼버스탬, 주디스 레벤탈, *Small Miracles: Extraordinary Coincidences From Everyday Life* (Avon, MA: Adams Media Corporation, 1997).

부친의 사망 소식은 조이에게 충격이었다. 조이는 열아홉 살 때, 집안 대대로 이어진 유대교 믿음에 의문을 제기한 이후 아버지와는 아예 연락도 하지 않고 지냈다. 조이의 아버지로서는 가문의 유서 깊은 종교 철학에 의심을 표하는 것만큼 모욕적인 일은 없었다. 그는 아들이 쓸데없는 의심을 버리고 자신의 뿌리를 받아들이지 않는다면 부자의 인연을 끊겠다고 으르렁댔다. 조이는 그런 요구를 도저히 받아들일 수 없었고, 세계를 탐험하기 위해 집을 나왔다. 그 후로 내내 아버지와 말 한마디 나누지 않았다.

그런데 어느 날, 한 친구가 인도의 자그마한 카페로 조이를 찾아와 부친의 사망 소식을 전한 것이다. 그제야 조이는 아버지가 돌아가셨다는 사실을 알게 되었다. 조이는 곧장 집으로 돌아가 자신의 유대 혈통을 조사하기 시작했다. 자신의 혈통과 아버지를 새로운 눈으로 보게 된 그는 깊이 감동하였고, 가문의 뿌리가 시작된 곳으로 순례를 떠나기로 했다. 이스라엘로 간 것이다.

다음 대목에서는 심오하고도 신비로운 반전이 일어나며 디바인 매트릭스의 힘을 일깨워준다.

예루살렘에서 조이는 통곡의 벽 앞에 섰다. 그곳은 거의 2천 년 전 파괴되고 남은 신전의 벽으로, 정통 유대교인들이 매일 그 앞에서 예배드리며 수 세기 동안 이어진 기도문을 되뇌었다.

조이는 아버지에게 사랑한다고, 가족에게 고통을 끼쳐 정말 미안하다고 용서를 구하는 편지를 썼다. 그리고 전통에 따라 벽돌 사이 틈새에 편지를 끼워 넣으려고 했다. 적절한 자리를 찾아 두리번거리다가 마침내 적당한 틈새를 찾았을 때, 놀라운 일이 일어났다. 전통적 서구 과학의 관점으로는 도저히 설명할 수 없는 일이 생긴 것이다.

조이가 틈새에 편지를 넣는데, 거기에 원래 끼워져 있던 종이가 별안간 떨어지더니 그의 발치에 내려앉았다. 다른 사람이 몇 주 전 혹은 심지어 몇 달 전에 써서 틈새에 끼워 넣었을 기도문이었다. 조이가 돌돌 말린 그 종이를 집는 순간, 기묘한 느낌이 온몸을 휘감았다.

조이는 종이를 펼쳤다. 익숙한 필체였다. 바로 아버지의 필체였던 것이다! 조이가 쥐고 있던 종이는 그의 아버지가 돌아가시기 전에 써서 벽 틈에 남겨놓은 기도문이었다. 그 종이에는 아들을 사랑하고 있으며, 신에게 아들을 제발 용서해 달라고 비는 내용이 적혀 있었다. 그리 멀지 않은 과거에 조이의 아버지가 지금, 이 순간 조이가 서 있는 바로 이곳을 다녀갔던 것이다. 아이러니하고도 기막힌 우연의 일치로 아버지는 조이와 같은 틈새에 기도문을 꽂았고, 그 기도문은 조이가 올 때까지 그곳에 그대로 머물러 있었던 것이다.

참으로 놀랍지 아니한가! 세상에 이런 일이 있다니? 현실들과 세계들 사이에는 일종의 소통이 이루어지고 있는 것이 분명하다. 조이는 우리가 '우리 세계'라고 부르는 현재의 세계에 살고 있다. 그의 아버지는 더는 살아계시지 않지만, 유대교에 따르면 우리 세계 너머에 있는 다른 세계, 즉 **하샤마임**ha-shamayim, 곧 천상에 여전히 살고 있다. 두 세계는 매 순간 공존하며 서로 소통하는 듯하다.

조이의 아버지가 쓴 기도문이 **어떻게** 조이에게 닿을 수 있었는지는 여전히 미스터리이지만, 한 가지만은 분명하다. 조이가 아버지와 소통할 수 있었다는 것은 둘 사이를 이어주는 무엇인가가 있다는 뜻이다. 두 세계를 담는 그릇을 제공하는 매체가 있는 것이다. 바로 디바인 매트릭스가 그 매체이다. 고대인들은 천상을 과거, 현재, 미래를 담고 있는 그릇이자 영혼의 집이라고 생각했다. 이는 디바인 매트릭스와 딱 맞아떨어지는 묘사이다.

조이와 그의 아버지는 디바인 매트릭스라는 다리를 통해 아름답고도 소중한 소통을 하였다. 소통은 시공간과 (이 이야기에서처럼) 삶과 죽음을 초월하여 아버지와 아들 사이의 담을 허물고 치유를 가져왔다. 이런 일이 어떻게, 왜 일어나는지를 이해하기 위해서는 **여기**와 **저기**를 만들어내는 공간과 **지금**과 **그때**를 만들어내는 시간, 그리고 우리와의 관계를 보다 깊이 살펴보아야 한다.

여기가 거기일 때

실험 결과가 보여주듯이, 우주 만물이 정말 디바인 매트릭스라는 그릇에 담겨 있다면, 시간과 공간의 개념은 재정립되어야 마땅하다. 우리를 다른 사람에게서 분리시키는 듯한 거리도 실은 우리의 몸만을 떨어뜨려 놓을 뿐이다. 조이의 이야기에서 알 수 있듯이, 우리 안의 무엇인가는 거리나 전통적 물리 법칙에 제한받지 않는다.

무슨 SF소설 이야기냐고 할 수도 있겠지만, 이는 진지하기 그지없는 과학적 연구 주제이다. 그만큼 뜻깊은 주제이기에, 지난 냉전 시대 동안 미국과 구소련은 우주 만물을 잇는 매트릭스의 존재를 확인하고자 막대한 자금과 인력을 쏟아부었다. 특히 그들은 초능력에 대해 알고 싶어 하여, 정신의 내면적 눈과 매트릭스를 이용해 먼 곳을 볼 수 있는지, 즉 일종의 텔레파시인 **원격투시**가 가능한지를 실험했다. 그 실험 결과는 최근에 대중적 인기를 끈 몇몇 영화와 놀랄 만큼 유사하여 기본 플롯이라도 제공해 준 듯싶다. 이들 실험은 안 그래도 흐려져 있던 '사실과 허구의 경계'를 더 더욱 모호하게 만들어 놓았다.

1970년 미국은 영적 방법으로 매트릭스를 '서핑'하여 먼 지역과 공격 목표지를 정찰할 수 있는지 여부를 공식적으로 연구하기 시작했다. CIA는 공감 능력이 뛰어나고 영적으로 예민한 사람들을 선별하여 특정 지역에 정신을 집중하게 하는 초기 실험에 자금을 제공하였다.* 특정 지역을 원격으로 투시하는 것이 가능해지자 이번에는 보다 세밀하게 관찰할 수 있도록 훈련을 강화했다. '좌표 스캔scan by coordinate'의 글자를 따서 SCANATE 라고 이름 붙여진 이 선구적 프로그램에 뒤이어, 스탠퍼드 연구소도 원격투시에 관한 유명한 연구를 행하였다.

어떤 면에서 원격투시는 무슨 유령 이야기처럼 들리지만, 사실 이는 합리적 양자 물리학 원리들을 기초로 하고 있다. 그중 일부 원리는 앞에서 이미 다룬 바 있다. 하지만 원격투시가 어떻게 작동하는지 정확히 아는 이는 아무도 없다. 다만 일반적으로, 만물은 견고한 존재라 서로 분리되어 있는 것처럼 보일지라도 우주의 에너지장으로 서로 이어져 있다는 양자 물리학 개념이 커다란 밑받침이 되고 있다. 예를 들어, 어여쁜 조가비가 우리 손에 쥐어 있을지라도, 양자적 관점에서 보면 이 조가비의 에너지는 어디에나 있다. 조가비는 우리의 손이라는 **제한적 위치**를 초월하여 '초공간적'으로 존재하는 것이다.

점점 더 많은 과학자들이 우주와 행성, 심지어 우리 몸조차 초공간적이라는 실험 결과를 받아들이고 있다. 우리는 이미 언제 어디에나 존재한다. 4장에서 러셀 타그가 말했듯이, 서로 물

• 짐 시나벨,《원격투시자들: 미국 영적 스파이들의 비밀스러운 역사(Remote Viewers: The Secret History of America's Psychic Spies)》(New York: Bantam Doubleday Dell, 1997), pp.12-13.

리적으로 분리되어 있을지라도 우리는 즉각 소통할 수 있다. 원격투시가 바로 이것이다.

SCANATE의 원격투시자들은 자각몽을 꾸는 법을 훈련받았다고 할 수 있다. 의식 변용變容 상태에서, 그들은 의식을 특정 지역에 집중한다. 그곳이 건물의 다른 방이든 지구 반대편이든 아무 상관이 없었다. 타그는 양자계에서의 우주 만물의 연결성을 명료하게 설명한 다음, 이렇게 말한다. "머나먼 소련에서 무슨 일이 일어나고 있는지 묘사하는 것은 거리 맞은편에서 무슨 일이 일어나고 있는지 묘사하는 것만큼이나 쉽다." 원격투시자들은 3년의 훈련을 받은 후 비밀 임무에 투입되었다.

미 육군의 원격투시 프로젝트는 최근에야 대중에 공개되었는데, 세션은 최소 두 단계로 이루어진다. 첫째는 좌표 원격투시로, 주어진 위도와 경도에 따라 특정 지역을 원격으로 투시한다. 둘째는 확장된 원격투시로, 이완과 명상법에 기반하여 이루어진다.

세부적 방법은 다양할 수 있지만, 일반적으로 원격투시는 긴장을 풀고 편안한 상태에 잠기는 것으로 시작된다. 이완 상태여야 먼 곳의 감각적 인상을 보다 잘 감지할 수 있기 때문이다. 원격투시자가 투시를 하는 동안, 대개는 가이드로 참석한 사람이 보다 구체적으로 보도록 투시자를 격려한다. 원격투시자는 일

• 러셀 타그, 〈서스펙트 제로〉 DVD.

런의 확립된 절차에 따라 특정 '임무'에 중요한 사항을 구별해 내고 세세히 감지해낸다. 가이드는 잠자는 동안 종종 자연스럽 게 발생하는 자각몽과 통제된 원격투시가 뒤섞이지 않도록 안 내하는 역할을 하는 것으로 보인다.

활용도가 높을 뿐 아니라 현장 요원들의 위험을 감소시키 는 원격투시 덕분에 첩보전에 새로운 시대가 열렸다. 하지만 1990년대 중반 들어 원격투시 프로그램은 막을 내렸다. '스타 게이트 프로젝트'라는 호기심 어린 암호명으로 불렸던 마지막 프로젝트가 1995년 '공식적으로' 종료된 것이다. 일각에서는 이러한 프로젝트를 '비주류' 과학으로 여긴다. 심지어 군대 내 회의론자들은 그 결과를 깡그리 무시하기도 했다. 하지만 많은 원격투시 프로젝트가 단순히 우연으로는 치부될 수 없는 커다 란 성공을 거둔 것은 명백한 사실이다. 심지어 사람들의 목숨을 구하기도 했다.

1991년 첫 번째 걸프전 동안, 원격투시자들은 이라크 서부 사막에 숨겨진 미사일 기지를 찾아달라는 요청을 받았다.* 그 결 과 몇몇 미사일 기지를 찾아내어, 군이 고려할 필요가 없는 지 역들을 배제시킬 수 있었다. 이러한 심령 탐구의 이점은 명백하 다. 무기가 있을 수 있는 지역을 좁힘으로써 돈, 시간, 연료 등 모든 것을 아낄 수 있다. 하지만 가장 큰 이점은 군인들의 생명

• 짐 시나벨, 《원격투시자들》, p.380.

보호이다. 치명적 미사일을 원격투시로 찾아냄으로써 현장에서 수색 임무를 맡았을 군인들의 위험을 현저히 줄일 수 있었다.

여기서 이들 프로젝트에 대해 굳이 언급하는 까닭은, 이를 통해 디바인 매트릭스를 이해하는 데 핵심적인 두 가지를 알 수 있기 때문이다. 첫째, 이는 매트릭스가 존재한다는 또 다른 증거가 된다. 앉은 자리를 떠나지 않고도 먼 곳을 방문하여 주변을 생생히 관찰하려면, 우리 의식이 무엇인가를 통해 여행을 해야만 가능하다. 그런데 원격투시자들은 앉은 자리에서 그 어디든 볼 수 있었다. 둘째, 원격투시를 가능하게 만드는 에너지는 홀로그램적으로 상호연결되어 있으며, 이는 우리 본질의 일부를 이루고 있는 것으로 보인다. 디바인 매트릭스의 증거가 확실해짐에 따라, 시공 속에서 우리가 누구이며 어떤 역할을 하느냐에 대한 낡은 개념들은 무너져내리기 시작하고 있다.

현실을 비추어주는 언어

시공과 우리 인간이 상호연결되어 있다는 사실을 서구 과학은 이제 막 이해하기 시작한 반면, 우리의 인디언 선조들은 오래전부터 알고 있었다. 예를 들어, 언어학자 벤저민 리 워프Benjamin Lee Whorf는 호피 인디언의 언어를 연구하여 호피어가 그들의 우주관을 직접적으로 반영하고 있다는 사실을 알아냈다. 우리 인간이 누구인가에 대한 호피 인디언의 생각은 오늘날 서구인들의 생각과 매우 다르다. 호피 인디언은 우주 만물이 근원에서 서로 연결되어 있는 단일체라고 여겼다.

선구적 저서 《언어, 생각, 그리고 현실Language, Thought, and Reality》에서 워프는 호피 인디언의 세계관을 다음과 같이 요약한다. "호피 인디언의 관점에서 볼 때, 시간은 사라지고 공간은 변형된다. 그리하여 호피 인디언들에게는 서구인이 직관적으로 믿거나 뉴턴 역학에서 말하는 균질하고도 동시적인, 시간 없는 공간은 존재하지 않는다." 다시 말해, 호피 인디언은 시간, 공간, 거리, 현실을 우리가 생각하는 방식으로 보지 않는다. 그들이 믿는 바에 따르면, 인간은 만물이 살아서 서로 이어져 있으며, '지금' 생겨나고 있는 우주 속에서 살고 있다. 호피 인디언의 언어는 그러한 관점을 반영한다.

예를 들어, 서구인은 바다에 일렁이는 파도를 보면 "저 파도를 보라"라고 말한다. 하지만 사실 파도 하나만 외따로 떨어져 존재하는 것이 아니다. 어떠한 파도도 다른 파도들이 있기에 존재할 수 있는 것이다. 워프는 말한다. "언어의 투사가 없이는, 누구도 하나의 단일한 파도를 볼 수 없다." 우리가 보는 것은 '끊

- 벤저민 리 워프, 《언어, 생각, 그리고 현실(Language, Thought, and Reality)》, 존 B. 캐롤 편 (Cambridge, MA: MIT Press, 1964), pp.58-59.
- •• 앞의 책, p.262.

임없이 물결치며 변화하는 움직임의 표면'이다. 반면 호피어에서는, 바다의 현재 움직임을 묘사하기 위해 바다가 "파도치고 있다"라고 말한다. 보다 정확하게는, 워프의 말을 빌자면, "호피 인디언은 **왈랄라타**walalata라고 말하는데, 이는 '다수의 파도가 일어나고 있다'라는 의미로, 우리가 '저 파도를 보라'라고 말할 때와 마찬가지로, 파도치는 바다의 한 지점으로 상대방의 관심을 집중시키는 효과를 일으킨다."* 우리에게는 기묘한 표현으로 보이지만, 사실상 이는 호피 인디언들이 세계를 묘사하는 방식을 정확히 드러내준다.

마찬가지로, 시간은 호피 인디언의 전통적 사고방식에서 우리와는 완전히 다른 의미를 지니고 있다. 워프의 연구 결과, "미래라고 부를 만한 단어가 전혀 없고, 현재와 과거 사이에 그 어떤 구별도 하려고 하지 않는다. (…) 역사적이고 물리적인 우주란 '나타난 것들'로서, 감각으로 접근 가능했던 것이나 가능한 모든 것이다."** 다시 말하면, 호피 인디언은 '지금' 있는 것과, 예전에 있었던 것을 같은 단어들로 표현한다. 앞장에서 다루었던 양자 가능성에 관한 논의에 비추어보면, 이러한 시간과 언어에 대한 관점은 완벽하게 이치에 들어맞는다. 호피 인디언은 이미 선택된 가능성들을 묘사하되, 미래는 열린 상태로 남겨두는 것이다.

---

* 앞의 책,
** 앞의 책, p.59.

호피어가 함축하고 있는 의미에서부터 원격투시의 실제 사례에 이르기까지, 시공과 우리 인간의 관계는 기존의 사고방식을 넘어서는 것이 분명하다. 새로운 물리학은 시간과 공간이 분리될 수 없다는 것을 그 핵심으로 한다. 디바인 매트릭스 내에서 거리가 우리에게 의미하는 바를 다시 생각해 보았으니, 이제는 시간에 대해서 다시 살펴보도록 하자. 여기에서 실로 흥미로운 가능성들이 대두된다.

그때가 지금일 때

아이가 축구 연습 시간에 늦지 않도록 데려다줄 때나, 비행기 출발 시각에 맞추어 가려고 할 때 등을 제외하면, 우리는 시간이라는 것을 별로 의식하지 않고 살아간다. 시간이란 과연 무엇일까? 이 장의 첫머리에서 인용한 존 휠러의 말처럼, 우리의 하루를 구성하는 분과 초는 모든 일이 동시적으로 일어나는 사태를 막아주는 것일까? 아무도 시간에 대해 모른다면, 그때에도 시간은 존재하는 것일까?

하지만 보다 심오한 질문은, 시간 안에서 일어나는 일이 '고정되어' 있는가 아닌가이다. 우주의 사건들은 이미 시간표가 확고히 정해져 있어 우리의 삶이 흘러감에 따라 차례로 발생하는 것일까? 아니면 시간은 어떤 식으로든 유동적인 것일까? 그렇다면, 시간 안에서 일어나는 사건들은 바뀔 수 있는 것일까?

전통적 사고방식으로 보면, 시간은 오직 한 방향으로만 움직인다. 앞으로. 과거에 일어난 일은 시간과 공간으로 이루어진 직물에 이미 또렷이 새겨졌다. 하지만 실험 결과에 따르면, 과거와 현재라는 우리의 개념은 그렇게 명료하거나 확실한 것이 아닐 수 있다. 아인슈타인이 가정한 대로, 시간은 두 방향으로 움직일 뿐만 아니라 오늘의 선택이 어제 일어난 일을 사실상 변화시킬 수 있는 것으로 보인다. 1983년에 이러한 가능성을 검증할 실험이 계획되었다. 그 결과는 기존의 시간 개념에 절대적으로 반하는, 더없이 난해한 의미를 제시했다.

이 실험에서 존 휠러는 현재가 과거에 미치는 영향을 검증하기 위해 유명한 이중슬릿 실험을 변형해 보라고 제안했다. 2장에서의 이중슬릿 실험을 요약하자면 다음과 같다.

양자 입자(광양자)를 목적지를 향해 발사하여 파동으로서 이동하는지, 입자로서 이동하는지 확인한다. 단 목적지와 발사지 사이에 구멍 뚫린 벽이 있어 광양자는 그 구멍을 지나쳐가야 한다. 미스터리는 벽에 구멍이 하나인지, 두 개인지를 광양자가 '알고 있다'는 것이다.

벽에 구멍이 하나일 때 광양자는 처음 발사되었을 때 그대로 입자로서 이동한다. 하지만 구멍이 두 개일 때면 입자로서 발사되었음에도 동시에 두 구멍을 통과하며 목적지에 이를 때까지 파동인 양 움직인다.

따라서 결과는 이러하다. 벽에 구멍이 몇 개인지 아는 존재는 실험을 수행한 과학자들뿐이다. 이러한 과학자들의 지식이 어떻게 해서인지 광양자의 행동에 영향을 끼친 것이다.

과거와 현재의 관계를 탐색하기 위해 휠러가 변형한 실험은, 원래의 실험과 한 가지 점에서 완전히 달랐다. 광양자가 벽을 이미 통과한 **후** 아직 목적지에 도달하기 **전에** 관찰을 시작하는 것이다. 즉 광양자가 어떤 식으로 이동할지 봐야겠다는 결정을 실험자가 내렸을 때, 광양자는 **이미 목적지를 향해 가고 있는 중**이다.

휠러는 광양자가 목적지에 도달했다는 것을 알기 위해 전혀 다른 두 가지 방법을 고안했다. 하나는 광양자를 입자로서 '볼' 렌즈이고, 다른 하나는 광양자를 파동으로서 감지할 스크린이다. 이것이 중요한 까닭은, 과거 실험에서 광양자는 자신이 어떤 식으로 관찰되느냐에 맞추어 행동했기 때문이다. 즉 입자로서 관찰될 때는 입자로서 행동하고, 파동으로서 관찰될 때는 파동으로서 행동했다.

따라서 이 실험에서 실험자가 광양자를 입자로서 보기로 하고 렌즈를 갖다둔다면 광양자는 오직 한 구멍만 통과할 것이다. 하지만 실험자가 광양자를 파동으로서 보기로 하고 스크린을 갖다둔다면 광양자는 두 구멍을 파동으로서 통과할 것이다. 그런데 충격적인 결과가 나왔다. 렌즈를 둘지 스크린을 둘지 정하는 것은 광양자가 벽을 통과한 **다음**(현재)이었지만, 그럼에도 이 결정은 광양자가 벽을 통과하기 전에(과거) 어떻게 행동할지까지 좌지우지했다.

이러한 지연된 선택 실험delayed-choice experiment의 결과에 따르면, 시간은 **우리 세계**(물리 준위)에서와는 달리 **양자계**(에너지 준위)에서는 아무 영향을 끼치지 못한다. 현재의 선택이 과거의 일이 어떤 식으로 일어날지 결정할 수 있다면 '사건이 이미 일어난 후에 그 특성을 선택할 수도 있다'는 말이 된다고 휠러는 주장한다.* 이것은 시간과 우리의 관계에 있어 엄청난 가능성의 문을 열어준다. 우리가 오늘 내린 선택이 과거에 이미 일어난 일에 직접적 영향을 주는 것이다. 만약 이것이 사실이라면, 우리는 모든 것을 변화시킬 수 있다!

과연 이것이 사실일까? 지금 내리는 선택이 과거에 이미 일어난 일에 영향을 주다 못해 심지어 결정해 버리기까지 하는 것일까? 깊은 상처를 극복할 능력은 누구에게나 있다는 현인의 말은 익히 들어보았을 것이다. 하지만 상처를 초래한 과거의 사건까지도 바꿀 만큼 막강한 능력이란 말인가? 이 질문을 떠올리는 순간, 영화 〈백 투 더 퓨처Back to the Future〉에서 주인공 마티

• 〈양자 이론의 수학적 토대: 양자 이론의 수학적 토대에 대한 뉴올리언스 학회 논문집(Mathematical Foundations of Quantum Theory: Proceedings of the New Orleans Conference on the Mathematical Foundations of Quantum Theory)〉, *Quantum Theory and Measurement*, J. A. 휠러, W. H. 주렉 편(Princeton, NJ: Princeton University Press, 1983), pp.182-213.

5장. 여기가 거기이고 그때가 지금이다 **227**

맥플라이가 과거로 돌아가 과거의 사건을 바꾸는 바람에 현재가 엉망진창이 된 일이 절로 생각날 것이다. 하지만 지난 세기의 참혹했던 전쟁이나 얼마전에 끝난 지독했던 이혼 과정에서 교훈을 얻어 이런 일이 일어나지 않도록 막을 만한 선택을 오늘 내릴 수 있다고 상상해보라. 정말 이것이 가능하다면, 우리에게 고통을 안겨준 사건의 진행 과정을 바꾸어줄 거대한 **양자 지우개**quantum eraser 같은 것이 우리 손에 들어온 것이다.

바로 이와 같은 질문에 답하고자 또다시 변형된 이중슬릿 실험이 실시되었다. 흥미롭게도 이 실험은 사실상 '양자 지우개' 실험이라고 불린다. 이름만 보면 대단히 복잡할 것 같지만 간단하여 설명하기 쉬우면서도 그 결과는 기존의 패러다임을 완전히 뒤흔든다. 따라서 이 실험에 대해 이야기해 보겠다.

이 실험의 핵심은, 실험이 시작되었을 때의 입자의 행동이 실험이 끝난 후에야 일어날 사항들에 의해 전적으로 결정되는 듯 보였다는 것이다.* 즉 현재는 과거에 이미 일어난 일을 바꿀 힘을 갖고 있는 것이다. 이는 '양자 지우개 효과'라고 불린다. 나중에 일어난 일이 과거에 입자가 행동한 방식을 변화시킬(지울) 수 있는 것이다.

---

* 김윤호, R. 유, S.P. 쿨릭, Y. H. 시흐, 말런 O. 스컬리, 《지연된 '선택' 양자 지우개 (Delayed 'Choice' Quantum Eraser)》, *Physical Review Letters*, vol. 84, no. 1 (2000), pp.1-5.

당연히 의문이 생기리라. 이러한 효과는 양자에만 적용되는 것이지, 우리 자신에게도 적용되는 것은 아니지 않을까?

우리 인간은 입자로 이루어져 있지만 의식이 접착제처럼 작용하여 전쟁이든 고통이든 이혼이든 가난이든 질병이든 우리가 현실이라고 인식하는 일들을 단단히 고정시킨 채로 유지한다. 하지만 이는 사실이 아닐 수 있다. 우리가 자신의 실수로부터 교훈을 얻음에 따라 **이미** 과거를 변화시키고 있고, 또 늘 그렇게 해왔는지도 모른다. 우리의 선택이 과거에까지 영향을 주는 일이 너무 흔해서, 미처 인식하지 못했거나 새삼 고려해보지 않은 것뿐이다.

어쩌면 오늘날 우리가 보고 있는 이 세상은 때로는 험악할지언정 우리가 배운 교훈이 과거의 시간에 반영된 결과일 수 있다. 이는 확실히 진지하게 생각해봐야 할 주제이다. 게다가 이 같은 가능성을 지지하는 연구 결과까지 나와 있다. 만약 이것이 사실이고, 우리 세계가 우주적 피드백 고리cosmic feedback loop처럼 작동하여 현재의 교훈이 끊임없이 과거를 변화시키고 있다면, 그 의미를 그저 한 번 생각이라도 해보라! 적어도 우리가 오늘날 보고 있는 세계는 우리가 이미 배운 교훈의 결과물인 것이다. 따라서 만약 교훈을 얻지 못했다면 지금 세계는 훨씬 더 추악했을 수도 있다. 안 그런가?

우리가 과거에 영향을 줄 수 있든 없든, 우리가 지금 내리는 선택이 현재와 미래를 결정하는 것은 분명하다. 과거든 현재든 미래든, 이 셋은 디바인 매트릭스라는 그릇 안에 담겨 있다. 이 매트릭스의 부분인 우리가 우리의 삶에 의미 있고도 유용한 방식으로 디바인 매트릭스와 소통할 수 있다는 것은 너무나 당연한 일이다. 소중히 전승된 전통들뿐만 아니라 과학적 실험 또한 우리가 디바인 매트릭스와 소통한다고 말한다. 앞장에서 설명했던 실험은 다음과 같은 두 가지 공통점을 갖고 있다.

❶ 실험 결과는 우리 인간이 디바인 매트릭스의 일부임을 보여준다.

❷ 실험 결과는 인간의 감정(믿음, 기대, 느낌)이 디바인 매트릭스와 소통하는 언어임을 보여준다.

우연이겠지만, 흥미롭게도 이에 관련된 사항들은 그리스도교 성경 편집 시에 제거되어 서구 문화에서 간과되어 왔다. 하지만 오늘날에는 모든 것이 변화하고 있다. 남성은 감정을 존중하도록 격려받고, 여성은 그들 존재의 자연스러운 한 부분으로서 파워를 표현할 새로운 방법을 모색한다. 감정, 느낌, 믿음이 디바인 매트릭스의 언어이며, 우리로 하여금 우주 만물을 잇는 에너지장을 강력하고도 자연스럽게 경험하게 하고 치유를 가능하게 하는 것은 감정의 질에 달려 있음이 이제 명백해졌다.

문제는 이것이다. "우리가 디바인 매트릭스에게 말을 걸 수 있다면 그 대답은 어떻게 알아들을 수 있을까?" 우리의 느낌, 감정, 믿음, 기도가 우주의 양자 물질을 위한 청사진을 제공한다면, 우리의 신체와 삶과 인간관계는 우리와 디바인 매트릭스의 대화에

있어서 우리에게 무엇을 말해주는 것일까? 이에 답하기 위해서
는 우주와 우리의 대화 후반부를 이해해야 한다. 그러면 우리는
디바인 매트릭스가 보내는 메시지를 어떻게 읽을 수 있을까?

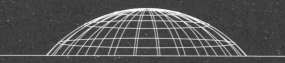

제3부

디바인 매트릭스가 보내는 메시지

양자 의식으로 살고 사랑하고 치유하기

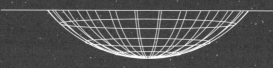

THE DIVINE MATRIX

6장

우주와의 대화
매트릭스가 보내는 메시지

"미워하지도 사랑하지도 않으면 통연 명백하리라.
  털끝만큼이라도 차이가 있으면 하늘과 땅만큼 어긋나나니."
  _승찬 대사

"우리는 거울인 동시에 거울 속의 얼굴이다."
  _루미

앞에서 이미 이야기한 것처럼, 우리는 감정과 믿음의 언어로 디
바인 매트릭스에게 말을 하고, 디바인 매트릭스는 우리의 삶에
서 일어나는 사건들을 통해 **대답을 한다.** 이 대화에서 우리의 깊
은 믿음은 우리가 경험하는 모든 것의 청사진이 된다. 세계 평
화에서부터 우리 몸의 치유에 이르기까지, 사랑과 연애에서부
터 직업적 성취에 이르기까지, 우리와 세계의 대화는 계속 이어
지며 결코 끝나지 않는다. 따라서 우리가 그저 삶의 한구석에서
수동적 구경꾼 역할을 하기란 불가능하다. 우리가 의식하는 한,
의식의 속성상, 우리는 창조하고 있는 것이다.

디바인 매트릭스와 우리의 대화는 때로 미묘하고, 때로 그렇지 않기도 하다. 하지만 미묘함의 정도와 상관없이, 이러한 대화가 반영된 우주에서 살아간다는 것은 기쁨, 고난 등의 인생사 하나하나가 우리의 깊고도 진실한 믿음이 디바인 매트릭스를 통해 그대로 비추어진 것임을 의미한다. 친밀한 인간관계 역시 마찬가지이다. 그것은 더없이 정직한 거울이지만, 때로는 다른 사람들 안에서 자신을 본다는 사실을 받아들이기가 무척 힘들 수 있다. 하지만 그 거울을 잘 들여다보는 일은 치유를 위한 최고의 처방일 수도 있다.

우리를 비추어주는 현실

1998년, 티베트에서 나는 양자 '대화'가 어떻게 이루어지는지에 대한 매우 상징적인 경험을 했다. 우리 일행은 수도 라사로 가던 중 굽잇길을 돌아 절벽 아래의 작은 호수에 이르렀다. 바람 한 점 없는 고요한 날씨에 호수 위로 주위의 모든 것이 오롯이 비추어 보였다.

전망 좋은 곳에 서서 내려다보니 호수 위로 거대한 부처상이 비치고 있었다. 호수 옆의 절벽 어딘가에 부처상이 새겨져 있을 텐데, 실물은 아무리 찾아보아도 보이지 않았다. 보이는 것이라고는 호수에 드리워진 그림자뿐이었다. 굽잇길을 다시 돌아서 훨씬 높은 곳에 이른 후에야, 상상만 하고 있던 그림자의 출처를 눈으로 직접 볼 수 있었다. 바로 거기에 있었다. 거친 절벽 높이 돋을새김한 부처상이 호수를 굽어보며, 지나가는 모든 이를 조용히 지켜보고 있었다.

그 순간, 나는 호수의 그림자가 우리 눈에 보이는 세계를 상징한다는 것을 깨달았다. 굽잇길을 돌아 절벽의 부처상을 보기 전에도 우리는 호수의 그림자만으로 부처상이 존재함을 알고 있었다. 부처상이 호수 표면에 비추어진 것임을 능히 짐작했지만, 우리가 있는 곳에서는 실물이 보이지 않았다. 마찬가지로, 우리의 일상 세계는 우주라는 직물에 새겨진 보다 깊은 현실이 투영된 것이다. 우리가 있는 곳에서는 그 깊은 현실이 보이지 않을 뿐이다.

그림 11. 티베트 라사 근방의 절벽에 새겨진 부처상과 호수 그림자

고대의 전통과 현대 과학은 똑같이, 우리가 '실상'이라고 보고 있는 것은 다른 영역, 즉 우리가 서 있는 지점에서는 인지할 수 없는 곳에서 일어나고 있는 것들의 반영 그 이상도 그 이하도 아니라고 말한다. 물 속에 비친 이미지가 실제로 존재하는 것의 그림자인 것을 **알았듯이**, 우리는 존재의 다른 차원에서 일어나는 일들에 대해서 우리의 삶이 정보를 제공하고 있다는 것을 확신할 수 있다. 직접 볼 수 없다는 것만으로 존재하지 않는다고 말할 수는 없다. 고대의 전통들은 말한다. 사실 보이지 않는 세계가 보이는 세계보다 **더욱** 진짜라고! '시작에 앞서'에서 인용한 봄의 말처럼, 우리는 우리가 존재하는 시공에서 이 '깊은 현실'을 너무도 모르고 있다.

보이지 않는 세계를 우리 눈으로 볼 수 없을지는 모르지만, 우리의 일상 안에서 보이지 않는 세계의 반영을 보기 때문에 우리는 그곳에서 일어나는 일을 추측해 볼 수는 있다. 이런 관점에서 보면, 하루하루 우리에게 일어나는 사건은 보다 깊은 차원에서 보내는 메시지이자 디바인 매트릭스 **내에서** 주고받는 소통이다. 내용을 이해하기 위해서는 그 언어를 알아야 하듯이, 우리는 디바인 매트릭스의 언어를 알아야만 디바인 매트릭스가 들려주는 말에서 혜택을 얻을 수 있다.

때로 그 메시지는 직접적이어서 잘못 받아들여질 수가 없을 정도이지만, 때로는 너무 미묘해서 메시지 자체를 놓치기도 한다. 메시지를 전혀 다른 의미로 착각할 때도 적지 않다.

항상 보이는 대로인 것은 아니다

느닷없이 돌풍이 불어닥치더니, 눈이 쓰라렸다. 나는 문제의 지역을 응시했다. 특이해 보이는 것은 전혀 없었다.

"아무것도 안 보여요." 내가 말했다.

"금방 느끼지 않았나?" 그가 반박했다. (…)

"뭘요? 바람요?"

"그냥 바람이 아냐." 그가 단호하게 말을 이었다. "자네한테는 바람처럼 여겨지겠지. 바람밖에 모르고 있으니."*

이어지는 대화를 통해, 인디언 주술사인 돈 후안은 제자인 카를로스 카스타네다에게 보이지 않는 세계의 미묘한 실재를 일깨워준다. 인류학자인 카스타네다는 자신의 책《익스틀란으로의 여행Journey to Ixtlan》에서 고대 주술사의 비전을 기록으로 담던 중 과거와는 달리 자신의 지각이라는 필터를 더 이상 믿을 수 없다는 사실을 불현듯 깨닫는다. 세계는 보이는 차원과 보이지 않는 차원 모두에서 동시에 살아 있다는 것을 깨우친 것이다.

예를 들어, 카스타네다는 곁의 덤불이 휘청이고 차가운 공기가 뺨을 스치면 그것이 바람이라고 배웠다. 하지만 위의 예에서

• 카를로스 카스타네다, *Journey to Ixtlan: The Lessons of Don Juan* (New York: Washington Square Press, 1972), p.61.

카스타네다의 스승은 그가 바람만을 알고 있기에 바람처럼 느낀다는 것을 일깨워준다. 사실 그것은 그저 바람일 수도 있고, 영적인 어떤 존재가 기적을 내려고 부러 그의 몸을 스쳐 지나가는 것일 수도 있다. 카스타네다는 바람이 '그저 바람'으로 여겨지는 일이 다시는 없으리라는 점을 이내 깨닫는다.

우리는 우리의 인지 필터를 통해 사랑과 우정과 재산과 건강을 과거의 경험이 구축한 틀에 끼워 맞추려고 최선을 다한다. 이러한 틀이 먹히기는 하겠지만, 과연 실제로 얼마나 우리에게 도움이 될까? 우리는 자신의 경험이 가르쳐준 것에 기초하기보다는 다른 이들에게서 배운 지혜에 따라 행동하려고 애쓰곤 한다. 더 큰 풍요나 더 깊은 관계, 더 성공적인 직업을 가지고 누릴 수 있는데도 그렇지 못했던 과거의 비슷한 경험 때문에 기회가 눈앞에 있어도 애써 외면해 버리곤 한다.

우리는 세상과 주파수가 맞추어져 있다

디바인 매트릭스 안에서, 우리는 모든 풀잎의 일부이고, 모든 바위의 일부이다. 모든 빗방울의 일부이며, 아침 일찍 산책할 때 우리 뺨을 스치는 시원한 바람의 일부이다.

우리와 세상 만물과의 연결이 이토록 깊다면, 나날의 일상 속에서 그 연결성의 증거를 볼 수 있어야 마땅하다. 사실 우리는 이미 보고 있는지도 모른다. 날마다 보고 있으나 그저 알아차리지 못할 뿐이다.

주변 사람과 장소와 물건과 오래 함께할수록 더욱 편안하게 느껴진다는 사실은 누구나 알 것이다. 예를 들어, 자기 집 거실로 들어갈 때가 다른 도시의 고급 호텔 '거실'에 들어갈 때보다 한결 마음이 편하기 마련이다. 가구며 카펫이며 모든 것이 최신 인테리어로 꾸며져 있어도 호텔 방이 '집'처럼 느껴지지는 않는다. 집에서의 편안한 느낌은 세계와 우리를 조화시키는 미묘한 에너지의 미세한 조율 덕분에 생겨나는 것이다. 우리는 이를 **평형 공명**equilibrium resonance이라고 부른다.

우리는 저마다 어느 정도씩은 차에서부터 집에 이르기까지 (심지어 우리가 매일 쓰는 가전제품까지) 모든 것과 공명 상태에 있다. 곁에 있다는 것만으로도 우리가 주변 사람과 환경과 세계에 영향을 주는 것은 이 때문이다. 따라서 우리 안이나 주위의 무엇인가가 변했을 때 그 변화가 우리 삶에 뚜렷이 영향을 미치는 것은 지극히 당연하다.

때로 이러한 변화는 아주 미묘한 형태로 나타난다. 예를 들어 보자. 나는 50만 킬로미터를 달린 미제 자동차를 1995년에 팔았다. 나는 그 '오랜 친구'를 잘 돌보기 위해 늘 최선을 다했다. 콜로라도 산악지대에서부터 캘리포니아주 내파Napa의 구릉지와 뉴멕시코주 북부의 고원 사막까지, 나를 언제나 무사히 실어다 준 믿음직한 자동차였다.

하지만 내가 탈 때면 그렇게 잘 달리던 자동차가 다른 사람에게 빌려주기만 하면 어김없이 '고장'이 났다. 평소엔 들리지 않던 엔진의 소음이 들리거나, 계기반에 경고등이 켜지거나, 차가 느닷없이 서버리곤 했다. 그러다 내가 운전석에 앉아 시동을 걸면, 언제 그랬냐는 듯이 신비하게도 문제가 '말끔히' 사라졌다.

정비공은 "그런 일이 흔하다"고 주장했다. 하지만 두세 번 정비를 하고 났더니, 내가 정비소로 낡은 폰티악을 끌고 갈 때마다 점점 생각이 달라졌다. 과학적으로 증명할 수는 없지만, 이런 경험을 해본 사람을 여럿 보았다. 우리에게 익숙해진 그리고 우리가 익숙하게 여기는 사물은, 우리와 함께 있을 때 더 잘 작동하는 듯하다. 때로는 이러한 공명이 다소 분명하게 드러나기도 한다. 아래의 예에서는 너무나 분명하여 간과할 수가 없을 정도이다.

1990년 봄, 덴버의 군수업체에서 일하던 나는 그 직장을 그만두고 임시로 샌프란시스코에서 지내고 있었다. 낮에는 세미나를 준비하며 첫 번째 책을 쓰고, 밤에는 상담가로 활동했다. 구체적으로 말하자면, 우리 삶에 영향을 미치는 감정의 힘을 이해하고, 감정이 우리의 인간관계에서 어떤 역할을 하는지를 깨닫도록 도와주는 일을 했다. 그때 한 피상담자가 우리와 세계와의 공명이 실제로 존재하며 매우 깊다는 훌륭한 예를 들려주었다.

그녀는 애인과의 장기간에 걸친 관계를 '끝이 없는 데이트'라고 묘사했다. 10년 이상 함께하였으나 그들은 구제할 길 없는 곤경에 처해 있었다. 결혼에 관한 이야기만 나왔다 하면 항상 쓰디쓴 말다툼으로 끝나곤 했다. 하지만 양쪽 다 헤어져서는 견딜 수 없었기에 어떻게든 함께하고자 했다. 어느 날 저녁 그녀가 내게 들려준 공명의 경험은 우리 세계가 상호연결되어 있음을 강력하고도 분명히 보여주었다.

"지난주는 어땠나요? 집에는 별일 없었죠?"

내 물음에 그녀가 대답했다.

"아, 무슨 일이 있었는지 상상도 못하실 거예요. 어찌나 기묘한 한 주였는지! 첫째는, 남자친구랑 소파에서 TV를 보고 있는데, 욕실에서 요란하게 쾅 소리가 울리는 거예요. 그래서 무슨 일인가 보러 갔더니, 세상에 어쩜 그런 일이!"

"어찌 되었는데 그래요? 짐작도 못하겠는데요. 그만 애 태우고 얘기 좀 해봐요."

"세면대 밑에 온수 파이프가 터져서 세면대 아래 수납장 문짝이 맞은편 벽으로 날아갔지 뭐예요."

"아니, 세상에 그런 일이!"

"그게 다가 아니에요." 그녀가 말을 이었다. "그보다 더한 일이 또 벌어진 거예요! 차를 타고 나가려고 차고로 갔더니 온 바닥이 뜨거운 물 천지이지 뭐예요. 보일러가 터져서 물바다가 된 거죠. 그런데 차고에서 빠져나와 도로로 들어서려는데, 자동차 라디에이터 호스가 터지며 뜨거운 부동액이 길바닥에 쏟아져

버렸죠!"

나는 그녀의 말을 듣다가 이내 패턴을 알아차렸다.

"그날 집에서 무슨 일이 있었던 거죠? 남자친구와의 사이는 어땠습니까?"

"그야 뻔하죠. **압력솥**이 따로 없었죠."

엉겁결에 그렇게 말한 그녀는 불현듯 침묵에 빠지더니 나를 가만히 응시했다.

"설마 우리 둘 사이의 긴장 때문에 그런 일들이 벌어졌다는 건 아니죠?"

"저의 세계에서는 당연히 그렇습니다. 우리는 세계와 주파수가 통하고, 세계는 우리가 감정적으로 경험한 에너지를 물리적으로 우리에게 보여줍니다. 때로는 미묘하게 나타나지만, 이번 경우에는 집 전체가 두 분 사이의 긴장을 있는 그대로 반영했던 거지요. 수천 년 동안 감정을 대표하는 이미지로 사용되어 온 물이라는 매체를 통해서 말입니다. 이 얼마나 아름답고도 강력하며 분명한 메시지인지요! 자. 이제 어떡하시겠습니까?"

비결 17 디바인 매트릭스는 우리가 우리 믿음으로 창조하는 관계의 세계를 거울처럼 되비추어 준다.

우리가 우리 주변 세계와 공명하는 연결성을 인식하든 인식하지 못하든, 그 연결성은 디바인 매트릭스를 통해 존재한다. 주변 환경을 통하여 우리에게 오는 메시지를 이해하는 지혜가 우리에게 있다면, 세계에 대한 우리의 관계는 훌륭한 선생님이 될 수 있다. 그 선생님은 때로 우리 목숨을 구하기도 한다!

경고의 메시지가 울릴 때

나의 어머니는 두 아들을 세상에서 가장 사랑하며, 활달한 5킬로그램짜리 애완견 코리수CoreySue(줄여서 "코리")를 그다음으로 사랑한다. 나는 강연이나 북 투어 때문에 자주 출장을 가는데, 적어도 일주일에 한 번씩은 어머니께 전화를 드려 안부를 묻고 내 소식도 전해 드리곤 한다.

2000년《이사야 효과The Isaiah Effect》를 홍보하기 위한 북 투어를 앞둔 일요일 오후였다. 어머니에게 전화를 하자, 어머니는 코리가 염려스럽다는 소식을 전했다. 코리가 평소와 달리 잘 먹지 않고 기운도 없어서 동물병원에 데려가 엑스레이를 촬영했는데, 그 누구도 예상하지 못한 것이 찍혀 나왔다는 것이다. 무슨 영문인지 코리의 폐에 하얀 점들이 찍혀 있었는데, 아무래도 이해할 수 없는 일이었다. "제 평생 개의 폐에 이런 것이 있는 건 처음 봅니다." 수의사는 어리둥절하여 말했다. 그 점들이 대체 무엇인지 알아내기 위해 추가 검사를 더 하기로 했다.

어머니의 염려 어린 이야기를 듣노라니 나는 다른 이유로 염려가 되었다. 그래서 공명의 원칙에 대해 설명하고는, 우리가 우리의 세계와, 우리의 자동차, 우리의 집, 심지어 우리의 반려동물과도 주파수가 통한다는 이야기를 해드렸다. 또한 주인이 발병하기 몇 주, 심지어 몇 달 전에, 주인과 똑같은 병에 걸린 애완동물의 수많은 사례에 대해서도 들려주었다. 이와 비슷한 일이 코리와 어머니에게도 일어나고 있다는 직감이 들었던 것이다.

삶은 메시지로 가득 차 있다는 확신이 든 어머니는, 다음 주에 건강 검진을 받겠다고 약속했다. 몸에 아무 이상도 없고, 겉으로 보아 멀쩡했지만, 가슴 엑스레이를 포함해 종합 검진을 받기로 한 것이다.

이 이야기가 어떻게 끝날지, 내가 왜 굳이 이 이야기를 하는지, 아마 눈치챘으리라. 어머니의 엑스레이 사진에는 놀랍게도 폐에 의심스러운 점이 찍혀 있었다. 매년 받는 정기검진을 받은 지 1년도 채 안 되었는데, 지난 검진 때는 분명 없던 점이었다. 추가 검진 결과, 어머니가 어릴 적 앓았던 질병 탓에 오른쪽 폐에 반흔 조직이 생겼는데, 그것이 그만 암 덩어리로 변한 것임이 밝혀졌다. 3주 후 어머니는 수술을 받았고, 오른쪽 폐의 아래쪽 3분의 1을 완전히 제거했다.

그 후 나는 회복실에서 담당 의사와 이야기를 나누었는데, 의사는 초기에, 그것도 아무 증상도 없던 때에, 검사를 받아 종양을 찾아내다니 너무도 "운이 좋다"며 감탄을 거듭했다. 수술 전에 어머니는 스스로 건강하다고 생각했고, 코리와 아들과 아름다운 정원과 함께하는 삶이 잘못될 수 있으리라고는 전혀 상상도 하지 못하고 계셨다.

이 사례는 우리가 우리 삶의 거울을 어떻게 이용할 수 있는지를 잘 보여준다. 어머니와 나는 삶이 우리에게 보내는 메시지를 읽는 법을 배웠고, 그 언어를 실생활에 적용할 만큼 신뢰하였기에 행복한 결말을 맞을 수 있었다. 어머니는 수술 후 완쾌하셨다. 이 책을 쓰고 있는 지금도 건강하게 잘 계시며, 6년째 암이 재발하지 않았다.

흥미롭게도 코리의 폐에 있던 점들은 어머니의 수술 후 저절로 사라졌다. 코리는 어머니와 하루하루 기쁨을 함께하며 건강하게 지금까지 잘 지내고 있다.

(이 책이 편집에 들어간 후 코리는 노환으로 세상을 떠났다. 코리는 개로서는 거의 100세에 가까운 15번째 생일을 반년 앞두고 눈을 감았다. 엑스레이 사진에서 점이 발견된 이후에도 건강하게 잘 지냈으며, 활기찬 행동으로 만나는 모든 이에게 기쁨을 선사했다. 어머니가 여러 차례 말했듯이, "아무도 코리에게는 낯선 사람일 수 없었다." 코리는 만나는 모든 이를 사랑했으며, 부드럽고 촉촉한 뽀뽀로 그런 마음을 알렸다. 코리를 아는 모든 이들이 그 뽀뽀를 그리워할 것이다.)

코리의 건강 상태가 어머니의 건강 상태와 이어져 있음을 과학적으로 증명하기란 아마도 불가능하겠지만, 이 둘 사이의 일치는 단순한 우연이 아니며, 중요한 의미가 있다. 이는 독립된 사건이 아니며, 이와 같은 공시성synchronicity*에는 상관관계가 존재하는 것이 분명하다. 이러한 연결성의 원리는 오늘날 완전히 파악되고 있지 못하며, 앞으로 50년을 더 연구한다 해도 여전히 불가해할 수도 있다. 하지만 우리는 우리 삶을 통해 알게 된 것들을 얼마든지 이용할 수 있다. 이렇게 할 때, 매일의 사건은 풍요로운 언어가 되어 우리의 더없이 내밀한 비밀들을 밝혀줄 통찰력을 제공해줄 것이다.

다시 한번 말하지만, 삶 자체가 우리의 깊은 믿음을 비추어주는 세계에서는 진실로 비밀이란 것이 거의 있을 수 없다. 인생이라는 여정에서 뜻밖의 모퉁이가 우리를 어떤 길로 이끌어갈지는 그리 중요한 것이 아닐지도 모른다. 보다 중요한 것은, 그런 일들에 대해서 경고하는 언어를 우리가 인식하느냐 인식하지 못하느냐일 것이다.

우리의 가장 큰 두려움

디바인 매트릭스는 우리 믿음과 느낌과 감정을 일상의 사건을

• 역주: 의미가 있는 우연의 일치. 인과(因果)관계가 아닌 두 가지 이상의 사건이 동시에 발생했을 때, 또는 주관적인 의식 경험과 외부의 객관적 현상이 동시에 발생할 때, 이들 사이에 우연이 아닌 어떤 의미가 있다는 개념. 심리학자 카를 융이 제창하여 연구되어 왔다.

통해 끊임없이 비추어주기에, 세계는 날마다 우리의 깊이 숨겨진 자아에 대한 통찰력을 제공한다. 이처럼 우리의 개인적 거울은 우리의 가장 진실한 확신과 사랑과 두려움을 비추어준다. 세계는 강력한 (종종 문자 그대로의) 거울이지만, 똑바로 직면하기가 항상 쉬운 것은 아니다. 삶은 우리 믿음의 근원적 실상을 더없이 정직하게 드러내며, 때로 이러한 반영은 전혀 예상하지 못한 방식으로 일어난다.

• • •

1989년 어느 날 저녁, 덴버 교외의 대형 슈퍼에서 있었던 일이다. 일을 마치고 집으로 가는 길에 종종 그러듯이 나는 저녁거리를 마련하려고 슈퍼에 들렀다. 통조림 코너를 걷다가 쇼핑 목록에서 눈을 뜨고 고개를 들어 보니, 손님이라고는 쇼핑 카트에 여자아이를 앉힌 젊은 엄마와 나뿐이었다. 모녀는 서두르는 기색이 분명했는데, 긴 하루를 보낸 후 장을 보러 올 수 있어서 신이 난 모양이었다.

나는 다시 쇼핑 목록과 선반에 놓인 통조림 상표를 비교하다가, 아이의 비명 소리에 화들짝 놀랐다. 단순한 비명 소리가 아니었다. 강렬하고도 새된 소리였다. 여자아이는 쇼핑 카트에 홀로 있었고, 완전히 공포에 질려 있었다. 몇 초도 안 되어 아이 엄마가 나타나 딸아이를 진정시켰다. 아이는 곧 비명을 멈추었고,

주변은 금방 평온을 되찾았다.

흔히 일어나는 일이겠지만, 그날 저녁 나는 그 일이 왠지 특별하게 느껴졌다. 그러려니 하고 넘길 수가 없었기에, 나는 무슨 일이 있었는지를 진지하게 통찰하기 시작했다. 나의 눈은 본능적으로 주위를 훑었다. 아이 엄마가 잠시 카트에서 떨어져나와 두세 살배기 딸애를 홀로 둔 것이 분명했다. 그뿐이었다. 아이는 홀로 남겨졌던 것이다.

그런데 아이는 왜 그렇게 겁에 질렸던 것일까? 엄마가 옆쪽 통로에 가 있느라 아주 잠시 보이지 않았을 뿐인데. 색색의 통조림과 어여쁜 상표로 둘러싸인 세계에서 마음껏 장난칠 수 있었을 텐데, 아이는 좋아하기는커녕 왜 겁에 질렸던 것일까? 아이는 이렇게 생각할 수도 있었다. **'어머나, 여기 빨갛고 하얀 예쁜 캠벨 수프 통조림이 있네. 말릴 사람도 없으니 모조리 다 살펴봐야지. 얼마나 신나는 일인가!'** 아주 잠시 혼자 있었을 뿐인데, 무엇이 어린아이의 마음 깊은 곳을 건드려 본능적으로 목청껏 비명을 지르게 한 것일까?

며칠 후 저녁, 나는 30대 중반의 여성을 상담했다. 전에도 여러 차례 상담을 받았던 여성이었다. 상담은 늘 그렇듯 순조롭게 시작되었다. 그녀는 내 앞의 버들가지 의자에 편안히 앉아 있었고, 나는 지난번 상담 이후 일주일 동안 있었던 일에 대해 얘기해 보라고 권했다. 그녀는 18년 가까이 함께한 남편과의 관계에 대해 이야기했다. 결혼 생활 내내 싸움이 끊이지 않았고, 때로는 폭력이 난무하기까지 했다. 그녀는 옷차림에서부터 요리와 살림 솜씨에 이르기까지 모든 것에 대해 매일매일 욕을 먹고 살았다. 심지어 잠자리에서마저 자신이 형편없게 느껴질 지경이라고 했다.

예전부터 그래왔지만, 지난 일주일 동안 상황이 한층 더 심각해졌다. 그녀가 야근과 철야 작업에 대해 따지고 들자, 남편이 마구 화를 냈다. 그녀는 사랑하고 신뢰해 온 남자로 인해 기나긴 세월을 비참하게 보내고 있었다. 게다가 남편이 이성을 잃고 휘두르는 물리적 폭력 위협으로 인해 비참함은 더욱 가중되었다.

그런데 지난주, 남편이 화가 치밀어 그녀를 바닥에 때려눕히고는 집을 나가 친구네 집으로 가버렸다. 친구의 전화번호도, 주소도 알려주지 않았으며, 언제 돌아오겠다는 말도 없었다. 그녀의 삶을 오랜 세월 비참하게 만들고, 폭발적 감정 분출과 학대로 그녀의 안전을 위협했던 남자가 마침내 그녀의 인생에서 사라진 것이다.

나는 그 소식에 그녀가 안도할 줄 알았다. 하지만 오히려 경악스러운 반응을 보이는 것이었다. 여인은 남편이 완전히 떠났다는 사실을 깨닫고는 주체할 수 없이 흐느끼기 시작했다. 기분이 어떠냐는 물음에 여인은, 예상과 달리, 그 어떤 결의도 안도도 보이지 않았다. 오히려 고독과 갈망의 고통만이 가득했다. 남편이 곁에 없다는 사실에 '짓뭉개진' 느낌이며, '완전히 폐인'이

되어버린 듯하다는 것이었다. 이제는 비판과 모욕과 학대가 사라진 삶을 살 수 있건만 그녀는 암울해했다. 왜일까?

이 두 사례에서 '왜'에 대한 대답은 똑같다. 서로 전혀 다른 상황 같지만, 공통의 실이 두 상황을 관통하고 있다. 어린아이가 슈퍼마켓에서 경험한 공포와 학대하던 남편이 떠나버린 여인이 느낀 비참함은, 그들을 떠난 사람과는 아무 관련이 없었다. 아이 엄마도, 여인의 남편도, 우리들 각자의 내면 깊숙한 곳에 흐르고 있어 거의 인식하지 못하고 완전히 잊어버리곤 하는, 미묘하면서도 강력한 패턴의 촉매제일 뿐이었다.

그 패턴이란 다름 아닌 두려움이다.

두려움은 우리 문화에서 많은 가면을 쓰고 있다. 우정과 경력에서부터 사랑과 건강에 이르기까지, 우리가 이루어가는 모든 것에서 두려움은 핵심적 역할을 하며 거의 날마다 우리의 삶에 패턴으로 모습을 드러내지만 우리는 인식하지 못한다. 게다가 흥미롭게도, 이러한 패턴은 심지어 우리 자신의 것이 아닐 수도 있다.

우리 삶의 표면에 강력한 부정적 감정을 일으키는 경험과 맞닥뜨릴 때, 우리가 두려움의 원인이 무엇이라고 **생각**하든, 사실은 전혀 다른 무엇인가가 작용하고 있을 가능성이 매우 크다. 너무 깊고도 원초적이어서 쉽게 간과되곤 하다가도 어느 순간, 도저히 외면할 수 없는 방식으로 우리 인생길을 가로막곤 한다.

우리의 보편적 두려움

이 책을 읽고 계시는 여러분은 지금까지 살아오면서 이미 다양한 인간관계를 경험해 보았을 것이다. 덕분에 사람들이 특정 감정을 어떤 식으로 발전시키고, 왜 그러는지에 대해 상당한 식견을 얻었으리라. 또한 자기 자신에 대해 잘 알고 있어, 누군가 당신의 인생과 과거에 대해 묻는다면, 마음의 치유에 도움이 될 만한 적절한 대답을 스스로 내놓을 수도 있으리라. 하지만 그런 완벽한 대답은 태어난 날부터 지금까지 당신의 인생에 배어든 단일하고도 심오한 패턴을 놓치고 있을 수 있다. 내가 세미나 참석자들에게 어린 시절 자신을 돌보아준 보호자의 '부정적' 패턴에 대해 묻는 설문지에 답을 써달라고 부탁하는 것도 바로 이 때문이다.

부정적 패턴만 묻는 것은, 삶에 기쁨을 주는 긍정적 패턴으로 인해 덫에 걸리는 사람은 거의 없기 때문이다. 동서고금을 막론하고 사람을 곤경에 빠트리는 상황은 거의 대부분 부정적 감정으로 간주되는 것들에 뿌리를 두고 있다. 이는 우리가 과거의 경험에 대해 가지는 감정과 그 경험이 우리 삶에 주는 의미에 대한 것이다. 과거에 일어난 일을 바꿀 수는 없더라도, 그 일에 대해 **왜** 그런 식으로 느끼는지를 이해하고, 그것이 우리 삶에 주는 의미를 바꿀 수는 있다.

설문지 작성이 끝나면, 나는 참석자들에게 남성과 여성 보호자에게서 공통적으로 나타난 부정적 특성을 아무거나 소리쳐 보라고 요청한다. 보호자는 대부분 생부와 생모이겠지만, 양부모나 위탁 부모인 경우도 더러 있다. 또한 큰형이나 큰누나, 다른 친척이나 집안 친구인 경우도 있다. 자신과 어떤 관계였든 인격을 형성하는 사춘기까지 보살펴준 사람이라면 모두 포함된다.

어느새 강연실 안에서 수줍음이 사라지고 사람들이 부정적 특성을 큰소리로 외치기 시작하면, 나는 그들이 외치는 단어를 최대한 빨리 칠판에 받아 적는다. 곧 흥미로운 일이 벌어진다. 한 사람이 자신의 기억을 묘사하는 단어를 소리치기 무섭게 다른 사람이 그와 비슷한 혹은 똑같은 단어를 외친다. 어떤 강연이든 나오는 단어는 거의 비슷한데 주로 다음과 같다.

분노	냉담	쓸모	비판
판단	학대	시기	엄격
통제	감춤	두려움	거짓말

이윽고 강연실의 분위기가 가벼워지고, 사람들은 칠판에 적힌 단어들에 웃음을 터뜨린다. 잘 모르는 사람이 봤다면 그들 모두가 한 가족인 줄 알았으리라. 이러한 유사성은 단순한 우연의 일치가 아니다. 다양한 배경을 가진 사람들이 이처럼 유사한 경험을 하는 것은 왜일까? 이는 우리의 집단의식이라는 직물에

깊이 흐르고 있는 패턴 때문이다. 우리의 핵심에 자리 잡고 있다고도 할 수 있는 이것은 바로 **보편적** 두려움이다.

두려움의 보편적 패턴은 그 표현이 너무나 미묘하고, 기억에서 끄집어내려고 하면 너무나 고통스러워서, 우리는 그것에 견딜 수 있을 만큼 교묘하게 가면을 씌우곤 한다. 끔찍한 추억은 일부러 입에 잘 올리지 않으나 언제나 머릿속에 남아 있듯이, 우리는 집단적인 과거의 상처를 사회적으로 받아들여질 수 있을 만한 형태로 둔갑시키는 데에 무의식적으로 동의해 왔다. 우리는 우리의 크나큰 두려움들을 감추는 일에 어찌나 선수들인지, 사실상 우리에게 상처를 남긴 원래의 원인은 잊혀지고 남은 것은 억압된 감정의 행동화뿐인 경우가 너무나 많다.

남편이 떠나버린 여인이나 슈퍼마켓에서 엄마가 잠시 사라진 아이가 왜 자신이 그렇게 느끼고 그렇게 반응하는지를 몰랐듯이, 우리 역시 근본적인 원인을 모르고 있다. 두려움에 가면을 씌운 탓에, 우리는 우리 삶의 가장 깊은 상처에 대해 말할 필요가 없게 된 것이다. 하지만 상처는 여전히 해결되지 않은 채 남아 있다. 그러다 무슨 일이 생기면, 우리는 더 이상 엉뚱한 곳을 쳐다볼 수가 없게 된다. 가면을 벗어버린 그 강력한 순간으로 약간만 깊이 들어가도 우리 자신의 두려움이 겉보기와는 전혀 다르며, 세 가지 기본 패턴 중 하나에 속한다는 것을 (혹은 세 패턴 중 몇 가지가 결합된 것임을) 깨달을 수 있다. 그 세 가지 패턴은 다름 아닌 분리와 버림받음에 대한 두려움, 자신에 대한 저평가의 두려움, 그리고 모든 것을 내려놓고 신뢰하는 것에 대한 두려움이다.

이제 하나씩 살펴보자.

첫 번째 보편적 두려움: 분리와 버림받음에 대한 두려움

우리는 대부분 저마다 혼자라는 느낌 속에서 살아간다. 개인이든 가정이든, 우리의 존재에 대한 책임이 있는 누군가와 혹은 무엇인가와 분리되어 있다는, 말할 수 없는 느낌을 안고 살아간다. 우리는 태곳적 기억의 안개 속 어딘가에서 우리가 여기로 데려와져서는 아무런 설명이나 이유도 없이 버려진 듯한 느낌을 받곤 한다.

왜 그렇지 않겠는가? 인간을 달에 보내고, 유전자 코드를 해독하는 등 과학은 첨단을 달리지만, 우리가 진정 누구인지는 여전히 미스터리로 남아 있다. 우리가 어떻게 이곳에 오게 되었는지, 우리는 전혀 알 길이 없다. 내면 깊은 곳에서 영적인 본성을 느끼기는 하지만, 그러한 느낌을 확인할 방법은 없다. 문학, 영화, 음악 등 우리 문화는 지상 위의 이곳과 머나먼 천상을 전혀 다른 곳으로 구분한다. 서구인들은 성경의 훌륭한 기도문을 번역하는 과정에서 이러한 분리를 더욱 확고히 했다. 바로 주기도문 말이다.

일반적으로 서구의 번역은 이렇게 시작된다. "하늘에 계신 우리 아버지Our Father, who art in Heaven". 이는 신과 우리가 분리되어 있음을 인정하는 것이다. 우리는 '여기'에 있지만, 신은 어딘가 머나먼 곳에 계신다. 하지만 본래의 아람어 텍스트는 하늘에 계신 아버지(신)와 우리와의 관계를 전혀 달리 제시한다. 같은 구절을 우리말로 옮기자면 이렇다. "빛나는 하나Radiant One이시여, 당신은 우리 안에서 빛나시고, 우리 밖에서도 빛나십니다. 심지어 어둠 속에서도 환하게 빛나십니다. 우리의 기억 속에서 당신은 늘 환하게 빛나십니다."* 이는 창조주가 우리와 분리되어 있거나 멀리 있지 않다는 것을 의미한다. 오히려 신의 창조적 힘은 (우리가 이를 무슨 의미로 받아들이든) 우리와 함께 있을 뿐 아니라 우리 자체이며, 우리가 세상이라고 알고 있는 모든 곳에 스며 있다.

2004년 '신의 코드the God Code'의 발견과 모든 생명의 DNA를 고대 히브리어와 아람어 알파벳들로 번역하는 과정에서 드러난 메시지는, 위의 주 기도문 번역을 지지하는 듯하다. 1세기의 신비주의 서적《세페르 예치라Sepher Yetzirah》에 남겨진 실마리를 따라가다 보면, 우리는 우리의 DNA를 이루는 각 요소가 이 알파벳들의 한 글자에 상응한다는 사실을 알 수 있다. DNA 요소에 이들 문자를 대입시키면, 우리 몸의 DNA의 첫 번째 층이 사

• 더글라스 클로츠,《우주의 기도: 아람어로 기록된 예수 말씀에 관한 고찰》, p.12.

실은 위대한 지성적 존재가 우리 몸 안을 비롯해 어디에나 존재한다는 고대의 가르침을 지지하고 있는 듯하다. 인간 DNA는 문자 그대로 다음과 같이 읽힌다. **"몸 안의 신/영원성**God/Eternal within the body**."***

우리가 의식적으로 정확히 알아차리지 못할지라도 두려움을 품게 되면, 이는 우리 몸 안에 감정적 치우침을 유발한다. 이러한 경험을 두고 우리는 종종 "(감정이) 북받치다" 혹은 "민감한 곳이 건드려지다"라고 표현한다. 이런 경우 우리는 무엇인가의 '옳고 그름'을 따지거나, 상황이 이러저러해야 한다는 식으로 강한 주장을 펼치게 된다. 이는 어떤 두려움이 치유되기를 바라고 있는지, 스스로에게 일깨워줄 관계를 우리가 만들게 될 것이라는 보증이나 마찬가지이다. 다시 말하자면, 우리의 이런 '북받침'은 우리의 두려움을 보여준다. 북받침이 클수록 두려움도 그만큼 깊다. 거기에 잘못된 것은 없다.

따라서 분리와 버림받음의 두려움을 의식적으로 기억하고 있지 못하다면, 이는 전혀 뜻밖의 순간에, 그것도 더없이 부적절한 때에, 그러한 두려움이 두드러지게 나타날 가능성이 크다는 것을 의미한다. 예를 들어, 사랑이나 직업이나 우정에 있어서 당신

● 그렉 브레이든, 《신의 코드: 우리들 과거의 비밀, 우리들 미래의 약속(The God Code: The Secret of Our Past, the Promise of Our Future)》(Carlsbad, CA: Hay House, 2005), p.xv.

은 '버리는 사람'인가, '버림받는 사람'인가?

당신은 관계가 끝났다는 것을 언제 알아차리는가? 마지막 순간이 닥쳐서야 알아차리는 유형인가? 완벽하게 '좋은' 결혼이나 직장이나 우정이 아무 이유나 경고도 없이 어느 날 눈앞에서 산산이 무너진 경험을 한 적이 있는가? 관계가 깨지고 실패할 때, 당신은 얼마나 상처를 입는가? 그런 상처로 인해 정신이 황폐해져 버린 경험이 있는가?

혹은 반대쪽에 속할 수도 있다. 당신은 사랑이나 직업이나 우정이 아직도 견고해 보이는 때에도 상처받는 것이 두려워 먼저 떠나 본 적이 있는가? "이것은 정말 완벽한 _____ 야 [빈칸 채우기]. 이렇게 모든 것이 잘 돌아갈 때 그만두어야 해. 그래야 상처받지 않을 수 있어." 이런 말을 한 적이 있는가? 이런 종류의 시나리오가 당신의 삶 속에서 연출된 적이 있거나, 지금 연출되고 있다면, 당신은 깊이 뿌리박힌 분리와 버림받음의 두려움에 절묘하게 가면을 씌워 사회적으로 무사히 넘어갈 방법을 터득했을 가능성이 아주 높다.

이러한 관계의 패턴을 되풀이함으로써 당신은 두려움의 고통을 당신이 감당할 수 있는 수준으로 줄이고 있는지도 모른다. 이 방법은 어쩌면 평생 통할 수도 있다. 하지만 그러한 절충 방식은 고통을 다른 방향으로 전환하는 것뿐이다. 그것은 당신이 창조주의 온전성으로부터 분리되어 버림받고 잊혀졌다는 인류의 보편적 두려움을 외면하는 결과를 초래한다. 친밀해지려고 할 때마다 당신이 먼저 떠나버리거나 버림을 받은 상태로 남겨진다면, 당신이 그토록 갈망하는 사랑과 우정과 친밀함을 어떻게 찾을 수 있겠는가?

두 번째 보편적 두려움: 낮은 자존감

어느 문화나 사회에서든, 각 개인은 저마다 어떤 식으로든 자신이 충분히 훌륭하지 못하다는 느낌을 갖고 살아가는 것 같다. 가족과 공동체와 직장에 대한 우리의 기여도가 인정받기에는 충분치 않다고 느끼는 것이다. 우리는 인간으로서 우리 자신이 존경받고 존중받을 만한 가치가 없다고 느낀다. 때로 우리는 살아 있을 가치도 없다는 충격적인 느낌에 휩싸이기도 한다.

이러한 낮은 자존감은 우리가 항상 의식하고 있지는 않더라도, 삶을 살아가는 방식이나 다른 이들과의 관계에 있어 바탕이 되기 마련이다. 우리는 감정적 생존의 대가답게 우리가 우리 자신에게 부여하는 상상적 가치와 일치하는 시나리오를 실제 삶 속에서 그대로 연출하는 경우가 적지 않다.

예를 들어, 우리들 각자는 누구나 위대한 일을 달성하겠다는 꿈과 희망과 열망을 갖고 있지만, 이를 이룰 수 없는 온갖 이유를 들먹이며 스스로 자기합리화하는 경우가 많다. 앞장에서 이야기했듯이, 감정은 그 자체로 언어가 되어 디바인 매트릭스와 소통한다. 우리가 자신의 큰 꿈을 이룰 수 없다고 느낄 때면, 디바인 매트릭스는 단순히 거기에 합당한 곤경과 방해와 지연을 우리에게 돌려줄 뿐이다.

원대한 꿈이 있음에도 마음속 깊은 곳에서는 이루기 불가능하다는 의심을 품는 것은, 결국 우리의 낮은 자존감에서 비롯된다. 우리는 회의한다. **내가 살면서 이런 기쁨을 누릴 정도로 훌륭한 존재란 말인가?** 왜 그러지 말아야 한단 말인가? 서구의 유대-기독교 전통 속에서 자라난 우리는, 우리가 신뢰하고 존경하는 이들에게서 우리 자신이 뭔가 '부족한' 존재라는 이야기를 들어왔다. 우리는 성인들이나 천사들만큼 선한 존재가 아니다. 이러한 전통 속에서 자란 많은 이들은, 이해할 수 없는 갖가지 이유들로 인해 이 세상에 존재한다는 사실만으로도 자신이 구원받지 않으면 안 된다는 확신을 품기에 이른다.

2,000년 전 예수의 삶은 편집되고 압축되고 가려 뽑혀져 우리로서는 감히 따라갈 수도 없는 고귀한 인생으로 기록되었다. 그리하여 우리의 삶은 예수의 삶과 비교당하며, 우리가 특정 방식으로 살지 않는다면 사후에 크나큰 고통을 받게 된다는 훈계에 길들여지게 된다. 보다 가벼운 경우에는, 다음과 같은 냉소적 질문으로 우리의 부족함을 일깨우기도 한다. "너는 대체 네가 뭐라고 생각하니? 예수 그리스도라도 돼?" "대관절 어떻게 거기로 갈 건데? 물 위를 걸어서?" 젖 먹던 힘까지 다해 훌륭한 삶을 살기 위해 노력할지라도 주 예수 그리스도와 같이 훌륭한

사람이 될 수 없음을 암시하는 이러한 말을 우리는 얼마나 자주 들었던가? 대부분 웃어넘기고 말겠지만, 그런 말들이 우리가 삶의 커다란 기쁨을 누릴 자격이 없음을 의미한다는 것에는 변함이 없다.

당신이 설령 높은 자존감을 가진 사람이라고 해도, 어느 정도는 이런 암시를 믿고 있을 수 있다. 깊이 따지고 들어가면, 우리 모두가 아마 그럴 것이다. 그 결과, 우리는 성취에 대한 기대와 우리가 스스로에게 허락하는 기쁨의 정도, 그리고 관계의 성공을 통해 우리 자신의 믿음을 표현한다. 사랑받고 인정받고 건강하게 오래 살 자격이 내게 없다는 두려움을 갖는다면, 우리가 맺는 모든 관계는 그러한 낮은 자존감의 두려움을 반영하게 될 것이다. 그리고 이는 우리가 꿈에도 상상하지 못할 방식으로 나타난다.

예를 들어, "이 정도면 나쁘지 않아"나 "더 나은 것을 위한 디딤돌인 셈 치지, 뭐"와 같은 말로 합리화하면서, 진심으로 원하지도 않는 관계를 계속 끌고 간 적이 몇 번이나 있는가? "사랑스럽고 상냥하고 다정한 파트너와 삶을 함께하고는 싶지만…"이나 "내 재능과 적성을 살릴 수 있는 직업은 아니지만…"과 같은 말을 하며, 소망을 이루지 못한 핑계를 댄 적은 몇 번이나 있는가?

이와 같은 시나리오가 당신의 인생에서 연출되었다면, 이는 자신의 가치를 드러내지 않으려는 교묘한 가면을 스스로 만들어냈을 가능성이 크다는 의미이다. 당신의 개인적인 관계나 직업적인 인간관계를 살펴봄으로써, 당신은 당신 자신에 대한 당신의 핵심 믿음에 대하여, 또 치유가 요구되는 당신의 믿음에 대하여 스스로 상기할 수 있게 된다.

세 번째 보편적 두려움: 포기와 신뢰

당신의 신뢰 수준이 너무나 깊어서 '위대한 그것'을 알기 위해 자신을 기꺼이 포기할 수도 있었던 관계를 경험해 본 적이 있는가? 어떤 상황에서든 맹목적으로 자기 자신과 자신의 능력을 모두 내어줄 필요가 있다고 말하고자 하는 것이 아니다. 반대로 내가 여기에서 묻고 있는 것은, 보다 위대한 자아가 될 가능성을 위해 자신의 정체성에 대한 믿음을 기꺼이 포기할 만큼 강한 신뢰를 경험한 적이 있느냐는 것이다.

살아가는 것이 안전하지 않다는 느낌은 거의 누구나 갖고 있다. 우리는 다른 사람들이 안전하지 않다고 느끼고, 우리 몸이 스스로 지혜를 갖고 있다는 것을 믿지 않으며, 세계 평화는 불가능하다고 여긴다. 왜 꼭 그렇게만 생각해야 한단 말인가. 이런 것은 저녁 뉴스만 보아도 알 수 있다. 우리는 무시무시하고 위험한 세계에 살고 있다는 느낌을 정당화시키고 심지어 영속시켜 주는 사례를 날마다 보면서 살아간다. 전 세계에서 자행되는 테러, 살인, 폭행에서부터 우리가 개인적으로 겪는 배신과 배반, 늘 조심해야 한다고 경고받는 무수한 건강 관련 주의사항에 이르기까지, 우리가 '집'이라고 부르는 이 행성은 실로 위험천만하기 이를 데 없어 보인다.

궁극적으로, 우리가 세상에 대해 느끼는 안전감은 자신의 내면에서 느껴지는 안전감으로부터 비롯된다. 이를 경험하기 위해서는 신뢰를 할 수 있어야 한다. 모든 상황과 모든 생명에 내재되어 있는 우주의 지성을 믿고 있는지 스스로에게 물어보자. 만약 대답이 '아니오'라면, 왜 그런지를 물어보자. 누구 혹은 어떤 경험으로 인해 세상이 안전하지 않으며 신뢰할 수 없다고 여기게 되었는가?

예를 들어, 당신은 삶의 과정을 믿고 있는가? 우주가 전혀 예상하지 못한 변화구를 당신이나 당신이 사랑하는 사람에게 던졌을 때, 당신은 즉각 스스로 보호받고 있다고 느끼기 위해 곧장 그럴듯한 핑곗거리를 찾아 나설지도 모른다. 당신은 어떠한가? 당신은 아이가 아침에 등교할 때면 뭔가 안 좋은 일이 아이에게 일어날까 봐 전전긍긍하는가, 아니면 오후 3시 30분에 스쿨버스가 집 앞에 도착할 때까지 아이가 무사히 잘 지내리라고 믿는가?

우리가 주위에서 보는 끔찍한 일들은 확실히 현실의 일부이지만, 그것에 대한 두려움을 없애려면 그런 일들이 우리 현실의 일부일 필요는 없다는 점을 믿어야 한다. 철없는 뉴에이지 개똥 철학처럼 들리겠지만, 이는 사실 오랜 전통을 지녔을 뿐만 아니라 첨단 과학에 의해 뒷받침되고 있는 믿음이다. 우리는 디바인 매트릭스가 존재하며, 우리가 생각하고 느끼고 믿는 것은 무엇이든 우리 삶에 반영된다는 것을 알고 있다. 우리가 스스로에 대한 생각을 조금만 바꾸어도 그 변화가 우리의 건강과 직업과 인간관계에 반영된다는 것 또한 알고 있다. 따라서 두려움의 악순환이라는 불합리한 상황이 어디에서 비롯되는지는 분명하다.

> 비결 18   우리의 '부정적' 경험의 뿌리는 세 가지 보편적 두려움
>   중 하나로(혹은 셋 중 몇 가지가 결합한 것으로) 분류될 수
>   있다. 그 세 가지는 바로 버림받음, 낮은 자존감, 신뢰
>   부족이다.

변화를 바란다면, 우리는 이 악순환을 무너뜨리고 디바인 매트릭스가 반영할 수 있도록 다른 무엇인가를 매트릭스에 제공해 주어야 한다. 아주 간단해 보이지 않는가? 간단해 보이지만 거기에 속아서는 안 된다. 사실 우리가 스스로에 대한 생각을 바꾸는 것은 살면서 가장 힘든 일 중 하나이다. 내면의 믿음으로 인해, 우리는 외부 세계에서 커다란 전투를 치르곤 한다. 이는 모든 사람의 마음속에서 펼쳐지는 전투로, 나 자신이 누구인지를 정의내리기 위한 투쟁이다.

신뢰하지 말아야 할 갖가지 이유가 있더라도, 우리는 두려움

이라는 열쇠로 단단히 잠긴 감옥 밖으로 탈출할 방법을 찾아야한다. 하루하루의 삶은 우리에게 얼마나 많이 믿을 수 있는지를보여 달라고 요구한다. 아무 근거 없는 맹목적 믿음이 아니라,세상 속에서 우리가 안전하다고 진심으로 느끼는 믿음을.

7장

관계의 거울 읽기
우리 자신으로부터의 메시지

"삶은 거울이기에
 우리가 생각한 바를 우리에게 되비추어준다."
_정신과학의 창시자 어네스트 홈즈(1887~1960)

"왕국은 너희 안에 있으며 너희 밖에 있나니
 (…) 감추어진 것은 모두 드러나리라."
_나그함마디 문서 중 디두모 유다 도마가 기록한 예수의 말씀, 〈도마복음〉

디바인 매트릭스는 우리의 경험을 담는 그릇일 뿐만 아니라 우리가 우리의 믿음으로 창조한 세상 속의 우리를 비추어주는 양자 거울이다. 우리와 타인의 관계는 우리의 내밀한 믿음을 있는 그대로 보여준다. 때로 우리의 거울이 너무도 뚜렷하여, 우리는 말한다. "그렇구나! 이렇게 된 것이구나." 하지만 때로는 자신이 믿고 있다고 생각한 것과는 전혀 다른 미묘한 현실이 거울에 비추어져 우리를 깜짝 놀라게 하기도 한다.

우리에게 무엇을 일깨워주든, 양자 거울은 깊은 상처의 치유를 돕기 위해 우리 삶의 가장 적절한 시기에 적절한 감정과 느낌을 유발하곤 하는데, 대개는 우리가 다른 사람들과 함께할 때 그런 일이 일어난다. 우리의 인간관계는 우리의 두려움뿐만 아니라 기쁨과 사랑 역시 비추어준다. 하지만 기쁨으로 인해 곤경에 빠지는 것은 좀처럼 드물기에, 순수한 기쁨의 관계는 일반적으로 삶의 심오한 교훈을 촉발하는 방아쇠로 작용하지 않는다.

인간관계는 온갖 방법으로 우리 자신을 돌아보게 하는 좋은 기회이다. 뼈아픈 배신에서부터 공허감을 채우기 위한 절망적 시도까지, 모든 인간관계는 (직장 동료이든 학교 친구이든 평생을 함께할 반려자이든) 우리 자신에 대한 뭔가를 보여준다. 이 메시지를 이해할 지혜를 갖는다면, 우리는 삶에 고통을 초래하는 자신의 믿음이 무엇인지 알아낼 수 있다.

모든 인간관계가 산산이 부서지는 바람에 너무 고통스러워 더 이상 사람을 가까이할 수 없다고 말하는 이를 종종 만나게 된다. 사실 우리는 누군가와 혹은 무엇인가와 항상 관계를 맺고 있게 마련이다. 아무도 살지 않는 깊은 산골에 혼자 산다고 하더라도, 우리는 여전히 자연과 상호 교감을 하면서 살아갈 수밖에 없다. 이러한 상호작용 가운데 우리의 깊은 믿음이 그대로 드러나게 된다. 왜일까? 우리를 비추어주는 세상의 거울은 결코 멈추지 않기 때문이다. 거울은 언제나 우리를 비춘다. 누구도 이 거울에서 벗어날 수 없다! 거울은 결코 거짓말을 하지 않는다.

비결 19 우리의 가장 친밀한 관계 안에는 우리의 참된 믿음이
        그대로 비추어진다.

디바인 매트릭스는 투영되는 그대로를 비추는 중립적 거울이
다. 문제는 우리가 그 언어를 이해하느냐 못하느냐이다. 아니,
이렇게 묻는 편이 옳으리라. 나는 내가 디바인 매트릭스로서의
나 자신에게 보내는 메시지를 알아차리고 있는가?

 20세기에 마음의 과학을 창시한 어니스트 홈즈Ernest Holmes
는 말한다. "삶은 거울이기에 우리가 생각한 바를 우리에게 되
비추어준다."• 많은 고대 전통들은 이러한 연결성을 인식하고,
신과 하나 되는 길로서 관계의 반영을 소중히 여겼다. 예를 들
어, 1945년 나그함마디 마을에서 발견된 콥트 교회, 영지주의
문서, 에세네파의 복음서에 따르면, 우리는 누구나 삶의 어느
순간에 거울을 직면하게 된다. 항상 거울이 보이는 것은 아니
지만, 우리가 거울을 알아차릴 때는 어떤 순서가 있는 것으로
보인다.

 이러한 영적 전통들은 고통을 치유하려면 우리로 하여금 상
처를 허용하게 하는 패턴을 파악해야 한다고 믿었다. 다시 말하

• 어니스트 홈즈, 《마음의 과학(The Science of Mind)》 (1926년 초판본, Part IID, Lesson
  Four: Recapitulation). 웹사이트: ernestholmes.wwwhubs.com/sompart2d.htm.

자면, 오늘날 우리 삶 속에 버티고 있는 두려움을 극복하고 싶다면, 그러한 두려움을 존재하도록 허용하는 패턴을 먼저 파악하지 않으면 안 된다.

관계의 다섯 거울

- 첫 번째 거울: 그 순간을 비추는 거울
- 두 번째 거울: 그 순간에 우리가 비판하는 것을 그대로 비추는 거울
- 세 번째 거울: 상실의 거울
- 네 번째 거울: 영혼의 어두운 밤의 거울
- 다섯 번째 거울: 가장 위대한 자비의 거울

그림 12. 관계의 거울은 우리가 일반적으로 인식하고 배우는 순서대로 배열되어 있다. 보통은 가장 분명한 거울부터 인식하며, 차츰 더 깊고도 미묘한 거울의 힘이 분명하게 드러나게 된다.

가장 분명한 것에서부터 가장 미묘한 것에 이르기까지의 순서대로, 관계의 다섯 가지 거울을 살펴보자. 각 거울은 최소의 시간에 최고의 치유를 이끄는 암호 방정식이다. 과학적 연구들은 우리가 과거의 사건에 대해 느끼는 방식을 바꾸면 현재 우리 신체의 화학 상태가 바뀐다는 것을 입증했다. 우리는 우리가 자기 자신을 어떤 식으로 느끼는지가 주변 세계에 반영되는 우주에 살고 있는 것이다. 그렇기에 우리의 관계가 우리에게 무슨 말을 하는지를 인식하고, 디바인 매트릭스의 메시지를 읽는 것이 더

욱 중요하다.

첫 번째 거울: 그 순간을 비추는 거울

"그대들은 하늘과 땅의 형세는 분간하면서
그대들 앞에 있는 사람이 누구인지는 알지 못하고
이 순간을 읽어내는 방법도 알지 못하는구나."*

_〈도마복음〉

동물들은 우리가 '이슈'라고 부르는 미묘한 감정을 촉발하는 훌륭한 거울이다. 동물은 자기도 모르는 사이에 어떤 것이 어떻게 되어야 하고 어떻게 되지 말아야 하는지에 대한 판단을 강력한 감정을 통해 표출할 줄 안다. 그 좋은 예로 고양이를 들 수 있다.

1980년 겨울, 나는 처음으로 고양이를 길렀다. 당시 나는 정유 회사에서 컴퓨터 지질학자로 일하며 덴버의 자그마한 아파트에서 살고 있었다. 새로이 조직된 기술서비스 부서 소속이라 새로 도입된 컴퓨터를 익히고, 이를 전통적 석유지질학 개념에 적용시키는 법을 연구하며 낮과 밤과 주말을 보냈다. 집에는 거의 머물지도 않았으니 반려동물을 기를 생각은 꿈도 꾸지 않

• 〈도마복음〉,《나그 함마디 문서》, p.136.

았다.

그런데 어느 주말에 친구가 집에 놀러와 뜻밖의 선물을 주었다. 태어난 지 5주 된, 오렌지빛과 금빛이 섞인 어여쁜 아기고양이였다. 같이 태어난 다른 형제들에 비해 가장 작았던 그 고양이에게 어린이책의 고전 《곰돌이 푸》에 나오는 호랑이를 본따 '티거Tigger'라고 이름을 붙여주었다. 반려동물을 아파트에서 기르는 것이 금지되어 있었지만, 나는 첫눈에 티거에게 반했다. 자그마한 몸에서 어찌나 큰 존재감이 뿜어져 나오는지, 곁에 없으면 그립기 그지없었다. 그래서 나는 잠시만 기르는 것뿐이라며 합리화하고는 규칙을 살짝 어기기로 했다. 그리하여 티거와 나는 한가족이 되었다.

나는 새 친구에게 집안의 '금지 장소'를 존중하도록 바로 훈련을 시켰다. 소파와 싱크대와 냉장고 위는 절대 올라가면 안 된다고 가르쳤다. 물론 내가 직장에 가 있는 동안 창턱에 올라앉아 세상을 구경하는 것도 금지되었다. 날마다 내가 집에 돌아올 때면, 고양이는 금지되지 않은 장소 중 한 곳에서 잠을 자고 있었다. 우리의 비밀스러운 관계는 아무 문제도 없는 듯했다.

그러다 하루는 평소보다 일찍 퇴근했다. 아파트 문을 열자 티거가 금지 장소인 싱크대 위에서 깊이 잠들어 있다 깨어났다. 문을 열고 들어오는 나를 본 티거는, 싱크대 위의 고양이를 본 나만큼이나 놀라워했다. 티거는 얼른 뛰어내려 침대 위 자기 자리로 돌아가더니, 내가 어떻게 하는지 가만히 지켜보았다. 나는 호기심이 생겼다. 어쩌다 우연히 일어난 일일까, 아니면 내가 집에 없을 때마다 금지 사항을 위반했던 것일까? 고양이가 나의 일과를 알고서 내가 올 때에 맞추어 적절한 장소에 가 있었던 것은 아닐까?

그래서 나는 실험을 해보기로 했다. 발코니로 가서 아름다운 공원을 내려다보다가 살짝 커튼 뒤로 숨어 내가 출근하고 없는 척했다. 티거는 이내 침대에서 내려와 곧장 부엌으로 갔다. 내가 다시 가버렸다고 믿고는, 싱크대 위 토스터와 주스기 옆에 턱하니 자리를 잡는 것이었다. 그곳이 많이 편했는지, 티거는 이내 꾸벅꾸벅 졸더니 깊은 잠에 빠졌다. 내가 집에 있었더라면 얼씬도 안 했을 곳인데 말이다.

나는 고양이를 기르는 다른 친구들과 이야기해 보고 나서야, 고양이 주인이라면 누구나 알고 있는 사실이라는 것을 뒤늦게 깨달았다. 우리는 고양이를 훈련시킬 수 없다! 예외가 있긴 하겠지만, 일반적으로 고양이는 고양이답게 행동한다. 고양이는 높은 장소를 좋아하며 싱크대, 냉장고, 창턱처럼 금지되어 있으나 가장 높은 장소에 본능적으로 끌린다. 우리가 있을 때는 우리가 정한 규칙을 존중하지만, 우리가 사라지면 고양이는 자기 식대로 세상을 다스린다.

거울은 어디에나 있다

여기서 굳이 이 이야기를 하는 까닭은 티거의 행동이 나에게 '준' 깨달음 때문이다. 티거는 그저 고양이답게 행동했을 뿐이지만, 나는 분노에 가까운 좌절감을 느꼈다. 티거는 내 눈을 정면으로 응시했다. 그곳이 금지 구역임을 분명히 아는 기색이었다. 그런데도 티거는 자신이 훈련받은 내용을 무시하고 자기 마음대로 행동한 것이다.

우연의 일치만은 아니겠지만, 그 무렵 나는 직장에서도 비슷한 좌절감을 맛보고 있었다. 내가 감독하는 직원들은 사실상 티거와 똑같이 행동했다. 내가 프로젝트에 관해 내린 지시사항을 자기들 마음대로 무시했다. 유난히 힘들었던 어느 오후에는 동료 한 명이 내게 와서, 왜 자기 일을 자기 스스로 하도록 내버려두지 않느냐고 따졌다. 나에게서 업무를 지시받아야 한다고 해도, 각 단계마다 세세히 감독받는 것은 지나치다는 것이었다. 그런 힘겨운 하루를 보내고 집에 돌아갔더니, 티거는 또다시 싱크대 위 금지 장소에 앉아 있었다. 이번에는 나를 보고도 꿈쩍도 하지 않았다. 나는 분노가 치밀었다!

나는 소파에 앉아 이것이 대체 무슨 의미인지 고민했다. 티거가 내가 정한 규칙을 '무시'하는 것과 직원들이 나의 감독을 무시하는 것 사이에는 확실히 유사점이 있었다. 같은 시기에 일어났으나 겉으로는 아무 관련도 없어 보이는 이 두 상황은, 나 자신에 대해 뭔가 중요한 것을 보여주고 있었다. 너무도 미묘한 패턴을 반영하고 있기에 그때까지는 내가 미처 의식하지 못했던 것이다. 이는 다섯 거울 중 첫 번째 거울로 그 순간의 나 자신을 깨닫게 해주었으며, 이후로 다른 관계들을 통해 보다 강력하고 미묘한 거울들을 인식하는 토대가 되었다.

1960년대와 1970년대의 자기계발서들은 주변 세계가 마음에 들지 않는다면 자기 자신을 살펴봐야 한다고 주장했다. 동료의 분노에서부터 연인의 배신에 이르기까지, 모든 것은 우리의 깊은 믿음이 반영된 것이라고 가르쳤다. 또한 우리 자신에게 가장 큰 영향을 주는 패턴은 종종 우리 눈에 보이지 않는다고 했다. 이는 티거와 직원들과의 관계에서 일어나는 상황과 정확히 맞아떨어졌다.

직원들은 자신이 나의 믿음을 비추어주고 있다거나 내 인생에서 펼쳐지고 있는 패턴을 비추어주고 있다고는 아마 상상도 하지 못하였으리라. 하지만 나는 우리들 사이의 역학 관계를 통해서 나 자신에 대한 무엇인가를 보았던 것이다. 그 당시 내 인생에서, 그것은 통제의 거울이었다. 이러한 반영은 몇 시간이나 며칠 후에 일어나는 것이 아니라 그 순간에 바로 일어나기 때문에, 나는 나의 행동과 그들의 반응 사이의 연결성을 쉽게 알아차릴 수 있었다. 즉각적인 피드백이 이 거울에서 내가 배우게 된 것의 핵심이었다.

그 순간을 비추는 거울

아시아의 숨겨진 부족에 대한 인류학 연구를 살펴보면, 우리의 행동과 세계의 사건 사이에 존재하는 관계를 알아차리는 것이 얼마나 중요한지를 알 수 있다. 탐험가들은 어느 '숨겨진' 부족을 발견하고는(물론 그들은 우리에게만 숨겨진 부족이다. 그네들 스스로 특별히 숨으려고 한 것은 아니니까.) 부족원들이 성교와 임신 사이의 관련성을 전혀 모른다는 사실에 경악했다. 성교와 출생 사이에 시간차가 너무 커서, 두 사건의 연결성이 그들에게는 모호했던 것이다. 관계의 거울이 소중한 것은 바로 이 때문이다. 겉으로 보기에 분리되어 있는 듯한 사건들 사이의 근원적 연결성을 이해하도록 즉각 도와주기 때문이다.

우리의 거울에 우리의 믿음이 비추어진다면, 이는 바로 지금 일어나고 있는 일이다. 우리가 거울 속에서 보는 모든 반영은 우리에게 소중한 기회를 제공한다. 거울을 알아차리는 그 즉시, 부정적 패턴이 사라진다! 패턴을 인식하는 것이야말로 그러한 패턴이 존재하는 이유를 깨닫는 첫 번째 실마리가 되는 것이다. 삶이라는 거울에 비추어진 부정적 패턴은, 앞장에서 살펴본 세 가지 보편적 두려움 중 하나에 뿌리를 둔 경우가 대부분이다.

자신의 믿음이 다른 사람들과의 관계에 실시간으로 반영됨을 알아차리는 그 순간, 우리는 첫 번째 거울, 이름하여 '순간의 거울'을 보게 된다. 하지만 때로 거울은 지금의 우리 자신보다도 더욱 미묘한 것을 비추어주기도 한다. 우리가 삶에서 비판하는 내용을 그대로 드러내는 것이다. 이것이 바로 두 번째 관계의 거울이다.

두 번째 거울:
그 순간에 우리가 판단하는 것을 그대로 비추는 거울

"너희 눈앞에 있는 것이 무엇인지 알라.
그리하면 감추어진 것이 너희 앞에 드러나리라."●
_〈도마복음〉

1970년대에 무술 선생님은 적을 읽는 법을 가르쳐주셨다.
"너의 경쟁자는 곧 너의 거울이다. 그는 너의 개인적 거울로서 그 순간 네가 누구인지를 보여준다. 그가 너에게 어떻게 접근하는지를 봄으로써 그가 너를 어떻게 인식하는지를 알 수 있다."
나는 이 말씀을 마음 깊이 새기고는 종종 떠올렸다. 그러다 무술 시합에 대한 이 가르침을 사람들의 일반적 행동에 적용하게 되었다. 그러다 1992년, 나는 그 의미를 도저히 알 수 없는 경험에 얽히고 말았는데, 바로 그때 관계의 두 번째 거울을 깨

● 앞의 책, p.126.

우치게 되었다.

　그해 가을, 새로운 세 사람이 짧은 시간 안에 내 인생으로 들어왔다. 그들 덕분에 나는 어른이 된 후로 가장 강력하고도 고통스러운 관계를 맛보았다. 당시에는 모르고 있었지만, 그들은 내가 상상도 하지 못한 방식으로 동일한 내용의 큰 깨달음을 주었고, 그 이후 내 삶은 영원히 달라졌다. 세 사람은 적절한 때에 제각각 내게 거울이 되어주었지만, 처음에 나는 이를 전혀 알아차리지 못했다.

　첫 번째 사람은 나와 비슷한 목표와 관심사를 가진 한 여성이었다. 우리는 함께 살고 함께 일했다. 두 번째 사람은 전국에 걸친 세미나를 조직하고 준비하는 것을 전문적으로 도와줄 동업자였다. 세 번째는 우정과 사업 관계가 결합된 사람으로, 수리 중인 내 소유의 건물에서 사는 대신 내가 출장 중일 때 건물을 관리해 주기로 했다.

　새로운 세 관계가 거의 동시에 내 인생에 들어왔다는 점에서 무엇인가가, 그것도 커다란 무엇인가가 내게 다가오고 있다는 것을 진작 눈치챘어야 했다. 이 세 사람은 거의 즉각 나의 인내심과 가치관과 결단력을 시험하기 시작했다. 마치 나를 미치게 만들려고 작당한 듯했다. 하나같이 싸움을 벌이고 반대 의견을 고집했다. 나는 잦은 출장을 핑계로 이런 문제들을 회피한 채 해결을 미루었다. 다음 출장이 끝날 때까지 '좀 더 두고 보자'라고 생각한 것이다. 하지만 출장에서 돌아와 보면, 상황은 언제나 그대로이거나 심지어 더 심각해져 있었다.

당시 나는 세미나를 마치고 공항에 내리면 대개는 습관대로 움직였다. 공항의 수하물 센터에서 가방을 찾고, 현금자동지급기에서 자동차 기름과 식료품을 살 돈을 뽑은 후, 집까지 네다섯 시간을 운전해 갔다. 하지만 어느 날 공항에서 뜻밖의 일이 일어나는 바람에, 이들 세 관계를 깊이 숙고해보지 않을 수 없게 된다. 나는 가방을 찾은 후 현금자동지급기로 가서 돈을 뽑으려고 했다. 그런데 놀랍게도 잔액이 기름 넣을 20달러짜리 한 장을 뽑기에도 부족하다고 적힌 영수증만 소리 없이 나오는 것이었다!

경악하지 않을 수 없었다. 그 얼마전에 나는 100년 된 벽돌 건물의 수리를 위해 계약을 하고는 수표를 끊어 주었다. 게다가 주택 담보 대출이며 사무실 경비며 출장비며 생활비까지 모두 수표를 끊어준 상태였다. 뭔가 착오가 있는 것이 분명했다. 하지만 뉴멕시코에서 일요일 오후 5시 30분에 이를 처리할 방도는 없었다. 은행은 월요일이 되어야 열릴 터였다. 나는 우편으로 주차비를 꼭 내겠다고 주차장 관리인을 설득한 끝에 차를 빼내 집으로 달리며 무슨 일이 일어난 것인지 고민했다.

다음날 아침 은행에 전화를 했더니, 더욱 충격적인 소식이 기다리고 있었다. 믿을 수 없게도, 잔액이 텅 빈 것은 실수가 아니었다. 정말 통장 잔액이 0이었던 것이다. 아니, 0달러보다도 더 심각한 상황이었다. 내가 그토록 믿었던 여인이 권한도 없이 그

통장의 돈을 몽땅 빼낸 데다, 초과 인출된 수표들로 인해 몇백 달러나 되는 벌금까지 내야 하는 판국이었다.

충격에 휩싸인 나는 도저히 상황을 믿을 수가 없었다. 화는 이내 분노로 바뀌었다. 내가 수표를 써준 사람들과 땅에 떨어진 신용을 생각하니 미칠 것만 같았다. 신뢰와 사랑에 대한 배신은 예상보다 훨씬 고통스러웠다.

엎친 데 덮친 격으로, 그날 오후 동업자와의 관계까지 한계점에 다다랐다. 우편물을 개봉하여 이미 끝난 세미나의 정산서를 살펴보니, 비용 내역이 맞지 않았다. 나는 동업자에게 전화를 걸어 각 내역 별로 하나씩 따져 물었다.

그리고 그 주가 끝나기도 전에, 나는 내 건물에 살고 있는 친구가 우리가 맺은 계약뿐만 아니라 뉴멕시코의 법까지 위반하며 이익을 취하고 있다는 사실을 알게 되었다. 이들 세 관계에서 일어나고 있는 일을 나는 더 이상 무시할 수 없었다.

한 가지 거울만 있는 것이 아니다

다음 날 아침, 나는 집 뒤편 높은 산을 향해 흙길을 걸어 올라갔다. 깊이 파인 진창과 부서진 자갈 위로 조심스레 발을 디디며 소리 없이 기도했다. 나는 당장 알아차리지는 못했지만, 너무도 분명하게 눈앞에 드러난 패턴을 인식할 수 있도록 지혜를 달라고 간절히 기원했다. 이들 세 관계를 관통하는 공통의 실은 무엇일까? 그 옛날 무술 선생님이 하신 말씀을 되새기며 '이 세 사람은 그들의 행동을 통해 나에게 무엇을 보여주는 것일까' 하고 스스로에게 물었다.

그 순간, 수많은 단어가 줄달음치며 마음을 스치고 지나갔다. 몇몇은 삽시간에 사라졌지만, 몇몇은 분명하게 남아 있었다. 이내 네 단어가 다른 단어들 위로 또렷하게 떠 올랐다. **정직, 성실, 진실, 신뢰.** 나는 나 자신에게 더 많은 질문을 던졌다. '이들이 지금 이 순간의 나를 비추어주는 것이라면, 내가 부정직하다는 뜻이란 말인가? 내가 일을 하면서 나도 모르게 정직, 성실, 진실, 신뢰를 저버렸단 말인가?'

그때 몸속 깊은 곳에서부터 강렬한 느낌이 밀려 올라왔다. 내 안에서 목소리가(나의 목소리였다) 커다랗게 소리쳤다. "아니! 물론 나는 정직해! 물론 나는 성실해! 물론 나는 진실하고, 신뢰받을 자격이 있어! 이 네 가지는 내가 다른 사람을 판단할 때 가장 중요한 덕목으로 여기는 것들이야."

바로 다음 순간, 또 다른 느낌이 나를 휘감았다. 처음에는 쏜살같이 지나갔지만, 점점 분명하고 확실해져 또렷이 알아볼 수 있었다. 거울이 불현듯 수정처럼 맑아진 것이다. 내가 교묘하게 내 삶으로 이끈 이 세 사람은 나에게 **지금 이 순간의 나**를 보여주고 있지 않았다. 대신, 아무도 나에게 말해주지 않았던 보다 미묘한 거울이 되어주었다. 믿음과 생활방식의 충돌을 통해 나 자신을 보여주는 대신, **내가 비판하는 것들의 내용물을 보여준 것이** 다! 내가 중요하게 여기는 자질을, 즉 그들이 위반했다고 내가 느끼고 있는 자질을 나 자신에게 보여준 것이다.

그 당시 나는 정직과 성실을 대단히 중요하게 여겼다. 아마도 이러한 생각은 어린 시절 이후 계속 축적되었을 것이다. 일순 과거의 경험들이 또렷이 떠올랐다. 바로 그런 자질의 부족으로 고통받았던 일들이 주마등처럼 펼쳐졌다. 거짓말을 서슴지 않았던 연인들, 지킬 생각이 없는 약속을 남발한 어른들, 좋은 의도를 가지고 헛된 약속을 했던 친구와 스승들…. 목록은 계속해서 이어졌다.

이러한 자질에 관한 나의 의견은 긴 세월 축적되어 인식조차 하지 못하게 된 수준에까지 도달해 있었다. 하지만 이제는 내가 더 이상 무시할 수 없는 문제의 핵심이 되었다! 은행 잔액이 텅 비었다는 중차대한 상황은 내가 인생의 다음 단계로 나아가기에 앞서, 관계들이 주는 메시지를 이해하지 않으면 안 되게 이끌어주었다. 바로 그날, 나는 미묘하고도 심오한 관계의 두 번째 거울의 신비를 깨달았다. 그것은 바로 내가 비판하는 것들을 비추는 거울이었다.

당신은 당신의 거울을 알아보는가?

당신과 가장 가까운 사람들과의 관계를 한번 살펴보자. 별 까닭 없이 짜증나게 하고 심지어 미칠 것만 같게 만드는 그들의 특성이 무엇인지 확인하자. 그런 다음, 자신에게 이렇게 물어보자. "이들은 이 순간의 나 자신을 비추고 있는가?"

아마도 그럴 가능성이 아주 크다. 만약 그렇다면, '직감'처럼 즉각 그런 사실을 알 수 있다. 하지만 대답이 '아니오'라면, 지금 이 순간의 나보다도 더욱 깊고도 강력한 무엇인가를 비추고 있는 것일 수 있다. 당신이 비판하고 있는 것들을 비추어주는 것이다. 그러한 거울이 존재함을 깨닫는 것만으로도 비판의 마음은 치유되기 시작한다.

치유의 연쇄반응 효과

비판의 거울을 인식한 그 날, 나는 이웃 마을 타오스푸에블로에 사는 친구를 찾아갔다. 그곳은 북미에서 가장 오래된 원주민 공동체로, 적어도 1,500년 전부터 인디언들이 살던 곳이다. 로버트(가명)는 뛰어난 장인이자 예술가로, 타오스푸에블로에서 상점을 운영했다. 상점 안에는 '미국'이라는 말이 생기기 전부터 긴 세월 살아온 조상들의 얼이 담긴 조각상, 부적, 음반, 보석 등

이 진열되어 있었다.

내가 상점에 도착했을 때, 그는 거의 2미터에 달하는 조각상을 통로에서 다듬고 있었다. 나는 인사를 건넸고, 우리는 몇 분간 소식과 안부를 주고받았다. 로버트가 내 안부를 묻자, 나는 세 사람과의 일을 전하며 돈이 몽땅 사라졌다고 했다. 로버트는 유심히 듣고는 잠시 생각에 잠기더니, 이야기를 하나 들려주었다.

"우리 증조부님은 뉴멕시코 북부 평원에서 버펄로를 사냥했다네."

지난 수십 년간 뉴멕시코에서 버펄로는 씨가 말랐기에 아주 오래전 이야기인 듯싶었다.

"증조부님은 돌아가시기 전 나한테 가장 아끼던 재산을 주셨다네. 증조부님이 소년 시절 처음으로 사냥한 버펄로의 머리였지."

로버트는 그 버펄로 머리가 자신에게 얼마나 소중한 보물이었는지 설명했다. 증조부님이 돌아가신 후 과거의 전통과 자신을 이어줄 몇 안 되는 유물 중 하나였던 것이다.

그런데 어느 날, 근처 도시의 화랑 주인이 로버트를 찾아왔다. 그녀는 아름다운 버펄로 머리를 보더니 화랑에 전시하고 싶다고 청했고, 로버트는 승낙했다. 몇 주가 지나도 아무 소식이 없기에 로버트는 안부 인사나 할 겸 그 도시로 찾아갔다. 놀랍게도, 화랑에는 아무것도 없었다. 문은 굳게 잠겨 있고, 창문은 커튼이 처져 있었다. 폐업한 것이 분명했다. 화랑 주인도, 버펄로 머리도 사라져버린 것이다. 로버트는 조각을 하던 손을 멈추고 나를 가만히 바라보았다. 얼마나 마음의 상처가 컸을지 능히 짐작할 수 있었다.

"그래서 어떻게 했나?"

나는 그가 화랑 주인을 추적해 자랑스러운 유물을 되찾았다고 말하겠지, 하고 예상했다.

하지만 로버트가 내 눈을 응시하며 들려준 짧은 대답에는 깊은 지혜가 담겨 있었다.

"아무것도 안 했네. 그 여자는 자신이 지은 죗값을 결국엔 치르게 될 테니."

나는 그날 타오스푸에블로를 떠나며 그의 이야기와 그것이 내 삶에 의미하는 바에 대해 깊이 생각했다.

그다음 주에 나는 은행에서 사라진 돈의 일부라도 되찾기 위해 법적 방법을 모색했다. 은행 측 과실이 확실히 있었지만, 소송 절차는 길고도 값비싸다는 것을 이내 알게 되었다. 사건의 속성상 이는 민사 사건이 아니라 경찰에 넘어가 형사 사건으로 다루어질 터였다. 그런 후에는 내가 할 수 있는 일이 더 이상 없었다. 그 여자가 잡혀 형을 선고받는다면 감옥에 갇힐 것이었다. 그렇게 되면 더 이상 아무 마음에도 없는 누군가와의 감정적 관계에 내가 계속 질질 끌려갈 것이 뻔했다.

나는 여러 선택안을 두고 고민하며 친구가 들려준 이야기의 교훈을 다시 한번 되새겼다. 이내 결론이 내려졌고, 옳은 선택이라는 확신이 들었다. 아무것도 안 하기로 한 것이다. 그러자 거의 즉시 예상치도 못한 일이 벌어졌다. 나의 비판을 비추어주던 세 사람이 모두 내 삶에서 떨어져 나가기 시작한 것이다. 나는 더 이상 그들에게 화가 나지 않았다. 그 세 사람에 대하여 기묘한 '무감정'을 느꼈다. 그들을 내쫓기 위해 내가 무슨 노력을 한 것도 아니었다. 그저 우리 사이에 있었던 일을 새로운 눈으로 보고, 나의 비판적 마음이 그들을 곁으로 이끌었다는 것을 깨닫자, 그들은 더 이상 내 인생에 머물 이유가 없었던 것이다. 셋 다 나의 삶으로부터 사라져갔다. 갑자기 전화와 편지가 줄었고, 하루하루를 보내면서 그들 생각도 점점 덜하게 되었다. 나의 비판이 자석이 되어 그러한 관계를 맺게 했던 것이다.

이는 흥미로운 발견이지만, 며칠이 지난 후 더욱 흥미롭고도 신기한 일이 일어났다. 오랫동안 내 곁에 있었던 다른 사람들 역시 멀어지기 시작한 것이다. 관계를 끝내려고 내가 의식적으로 무슨 노력을 한 것도 아니었다. 그저 더 이상 아무 의미 없는 관계가 된 것이다. 한번은 그런 사람들 중 한 명과 대화를 나눈 적이 있는데, 긴장되고 어색하고 불편하기가 이를 데 없었다. 전에는 공통의 화제가 되었던 것도 이제는 거북하기만 했다.

나는 이러한 관계의 변화를 알아차리는 것과 거의 동시에 미처 모르고 있던 것을 새로이 깨달았다. 내 삶에서 멀어져간 관계는 모두 위의 세 사람을 내 인생으로 끌어들인 것과 같은 패턴에 기초해 있었던 것이다. 바로 비판이라는 패턴 말이다. 나의 비판은 그러한 관계를 나에게 끌어들인 자석이 되었을 뿐만 아니라, 그 관계를 견고하게 굳힌 접착제가 되었던 것이다. 비판이 사라지자 접착제 또한 녹을 수밖에. 이로 인해 연쇄반응이 일어났다. 나의 인간관계에 존재하는 패턴을 인식함으로써 그 영향이 삶의 다양한 층위에 미치게 된 것이다.

비판의 거울은 알아차리기 힘들 만큼 미묘하여, 거울을 인식한 사람 모두가 그 의미를 헤아릴 수 있는 것은 아니다. '아무 조치도 취하지 않겠다'는 결정에 내 친구와 가족들은 내가 현실을 부인한다고 생각했다.

"그 여자가 네 돈을 훔쳐 갔어! 네 신뢰를 저버렸다고! 너를 알거지로 만들었어!"

한 층위에서 보면 이는 지극히 타당한 말이다. 하지만 복수와 보복의 전형적 패턴을 따른다면, 그러한 경험을 불러내는 생각의 악순환에 빠지게 되리라는 느낌이 들었다. 또한 다른 층위에서 본다면, 이들 세 사람은 내가 미래에 행할 사업적 결정에 중요한 핵심이 될 무엇인가를 일깨워주었다. 신뢰에 대한 중요한 교훈을 준 것이다.

그전까지만 해도 나는 신뢰를 흑백논리식으로 생각했다. 누군가를 믿거나 믿지 않거나 둘 중 하나라고. 상대방을 믿기로 했다면 완전히 믿어야 한다고. 나는 그러한 생각을 고집하려했지만, 이들 세 사람 덕분에 상대방을 어느 정도까지 믿어야 할지, 스스로 판단해야 한다는 교훈을 얻을 수 있었다. 때로 우리는 상대방이 자기 자신을 믿는 것보다 그에게 더 많은 신뢰를 주고, 더 많은 책임을 맡긴다. 나 역시 바로 같은 실수를 한 것이다.

관계에 반영된 비판의 마음을 인식하는 것은 너무도 강력한 발견이라 우리 삶의 모든 부분에 영향을 미친다. 따라서 나는 이를 일깨워준 모든 이에게 감사하다. 내가 잘 볼 수 있도록 거울을 똑바로 들어 나의 사고방식을 비추어주다니 고맙기 그지 없다. 덕분에 두 번째 관계의 거울의 신비를 멋지게 깨달을 수 있었지 않은가!

● 비판 대상과 화해하는 방법을 자세히 말하지 않은 채 비판의 마음을 버렸다는 사실만 이야기한 것은, 2006년 헤이하우스에서 출간된 저서 《잃어버린 기도의 비밀(Secret of the Lost Mode of Prayer)》의 3장 '세 번째 비밀: 축복은 해방이다'에서 그 내용을 상세히 다루었기 때문이다. 비판의 마음을 버릴 수 있는 큰 비결을 요약하자면, 축복은 우리를 삶의 고통으로부터 해방시키고 대신 다른 느낌을 갖게 하는 고대의 비결이다. 상처를 준 사람이나 사물을 우리가 축복할 때, 고통의 순환은 일시적으로 멎는다. 이러한 멎음이 몇 초간 지속되느냐, 혹은 하루 종일 지속되느냐 하는 것은 전혀 중요하지 않다. 지속 시간에 관계없이 축복을 하는 동안 치유가 시작되고 우리를 한 걸음 더 나아가게 이끌기 때문이다. 그 시간 동안 상처에서 해방되어 무엇인가 다른 것이, 즉 '아름다움'의 힘이 우리 마음을 채운다는 것이 가장 중요하다.

세 번째 거울: 상실의 거울

"[아버지의] 왕국은 음식이 가득 담긴 항아리를 이고 가는 한 여
자와 같다. 먼 길을 걸어 집으로 가는 동안 항아리를 덮는 마개
가 깨져 음식이 길 위에 줄줄 흘러내렸지만, 여자는 그것을 알
지 못했다. 집에 도착하여 항아리를 내려놓고서야 여자는 비로
소 항아리가 텅 비어 있음을 알았다."*

_〈도마복음〉

사랑, 연민compassion, 보살핌caring은 위의 우화에 나오는 항아리
에 담긴 음식과 같다. 살아가는 동안 이들 감정은 힘든 시기에
(우리 자신을 비롯해) 사람들을 격려하고, 지지하고, 힘을 준다. 소
중히 여기던 사람이나 장소나 사물을 잃었을 때에도 비극을 이
겨내고 살아남을 수 있게 하는 것은 우리의 사랑과 연민이다.

하지만 사랑, 연민, 보살핌은 우리가 기꺼이 나누어주는 만큼
우리보다 더 강한 힘을 가진 이들로 인해 잃거나 빼앗기기 쉬
운 것이기도 하다. 누군가를 사랑했다가 신뢰가 산산이 부서질
때마다 우리는 조금씩 이 감정들을 잃어간다. 다시는 그런 상처
를 받기 싫은 마음은 우리의 보호막이 되어 깊은 상처와 더러운
배신에도 우리를 살아남을 수 있게 한다. 하지만 사랑과 연민과

• 앞의 책, p.136.

보살핌의 문을 닫는 것은, 깨진 항아리에서 음식이 흘러버리는 것과 같다.

진심으로 마음의 문을 열고 다른 사람과 감정을 교류하고 싶은 순간이 찾아와 우리 자신의 마음속을 들여다보면, 우리는 그 내용물이 모두 사라지고 텅 비어 있는 것을 발견하게 된다. 우리가 신뢰하여 우리의 삶에 들어오도록 허용했던 바로 그 경험들로 인해 우리는 조금씩 조금씩 우리 자신을 잃어버렸던 것이다.

좋은 소식은, 이렇게 겉으로 텅 비어 보일지라도 실제로는 그렇지 않다는 것이다. 이들 감정은 영원히 사라지기가 불가능하다. 우리 영혼의 일부이자 우리 본질의 일부이기 때문이다. 영혼이 결코 파괴될 수 없듯이, 우리의 참된 본질의 핵심 역시 결코 사라질 수 없다. 그저 안전을 위해 가면을 쓰고 숨어 있을 뿐이다. 우리가 어떻게 가면을 씌우는지를 알아낸다면, 치유의 지름길로 들어설 수 있다. 잃어버린 우리 자신의 부분을 도로 불러내는 것이야말로 자기완성의 가장 훌륭한 방법이 아닐까 싶다.

· · ·

젊은 시절, 나는 군수업체에서 무기 시스템용 소프트웨어 개발 팀에서 일했다. 우리는 공군 규정에 따른 전형적인 책상과 의자와 칸막이들로 이루어진 좁은 공간을 공유했다. 그 때문에 긴 시간 동안을 다닥다닥 붙어 지내야 했다. 당연히 사생활이라고는 있을 수 없었다. 전화 통화 소리가 얇은 칸막이벽을 넘어 사방으로 퍼졌기에 우리는 서로에 대해 아주 잘 알게 되었다. 직업적 선택과 데이트 방법에서부터 가족이나 개인적 문제에 이르기까지, 우리는 사실상 서로에게 조언자가 되어줄 정도였다.

우리는 매주 여러 번 함께 점심을 먹었고, 이따금씩은 급료 수표를 현찰로 바꾸러 같이 가거나 간단한 심부름을 대신 해주기도 했다. 그러던 어느 날, 나는 동료이자 이제 친구가 된 사람의 삶을 '지옥'으로 만들 경험의 거울을 직접 목격하게 되었다.

그 친구는 어느 날 느닷없이 한 여성과 '사랑에 빠진다'. 상대는 식당에서 주문을 받던 웨이트리스일 수도 있고, 슈퍼마켓에서 계산을 해주던 점원일 수도 있다. 사실 그날 그와 마주친 여자라면 어느 누구라도 상관없다. 어디에서든 그런 일이 일어나며, 패턴은 항상 똑같다. 그는 여자의 눈을 들여다보는 순간, 도저히 설명할 수 없는 '느낌'에 빠진다. 그것이 무엇인지 알지 못한 채, 그는 자신이 찾을 수 있는 오직 한 가지 설명에 의지한다. 사랑에 빠졌다고 믿는 것이다! 그렇게 그는 하루에도 여러 번 사랑에 빠진다.

문제는 그가 유부남이라는 것이었다. 그에게는 남편을 너무도 사랑하는 아름다운 아내와 갓 태어난 아들이 있었으며, 그 역시 아내와 아들을 더없이 사랑했다. 그가 죽어도 하기 싫은 일은, 두 사람에게 어떤 식으로든 상처를 주거나 가정을 파괴하는 것이었다. 하지만 다른 여인에 대한 그의 느낌은 너무도 강렬하고 불가해한 그 무엇이었다.

그날 우리는 점심을 재빨리 먹고 주유소와 은행에 들른 다음 사무실로 돌아가기로 했다. 그런데 은행에서 일이 터졌다. 우리가 수표를 맡긴 창구에 아름다운 여직원이 근무했던 것이다(이 이야기는 인터넷뱅킹이 생겨나기 한참 전의 일이다). 사무실로 돌아왔을 때, 그가 할 수 있는 것이라고는 그녀 생각뿐이었다. 그는 일에 집중할 수가 없었다. 그녀를 마음에서 떨칠 수가 없었던 것이다. 그는 말했다. "그녀도 지금 내 생각을 하고 있을지도 모르잖아. 만약 그녀가 내 천생연분이면 어떡해?" 급기야 그는 전화기를 집어들어 그 은행 전화번호를 돌리더니 그 여직원을 찾아서는 퇴근 후 함께 차를 마시지 않겠느냐고 청했다. 그녀는 좋다고 했다. 하지만 두 사람이 커피숍에 있는 동안, 그는 웨이트리스의 눈을 들여다봤고, 그만 그녀와 사랑에 빠지고 말았다!

굳이 이 이야기를 하는 까닭은, 그 친구는 자신이 이해할 수 없는 이유로 인해 자신이 사랑에 빠졌다고 믿는 여인과 만날 수밖에 없었기 때문이다. 그리하여 그는, 사랑하는 아내와 아들과 경력을 비롯해 자신의 인생 전부를 위험에 빠뜨리게 된다. 그는 왜 그렇게 된 것일까?

당신도 이와 비슷한 경험을 한 적이 있는가? (부디 이보다는 낮은 강도였기를 빈다.) 파트너와 더없이 행복하게 지내고 있는데 어느 날 갑자기 일이 벌어진 적이 있는가? 혹은 짝이 없고, 심지어 짝을 찾을 마음도 없는데, 거리나 슈퍼나 공항을 걷다가 느닷없이 '그런 경험'을 했을 수도 있다. 생전 처음 보는 사람과 스쳐 지나가며 눈이 마주치는 순간, 찌르르 느낌이 오는 것이다. 이는 그저 친숙함이나 가능성의 느낌에 불과할 수도 있지만, 곁에 가까이 서고 싶고, 상대방에 대해 알고 싶고, 심지어 대화를 나누고 싶은 충동이 저항할 수 없을 만큼 강하게 밀려올 수도 있다. 나는 강연회에서 이에 대해 여러 차례 질문을 제기한 적이 있다. 우리가 자기 자신에게 정말로 정직하다면, 흥미롭게도 이러한 만남은 그리 드문 일이 아니다.

이런 경우, 결말은 대체로 비슷하다. 눈이 마주치는 순간 두 사람 다 분명 어떤 '느낌'을 느끼지만, 둘 중 하나가 이를 무시해 버린다. 하지만 그 짧은 순간만큼은 거부할 수 없는 무엇인가가 분명히 벌어진다. 현실감을 잃고, 의식이 변화한다. 눈이 마주치는 찰나, 서로 메시지를 주고받는다. 서로가 서로에게 무엇인가를 말하지만, 둘 다 의식조차 못할 수도 있다.

그러다 큐 사인이 떨어지기라도 한 양, 합리적 정신이 온갖 방법을 총동원해 이 불편한 만남을 깨뜨린다. 지나가는 차 소리나 인기척일 수도 있다. 바람에 길 건너편으로 날아가는 가랑잎일 수도 있고, 재채기 소리일 수도 있다. 심지어 길바닥에 붙은 껌일 수도 있다! 어떤 이유로든, 둘 중 하나가 관심을 다른 곳으로 돌리면 그 순간은 끝나 버린다!

우리가 이런 경험을 했을 때, 사실은 무슨 일이 벌어졌던 것일까?

자신이 잃어버린 것을 다른 사람들에게서 찾다

이러한 상황에 빠졌을 때, 무엇 때문에 그런 순간이 생기는지를 알아차리기만 한다면, 이는 우리가 특별한 방식으로 자신에 대해 알 수 있는 절호의 기회가 될 것이다. 하지만 내 친구가 그러했듯이, 그 까닭을 모른다면 이는 혼란스럽고 심지어 무섭기까지 하다! 사실 이러한 만남은 세 번째 거울의 신비를 보여준다.

우리는 살아남기 위해 누구나 자기 정체성의 큰 부분을 타협한다. 그럴 때마다 사회적으로는 용납되나 고통스럽기 짝이 없는 방식으로 내면의 무엇인가가 사라지고 만다. 부모님의 이혼으로 아동기를 서둘러 끝내고 어른스럽게 행동해야 한다거나, 주류 문화를 받아들이기 위해 인종적 정체성을 상실하거나, 상처와 분노의 감정을 억누름으로써 어린 시절의 트라우마에서 살아남는 것은 모두, 자신의 일부를 잃어버리는 사례에 해당된다.

우리는 왜 이렇게 하는 것일까? 우리의 믿음과 사랑과 신뢰와 자비심이 정체성의 핵심을 이룬다는 사실을 잘 알면서도 왜 저버리는 것일까? 그 대답은 간단하다. 살아남기 위해서이다. 어린 시절 우리는, 괜히 입을 열었다가는 부모나 형제자매나 친구들에게 조롱당하기에 십상이니 침묵을 지키는 편이 낫다는 것을 배운다. 가족이 학대하더라도, 저항하기보다는 '굴복'하고 잊는 편이 훨씬 안전하다. 사회인이 되면, 전쟁 동안 다른 사람을 죽이는 것을 특별한 상황이라고 정당화하며 용인한다. 사람은 누구나 분쟁, 질병, 압도적 감정에 직면하면 자기 자신을 버릴 수밖에 없는데, 이런 사실을 우리는 뒤늦게야 이해하기 시작한다. 위의 사례에서, 우리는 무엇이 옳고 그른지를 비판하기보다는 거기에 잠재된 강력한 가능성을 보아야 한다.

우리가 오늘날까지 살아남기 위해 내어준 우리 자신의 부분들이 있던 자리는, 아직도 텅 빈 채로 채워지기를 기다리고 있다. 우리는 이 특별한 빈자리를 채워줄 것을 항상 찾아 헤맨다. 우리가 잃어버린 그것을 갖고 있는 사람을 보면 곁에 머물고 싶어진다. 그 사람의 어떤 면인가가 나의 내적 공허를 채워주고, 내가 완전한 존재라는 느낌을 준다. 앞에서 말한 나의 친구나 다른 사례에서 일어난 일이 바로 이런 경우이다.

다른 사람에게서 자신의 '잃어버린' 부분을 찾으면, 우리는 저항할 수 없을 만큼 강하게 그/그녀에게 끌린다. 내가 살기 위해서는 그 사람이 꼭 '필요하다'고 믿기까지 한다. 하지만 우리를 그들에게 그토록 매혹시킨 그것은 여전히 우리 안에 남아 있으며, 그저 잠자고 있을 뿐이라는 점을 명심해야 한다. 우리가 여전히 그러한 자질을 갖고 있다는 것을 인식함으로써 그것들에 덧씌운 가면을 벗기고 그것들을 다시 우리의 삶으로 통합해낼 수 있다. 그렇게 했을 때, 그러한 자질을 비추어주던 사람에 대한 자석과 같은 불가항력적인 이끌림은 사라지게 된다.

그들에 대한 우리의 감정이 그들의 어떤 자질 때문이지 조건 반사 때문이 아님을 인식하는 것은, 세 번째 관계의 거울을 이해하는 데 있어 필수적이다. 우리가 다른 누군가에게 느끼는 불가해한 이끌림과 열정은, 사실 **우리 자신**을 향한 것이다! 잃어버린 자신의 본질을 도로 되찾고 싶은 갈망이었던 것이다. 이를 명심하고서 내 친구 이야기로 돌아가 보자.

그 친구는 자신이 살면서 잃었거나 버렸거나 빼앗긴 본질을 다른 여성들에게서 무의식적으로 보았을 가능성이 매우 크다. 여자만이 아니라 남자들에게서도 그런 본질을 보았겠지만, 그의 사고방식으로는 도저히 용납할 수 없었으리라. 그는 너무도 많은 본질을 잃어버린 탓에, 만나는 거의 모든 사람에게서 그 흔적을 발견하였던 것이다.

하지만 왜 그러는지 이유를 몰랐던 그는 자신이 아는 방식으로만 그 느낌을 해석할 수밖에 없었다. 그는 함께 있을 때 너무도 좋았기에 각 만남이 행복을 위한 기회라고 진심으로 믿었던 것이다. 물론 그는 아내와 아들을 진심으로 사랑했다. 언젠가 내가 그에게 가족을 버릴 거냐고 묻자, 그는 경악에 찬 표정으로 나를 바라보았다. 결혼생활을 끝낼 생각이 전혀 없는 그였지만, 가족을 잃게 될 위험이 코앞에 닥칠 때까지도 불가항력적인 느낌에 휘둘릴 수밖에 없었다.

이끌림이 당신에게 말하는 것을 이해하자

사람은 누구나 물리적, 정서적으로 살아남기 위해 그 순간 필요한 자신의 부분을 교묘하게 포기해 버리곤 한다. 그러고는 자기 자신을 '불완전한' 존재로 보고, 남은 부분에 대한 믿음에 몰두한다. 어떤 사람들은 자신이 알기도 전에 타협을 해버리고 일어난 일을 전혀 인식하지 못하는 반면, 어떤 사람들은 의식적으로 선택한다.

앞에서 말한 군수업체에서 일하던 어느 날 오후, 나는 뜻밖의 제안을 받았다. 전략방위구상(SDI), 흔히 '스타워즈'라고 불리는 새로운 무기 시스템을 위해 백악관과 군대의 고위간부들에게 비공식 프레젠테이션을 하는 일이었다. 프레젠테이션이 끝나고 열린 만찬회에서 나는 군대의 고위간부와 우리 회사의 CEO가 나누는 대화를 듣게 되었다.

CEO는 군대의 고위간부가 그 자리를 차지하기까지 치러야 했던 개인적 비용에 대해 물었다. "지금과 같은 자리에 오르기 위해 어떤 희생을 하셨습니까?"

이 질문에 고위간부는 군대에서 여러 단계의 진급을 걸쳐 펜타곤에 입성하고, 이후 다국적 대기업들에 권위를 행사하는 지위에 오르기까지의 과정을 설명했다. 보기 드문 허심탄회한 대답에 나는 열심히 귀를 기울였다.

"이 자리에 오르기 위해 나는 나 자신을 체제에 내주어야 했지요. 진급할 때마다 나의 부분이 하나씩 떨어져 나갔죠. 그러다 정상에 올랐다는 것을 깨닫고는 인생을 돌아보았습니다. 나 자신을 너무 많이 내주어 남은 것이 별로 없더군요. 기업과 군대가 나를 소유하고 있었죠. 나는 더없이 소중한 것들을 내주었어요. 아내와 자식과 친구와 건강을요. 그리고 대신 힘과 부와 권력을 얻었죠."

나는 그의 솔직함에 놀랐다. 그는 권력을 얻기 위해 자기 자신을 잃었지만, 그러한 사실을 명백히 인식하고 있었다. 그는 슬퍼하긴 했어도 지금의 지위에 오르기 위해 기꺼이 대가를 치렀다. 똑같은 이유 때문은 아니더라도, 우리는 누구나 살면서 이와 비슷한 일을 한다. 대부분은 권력을 얻기 위해서라기보다는 그저 생존을 위해서 그렇게 한다.

첫눈에 불타는 사랑에 빠져든다면 그 순간에 완전히 몰입하라고 권하고 싶다. 뭔가 드물고도 소중한 일이 두 사람 모두에게 일어나고 있는 것이니까. 당신이 찾고 있던 부분을 가진 사람을 발견한 것이다. 상대방도 같은 이유로 당신에게 끌리는 경우가 잦다! 상황이 적절하다고 판단된다면 대화를 나누어보라. 눈맞춤을 유지할 수만 있다면, 아무 이야기라도 좋다. 이야기를 하는 동안 스스로에게 물어보자. '이 사람에게서 나는 내가 잃거나 포기하거나 빼앗긴 무엇을 보고 있는 거지?'

거의 즉각 대답이 떠오를 것이다. 그것은 단순한 깨달음일 수도 있고, 어린 시절 이후 줄곧 곁에 서성거리고 있었던 내면의 소리일 수도 있다. 한 단어나 짧은 구절의 대답이 들리는 순간, 그 의미를 몸이 저절로 알아차리는 경우도 많다. 혹은 단순히 나 자신에게서 사라진 아름다움을 그 사람에게서 인식한 것일 수도 있다. 그것은 아마도 순진한 모습이나 슈퍼마켓 복도를 걸어가는 우아한 동작, 혹은 업무를 척척 처리하는 자신감, 혹은 단순히 빛나는 생명력 같은 것일 수도 있다.

이러한 마주침은 겨우 몇 초간 지속되며, 길어야 몇 분이다. 그 짧은 순간, 우리는 찰나의 기쁨과 흥분을 느끼는 기회를 누린다. 자신이 이미 가지고 있으나 잠들어버린 그 무엇이 깨어나는 듯한 느낌을 상대방을 통해 얻는 것이다.

그러한 순간적인 만남 속에서 친숙함을 과감히 인정하는 이들에게 있어서, 상실의 거울은 날마다 마주치는 무엇이 될 수 있다. 다른 사람들이 우리의 참된 본성을 우리에게 비추어줄 때, 우리는 우리 자신 안에서 완전함을 발견하게 된다. 우리는 누구나 완전성을 찾고 있으며, 완전성을 발견할 수 있는 상황을 스스로 만들어 간다. 성직자에서부터 선생님까지, 노인에서부터 젊은이까지, 부모에서부터 아이까지, 누구든 그러한 느낌을 자극하는 촉매가 될 수 있다.

우리는 이런 느낌을 통해, 우리 자신 안에서 우리가 간절히 찾고 있는 것들이, 우리가 우리라고 믿고 있는 우리의 가면 안에 숨겨진 채로 우리와 더불어 여전히 우리에게 있다는 것을 발견한다. 이는 지극히 자연스러우며 인간적이다. 다른 이들에 대한 느낌이 사실은 자기 자신에 대한 무엇인가를 말해준다는 사실을 이해함으로써, 우리는 우리 자신의 더없이 강력한 힘을 찾아낼 수 있는 것이다.

네 번째 거울: '영혼의 어두운 밤'의 거울

"너희가 너희들 안에 있는 것을 꽃피우면
너희는 구원을 받으리라."[*]

_〈도마복음〉

1990년대 초 첨단 기술의 붐이 일 때, 제럴드(가명)는 캘리포니아주 실리콘밸리에서 공학자로 일하고 있었다. 그에게는 어여쁜 두 딸과 미모의 아내가 있었다. 그들의 결혼생활은 15년째에 접어드는 중이었다. 나와 만났을 때, 제럴드는 어떤 특별한 소프트웨어의 문제해결사로 일한 지 5주년을 기리는 상패를 회사에서 막 받은 다음이었다. 그는 회사에서 소중한 인재였으며, 그의 전문가적 능력을 필요로 하는 상황이 너무도 많아 근무시간에만 일하는 것으로는 부족했다.

제럴드는 야근은 물론이고 주말까지도 일했으며, 박람회나

• 앞의 책, p.134.

엑스포에 가서 자신의 소프트웨어를 소개하기도 했다. 오래지 않아 그는 가족보다 직장 동료들과 더 많은 시간을 보내고 있었다. 가족과 점점 서먹해져 간 과정을 설명하는 그의 눈에서는 상처가 어른거렸다. 제럴드가 밤에 귀가하면 아내와 아이들은 잠들어 있고, 제럴드가 아침에 출근할 때면 가족들은 아직도 잠자리에 들어 있었다. 이내 그는 집안에서 자신이 낯설게 느껴졌다. 그는 자신의 가족보다 동료의 가족에 대해 더 많은 것을 알고 있었다.

바로 그 무렵, 제럴드의 삶이 극적인 전환을 맞았다. 내가 관계의 '거울'이 우리 삶에 어떻게 펼쳐지는지를 주제로 하여 《세계 사이를 걷기: 공감의 과학Walking Between the Worlds: The Science of Compassion》을 집필하고 있을 때, 그가 상담을 받기 위해 찾아왔다. 2,200여 년 전 사해 두루마리의 필경사들은 우리가 다른 사람들과의 상호작용을 통해 보게 되는 패턴을 일곱 가지로 분류했다. 제럴드의 이야기를 듣는 순간, 나는 그가 그중 한 가지를 묘사하고 있음을 깨달았다. 바로 우리의 가장 큰 두려움의 거울로, 흔히 '영혼의 어두운 밤Dark Night of the Soul'이라고 불리는 것이었다.

그에게는 자기 또래의 출중한 프로그래머 동료가 있었다. 두 사람은 때로 며칠간 팀을 이뤄 함께 전국의 도시를 방문하기도 했다. 오래지 않아 그는 그녀를 자기 아내보다 더 잘 알고 있는 것처럼 느끼게 된다. 그 대목을 듣는 순간, 나는 그 이야기의 결말이 어떻게 될지 의심스러워졌다. 내가 알지 못했던 것은, 그다음에 일어난 일들과 제럴드가 그렇게까지 화가 난 이유였다.

오래지 않아 그는 그녀와 사랑에 빠졌다고 믿었고, 아내와 딸을 떠나 새로운 삶을 살기로 했다. 그는 그녀와 너무도 많은 공통점이 있었기에 그 결정은 지극히 옳아 보였다. 하지만 몇 주도 지나지 않아 그의 새로운 짝이 LA의 프로젝트에 배치되었다. 제럴드는 여기저기 부탁하여 같은 사무실로 전근을 갔다.

이내 일이 잘못되기 시작했다. 그는 예상보다 더 많은 것을 잃었다. 그들 부부를 오래 알고 지낸 친구들과 느닷없이 사이가 멀어진 것이다. 동료들 역시 그가 그토록 열심히 노력해서 얻은 지위와 프로젝트를 버리다니 "제정신이 아니다"라며 비난해댔다. 심지어 부모님조차 그가 가정을 깨뜨렸다며 화를 냈다. 제럴드는 마음 아팠지만, 그저 변화의 대가려니 여겼다. 이제부터 멋진 새 삶을 살 터인데 이 정도가 대수인가?

하지만 바로 그때, 균형의 거울인 영혼의 어두운 밤이 닥쳐왔다. 모든 일이 제자리를 찾아가는 듯했을 때, 제럴드는 사실은 모든 것이 산산이 부서져 내리고 있음을 깨달았다! 몇 주도 안 돼, 그의 새 연인은 그들 관계가 자신이 꿈꾸던 것과는 너무도 다르다고 선언했다. 청천벽력 같은 이별 통보가 아닐 수 없었다. 그는 망연자실 홀로 남겨졌다. "내가 그녀를 위해 그토록 많은 희생을 했건만 어떻게 나한테 이럴 수가 있죠?" 그는 한탄했다. 그는 아내와 아이와 친구와 직장을 버렸다. 즉 자신이 사랑한 모든 것을 포기했던 것이다.

머지않아 그는 자신이 맡은 일까지 엉망으로 하기 시작했다. 여러 차례의 경고와 형편없는 업무 평가를 받고 결국 해고되기에 이르렀다. 제럴드의 이야기를 듣노라니, 실제 무슨 일이 일어난 것인지 명확히 알 수 있었다. 그는 새로운 연인, 새로운 일자리, 더 많은 수입에 대한 기대 때문에 인생의 절정에서 뛰어내려 밑바닥으로 곤두박질친 것이다. 꿈은 모두 사라졌다. 제럴드는 나를 찾아와 계속해서 물었다. "대체 무슨 일이 일어난 거죠?" 그토록 완벽하게 보였건만 어떻게 이토록 엉망이 될 수 있단 말인가?

영혼의 어두운 밤: 촉발제 알아차리기

나와 만났을 때, 제럴드는 자신이 사랑한 모든 것을 잃은 뒤였다. 그렇게 된 이유야말로 이 이야기의 핵심이다. 그는 완전함을 느꼈기에 사랑하는 것들을 포기하고 새 삶을 시작했다기보다는 더 나은 것들이 빈자리를 채워주리라는 판단하에 그렇게 했다. 다시 말하자면, 그는 안전을 꾀했던 것이다. 더 나은 것을 찾지 못할 수도 있다는 두려움 탓에, 그는 감정적으로 가족을 떠난 뒤로도 오랫동안 물리적으로 가족 곁에 머물렀다. 완전함을 느꼈기에 직장과 친구와 연인을 떠나는 것과 빈손으로 남을지도 모른다는 두려움 때문에 그들 곁에 머무는 것 사이에는 미묘하지만 커다란 차이가 있다.

보다 나은 것이 생길 때까지 현 상태를 고수하는 것은 어느 관계에서든 흔히 볼 수 있다. 자신이 알지도 못하는 사이에 그렇게 하기도 하고, 어떤 결과를 맞을지 모르는데 괜히 풍파를 일으키기가 두려워서 그렇게 하기도 한다. 비록 의식하지 못한다 해도 패턴은 패턴이다. 직업이든 연애든 생활방식이든, 우리는 사실 행복하지 않음에도 주변인들에게 솔직히 말할 수가 없어서 현 상태를 유지하는 패턴에 빠질 수 있다. 사람들은 우리가 잘살고 있다고 믿지만, 우리는 속으로 변화를 향해 비명을 지르고, 그런 마음을 털어놓을 수 없는 답답함에 몸서리치고 있는 것이다.

이러한 패턴은 부정성을 축적시킨다. 우리의 참된 감정은 긴장, 적대감, 때로는 무관심으로 변장한다. 우리가 직장과 집에서 하루하루를 헤쳐 나아가는 동안, 정작 우리의 감정은 그곳을 떠나 다른 세계에 가 있는 것이다. 상사나 연인이나 심지어 자기 자신과 문제가 있더라도 우리는 이를 합리화하고 타협하고 기다린다. 그러다 어느 날 쾅! 하고 일이 벌어진다. 그토록 오래 기다리고 갈망했던 그것이 별안간 나타난 것이다. 그러면 우리는 내일이 없을 것처럼 그것을 향해 뛰어든다.

제럴드의 경우, 그는 새로운 사랑을 좇아 새로운 도시로 가면서 풀리지 않은 공허를 산산조각이 난 옛 세계에 그대로 남겨두었다. 이제 사랑하던 모든 것을 잃은 그는 내 앞에 앉아 눈물을 철철 흘리며 말했다.

"어떻게 내 일과 가족을 되찾을 수 있을까요? 제발 방법 좀 알려주세요."

나는 이런 상황에 대비해 탁자 위에 늘 비치해 두는 휴지를 건네고는 그가 상상도 하지 못할 말을 했다.

"당신에게 있어 이 시기는 최근에 잃은 것을 되찾기 위한 때가 아닙니다. 당신이 스스로 만들어낸 이것은 일자리나 가족보다 더욱 더 중요한 것입니다. 당신은 당신 자신에게 더없이 강력한 동지가 되어줄 수 있는 힘이 당신 안에 있다는 것을 막 깨달았습니다. 이 모든 경험을 완전히 치르고 나면 흔들리지 않는 새로운 자신감을 얻게 될 것입니다. 당신은 고대인들이 '영혼의 어두운 밤'이라고 부르던 시기에 들어선 것입니다."

제럴드는 눈물을 닦고는 의자에 등을 기대었다.

"'영혼의 어두운 밤'이라니, 그게 뭔데요? 생전 처음 듣는 말인걸요."

"'영혼의 어두운 밤'은 자신의 가장 큰 두려움이 현실로 나타났을 때를 의미합니다. 보통은, 전혀 예상도 하지 못한 때에 경고도 없이 불쑥 시작되지요. 당신의 내면이 때가 되었다고 느끼면, 당신은 그런 상황으로 끌려갈 수밖에 없습니다! 모든 것이 완벽하며 균형 잡혀 있다는 것은 사실 변화를 위한 준비가 되어 있다는 신호이지요. 변화를 향한 유혹은 마음속에서 오래도록 품고 있던 열망이라 그 누구도 저항할 수 없습니다. 그렇지 않으면 결코 도약할 수 없기 때문이지요!"

"유혹이라면, 새로운 연인 같은 것 말입니까?"

"네, 맞습니다. 인간관계는 우리를 앞으로 나아가게 하는 일종의 촉매이지요."

삶이 우리를 어떤 길로 내몰든 우리에게는 살아남을 수 있는 능력이 있음을 알고 있다고 해도, 어느 날 아침 일어나 "음… 오늘은 내가 사랑하고 소중히 여기는 것들을 모두 버리고 '영혼의 어두운 밤'으로 들어가야겠어"라고 말하지는 않는다. 우리는 본능 때문에라도 그런 식으로 할 수 없다! 그리하여 많은 경우, 어두운 밤이라는 커다란 시험은 전혀 예상치도 못한 때에 우리에게 닥쳐온다.

삶은 우리가 필요로 하는 것을 필요로 하는 때에 정확히 가져다준다. 우리가 수도꼭지를 돌려야 컵에 물을 채울 수 있듯이, 감정이라는 연장통이 가득 차야 삶의 수도꼭지는 변화를 향해 돌아가기 시작한다. 그전까지는 아무 일도 일어나지 않는다. 자신이 영혼의 어두운 밤에 빠져 있다는 사실을 발견했을 때, 인생을 이렇게 이끈 것은 바로 나 자신이 변화의 스위치를 켰기 때문임을 안다면 한결 위안이 되리라. 하지만 알든 모르든, 우리는 삶이 우리에게 주고자 하는 것에 언제나 준비가 되어 있다.

우리의 가장 큰 두려움

영혼의 어두운 밤은 우리로 하여금 우리 자신의 가장 큰 두려움을 경험하고 치유하도록 하기 위해 존재한다. 흥미로운 점은, 사람은 저마다 두려워하는 것이 달라서, 어떤 사람에게는 무시무시한 일이 다른 사람에게는 사소해 보일 수도 있다는 것이다. 예를 들어, 제럴드는 홀로 남겨지는 것을 가장 두려워했다. 반면 그에 앞서 내가 상담했던 여성은 '홀로 있는 것'이 인생의 가장 큰 기쁨이었다.

혼자 있기를 두려워하는 사람은 온갖 관계에서 그 두려움을 맛보는 경우가 흔하다. 예를 들어, 제럴드는 과거의 연애와 우정과 일자리에 대해 말하면서, 언젠가는 끝날 수밖에 없었으리라고 인정했다. 그런데도 각 관계가 끝났을 때 그는 자신이 '실패했다'고 여겼다. 사실 이들 관계는 너무도 성공적이어서 그가 자신의 가장 큰 두려움을 볼 수 있도록 해준 셈이었다. 하지만 그는 그러한 패턴을 치유하기는커녕 알아차리지도 못했기에, 홀로 남겨지는 것에 대한 두려움이 점점 더 분명한 형태로 그의 인생에 나타났다. 결국 그의 인생은 그가 스스로 두려움을 인정할 수밖에 없는 지경으로 그를 이끌어갔다.

• • •

우리는 살면서 여러 차례 '영혼의 어두운 밤'을 겪기도 하지만 대개는 첫 번째 밤이 가장 힘들고 또 험난하다. 이는 종종 변화의 가장 강력한 동인이 된다. 자신이 왜 이토록 상처받는지를 일단 이해하고 나면, 이 경험은 완전히 새로운 의미를 띠게 된다. 어두운 밤의 표지판을 알아차리는 순간, 우리는 저절로 말한다. "아! 이 패턴을 알아! 그래, 확실히 '영혼의 어두운 밤'이로군. 그럼, 내가 무엇을 깨달아야 하는 것일까?"

그중에는 어두운 밤의 경험을 치유한 후 너무도 큰 힘을 얻어 우주가 다음에 그 어떤 밤을 준비하든 전혀 두려워하지 않게 되는 사람도 있다. 첫 번째 밤을 살아남았으니 그 어떤 밤이 닥치더라도 살아남을 수 있음을 알게 되기 때문이다. 하지만 무엇 때문에 자신이 이런 경험을 하는 것인지, 이 일이 의미하는 바가 무엇인지 모를 때, 우리는 가장 소중히 여기는 것을, 때로는 삶 자체를 앗아갈 패턴 속에서 수년을 혹은 평생을 허우적대게 된다.

다섯 번째 거울: 가장 위대한 연민의 거울

"건축자들이 버린 돌을 내게 보여다오.
　그것이 바로 주춧돌이다."● _〈도마복음〉

● 앞의 책.

1980년대 말, 나는 덴버의 산자락에 있는 고층 건물에서 일했다. 건물은 규모가 컸지만, 냉전의 종식과 정부 지출의 삭감으로 인해 회사는 대대적인 감원을 단행할 수밖에 없었다. 얼마 후에는 다른 부서가 우리 부서로 옮겨옴에 따라 공간이 협소해졌다. 나는 내 사무실을 동료와 함께 써야 했는데, 그녀는 나와 전혀 다른 업무를 맡고 있었다. 서로 경쟁하거나 책임을 공유할 필요가 없기에 우리는 금방 친구가 되었고, 가족 이야기, 친구 이야기, 주말 이야기 등 기쁨과 슬픔을 함께 나누었다.

어느 날, 함께 점심을 먹고 들어온 직후 그녀가 보이스 메일에 남겨진 메시지를 확인하는 모습이 보였다. 곧이어 그녀의 온몸이 뻣뻣이 굳더니 눈빛이 멍해졌다. 그녀는 곧 의자에 주저앉았다. 입술과 뺨에 바른 화장품을 제외하고는 얼굴이 백짓장처럼 하얘졌다. 수화기를 내려놓은 그녀가 마음이 진정되길 기다린 후, 나는 무슨 일인지를 물었다. 그녀는 나를 바라보더니 슬프고도 큰 교훈이 담긴 이야기를 들려주었다.

그녀의 절친한 친구에게는 모두가 부러워할 만한 딸이 있었다. 미모와 운동 신경, 예술적 재능을 타고났을 뿐만 아니라 이를 어릴 적부터 꾸준히 갈고닦아 온 그 아이는 재능을 모두 살릴 수 있는 직업을 찾다가 패션모델이 되기로 했다. 가족들은 그 결정을 지지했고, 꿈을 실현하는 데 필요한 도움을 아낌없이 제공해주었다. 광고 에이전시에 포트폴리오를 돌리자 많은 곳에서 열광적 반응을 보여왔다. 여행, 교육 등 상상 이상의 지원을 해주겠다는 것이었다. 겉으로 보았을 때, 그녀의 인생은 그보다 더 행복할 수 없었다.

하지만 가까운 지인들은 뭔지 몰라도 그녀가 달라졌다는 것을 느꼈다. 그녀는 열정이 사라지고 대신 걱정으로 가득 차 보였다. 그녀가 소속된 에이전시는 특정 외모만을 선호했다. 그녀는 확실히 독특한 미모를 지녔으나 80년대 말 광고계에서 원하는 스타일은 아니었다. 따라서 그녀는 업계가 원하는 외모를 얻기 위해 성형 수술을 받게 도와달라고 가족에게 부탁했다.

처음에는 간단하면서도 효과를 많이 볼 수 있는 성형 수술을 받았다. 그녀는 이상적 외모에 가까워졌지만 여전히 다소 거리가 있었고, 따라서 더욱 극단적인 수술을 받기 시작했다. 그녀는 어릴 때부터 턱이 살짝 뒤로 들어가 윗니가 아랫니를 완전히 덮고 있었다. 그래서 턱을 부수었다가 다시 짜 맞추어 보다 균형감 있게 보이도록 했다. 뼈가 치료되는 6주 동안 입이 철사로 고정되어 액체만 먹어야 했다. 철사를 제거하고 나니 멋진 광대뼈를 가진 균형 잡힌 얼굴이 되었다. 나는 동료가 지니고 다니는 그 아가씨의 사진을 보았는데, 나로서는 수술 전과 수술 후가 어떻게 다른지 알 수 없었다.

그런데 그녀는 액체 음식만 먹어서 살이 빠진 탓에 몸매가 예전 같지 않게 느껴졌다. 몸무게 감소로 상체의 근육이 줄어 그런 것이었는데도 그녀는 수술로 금방 해결할 수 있다고 생각하고는, 보다 훌륭한 비율의 몸매를 얻기 위해 맨 아래 갈비뼈를 제거하기로 했다.

연이은 수술에서 받은 스트레스로 그녀의 몸은 공황 상태에 빠져버렸다. 더 이상 원하는 부위에 살을 찌우거나 뺄 수가 없게 된 것이다. 하루하루 온몸이 말라갔다. 부모가 상황을 깨닫고 그녀를 병원에 입원시켰지만, 때는 너무 늦은 뒤였다. 여러 합병증으로 인해 그녀는 결국 그날 아침 숨을 거두고 말았다. 나의 동료가 점심을 먹고 나서 받은 메시지는 바로 그녀의 사망 소식이었다.

여러분들도 이와 비슷한 경우를 보았으리라. 부디 이보다는 덜 극단적이었길 빈다. 여기서 굳이 이 사례를 이야기하는 것은 일깨워주고 싶은 것이 있기 때문이다. 위의 아가씨는 완벽한 이미지를 마음에 품고 있었고 그것을 자기 자신과 비교했다. 자신의 외모를 평가할 기준으로 그 이미지를 들이댔고, 그 결과 끊임없는 열등감의 어둠에 빠져들었다. 자기 자신이 어딘가 부족하며, 그 '부족함'은 현대 의학의 기적을 통해 개선될 수 있다고 믿었던 것이다. 하지만 그녀에게 일어난 일은, 결점을 고치기 위해 성형 수술을 받는 것 이상의 보다 심오한 그 무엇이었다. 바로 다섯 번째 거울이 그녀를 똑바로 비추었던 것이다.

그녀는 어쩌다가 자신이 성공하려면 그런 극단적인 수술이 필요하다고 느끼게 되었을까? 왜 가족과 친구들은 완벽을 향한 그녀의 열정을 지지했던 것일까? 이미 충분히 아름다운 젊은 아가씨가 타고난 자기 자신이 아닌 다른 사람이 되고 싶다는 강박관념에 사로잡히게 된 것은 무엇 때문이었을까? 어떤 강력한 두려움이 그녀를 휘감았기에 다른 사람들의 마음에 들도록 자신의 외모를 바꾸고자 했던 것일까? 더 큰 의문은 이것이리라. **우리는 그녀의 경험으로부터 무엇을 배울 것인가?** 우리는 비교의 기준으로 무엇을 사용하는가? 삶의 성공과 실패를 가늠할 때, 우리는 과연 무엇에 근거해서 판단을 내리는가?

'불완전함'의 완전성

나는 강연회에서 종종 이 이야기를 들려주곤 한다. 그러고는 교육, 사랑, 직업, 스포츠와 같은 영역에서 자신의 성취도를 어떻게 평가하는지 간단한 도표를 그려보라고 권한다. 점수는 '아주 훌륭함'에서부터 '아주 나쁨'까지 네 단계로 나뉜다. 여기서 핵심은 도표를 아주 짧은 시간 안에 작성해야 한다는 것이다. 사실, 종이에 뭐라고 쓰느냐보다는 그 순간 무슨 생각을 했느냐가 더욱 중요하다.

종이에 뭐라고 썼든, 대개는 자기 자신이 완벽에는 못 미친다고 여기게 마련이다. 사람들은 성공했느냐 실패했느냐를 평가할 때, 자신들의 경험 밖에 있는 무엇인가와 비교한다. 우리는 자기 자신에 대해 너무도 가혹한 비평가이다. 이런 이유로 인해 다섯 번째 거울은 우리의 가장 위대한 자비(공감대)의 거울로 알려져 있다. 이 거울은 우리 자신에 대한 자비의 거울, 곧 우리가 누구이고, 누구였는가를 비추어 준다.

우리는 우리 자신의 거울을 통하여, 삶의 매 순간 안에 이미 존재하는 완전함을 자비심으로 허용하도록 요청받고 있다. 이는 다른 사람들이 우리를 어떤 식으로 보든, 우리가 실제로 어떤 성취를 이루든, 아무 상관없이 진실이다. 자신이 달성한 성과의 훌륭함을 깨닫기 전까지, 각 경험은 그저 더도 덜도 아닌 우리 자신을 표현하기 위한 기회에 지나지 않는다.

결과에 상관없이 자신이 행한 모든 것이 그 자체로 완벽하다고 여긴다면, 인생은 어떻게 달라질까? 최선을 다했다면 그 자체만으로도 충분히 훌륭한데도, 우리는 다른 무엇과 자신의 성과를 비교하려고 든다. 직업이든 연애든 성적이든, 기대했던 결말을 맺지 못한다 해도, 우리는 항상 그 경험을 통해 무엇인가를 배우고 다음번에는 달리 행할 수 있다. 디바인 매트릭스는 자기 자신에 대해, 즉 자신의 외모와 능력과 성과에 대해, 우리가 느끼는 그대로 우리의 현실 세계에 반영한다. 이를 명심한다면, 우리 삶의 깊은 치유 역시 우리의 위대한 자비의 실천으로 이루어질 수 있다. 그것은 곧 우리가 우리 자신에게 베푸는 친절이다.

거울을 넘어서

우리의 참된 본질에 대해 더욱 미묘한 비밀을 보여주는 다른 거울도 분명 존재하지만, 위의 다섯 거울은 우리의 삶을 가장 확실히 치유하게 해준다. 이 과정에서 우리는 디바인 매트릭스 안에서 창조자로서의 우리의 진정한 힘을 발견한다. 각 거울은 보다 높은 수준의 마스터가 되기 위한 디딤돌이다. 일단 이러한 거울들이 존재한다는 것을 알면, 당신은 더 이상 '모른 척할 수가' 없다. 삶의 어느 순간에 거울들 중의 하나를 인식했다면, 당신은 다음부터는 삶의 다른 영역들에서 펼쳐지는 동일한 패턴을 쉽사리 알아보게 될 것이다.

예를 들어, 어느 가정이든 누가 주도권을 쥐느냐는 문제를 놓고 많은 감정이 발생하지만, 낯선 이에게서 중고차를 살 때에 비하면 긴장이 덜한 편이다. 이는 아마도 가족이나 친구에 비해 판매원과는 그리 친밀하지 않은 관계이기 때문일 것이다. 하지만 긴장이 덜하다고 해서 패턴이 다른 것은 아니다. 이것이 바로 의식 홀로그램 패턴의 훌륭함이다. 자동차 판매원, 슈퍼 점원, 맛있는 음식을 다 태워서 내온 웨이트리스와의 관계에서 발견한 깨달음은 가정에까지 영향을 미친다. 이는 홀로그램의 속성 때문이다. 한 관계의 패턴이 변화하면 같은 패턴을 지닌 모든 관계가 영향을 받는다.

이러한 변화는 때로 우리가 전혀 예상하지 못한 곳에서 일어난다. "오늘은 나의 비판이 얼마나 매서운지 보여줄 거울을 드러낼 사람을 만나야지"라고 말하며 아침에 일어나는 사람은 없다. 거울은 그런 식으로 작동하지 않는다! 오히려 우편함에 편지를 가지러 가거나 자동차 타이어에 공기를 넣다가 불현듯 거울과 마주치게 되고, 그럼으로써 치유할 기회를 얻게 되는 경우가 많다.

얼마 전 나는 직장과 친구, 가족을 모두 버리고 뉴멕시코 북부의 황야로 옮겨온 한 친구를 만났다. 나는 그에게 왜 모든 것을 버리고 사막에서 홀로 사느냐고 물었다. 그는 자신이 밟아온 '영적 길'에 대해 설명해주었다. 하지만 그는 자신이 그렇게 된 것은 어떤 일도 제대로 풀리지 않아서이기도 하다고 고백했다. 가족과의 문제와 직장에서의 문제, 심지어 새 '영적' 집을 짓고 있는 건축업자와도 문제를 겪고 있었다. 그는 분명 좌절하고 있었다. 그 이야기를 들은 나는 도움이 될 것 같은 지혜 하나를 들려주었다.

내가 보기에, 우리는 모두 영적인 삶을 살아가고 있다. 달리는 살아갈 수가 없다. 다시 말해, 우리는 영혼의 존재이기에 영적 경험만을 할 수 있을 뿐이다. 삶이 어떤 모습을 할지라도 우리가 행하는 모든 노력과 우리가 가는 모든 길은 같은 곳으로 우리를 이끈다. 그러한 믿음에서 보자면, **나날의 활동은 영적 진화와 분리될 수 없으며 일상 자체가 바로 우리의 영적 진화인 것이다!**

나는 친구를 바라보며 말했다. 그가 이 순간 겪고 있는 모든 문제는 어쩌면 그가 가야 할 영적 길일 수도 있다고. 그는 예상치 못한 내 말에 흥미로워했다. 지금까지 그는 날마다 고독과 명상 속에서 살아야만 영혼의 깨달음을 얻을 수 있다고 믿었던 것이다.

하지만 나는 사소한 일상이라도 자신에게 생긴 문제를 하나하나 해결해가는 방식이야말로 바로 그가 탐험하고자 하는 영적 길일 수 있다고 설명했다. 그는 작별인사를 하며 놀란 표정으로 나를 바라보더니 이렇게 대꾸했다. "어쩌면 그럴지도 모르겠네요!"

8장

현실 코드 다시 쓰기
의식 창조의 20가지 비결

> "자네는 이제 마음의 열망이 실현되는 비결을 찾은 것이네.
> 그 무엇도 파괴할 수 없는 내면의 힘을 습득할 때까지는
> 여기에 머물도록 하게."
> _구르지예프, 〈놀라운 사람들과의 만남〉 중에서*

나는 전 세계를 돌아다니며, 간절히 세상을 바꾸고자 하지만 바꿀 수 없는 사람들을 만나 왔다. 70년대에 '텐 이어즈 애프터'라는 록그룹이 불러서 히트를 친 록발라드의 가사에는 그러한 이들의 절망적인 심정이 잘 담겨 있다. 코러스는 이렇게 시작된다. "세상을 변화시키고 싶어. 하지만 어떻게 해야 할지 모르겠

---

* 〈놀라운 사람들과의 만남: 숨겨진 지식을 찾아서(Meetings with Remarkable Men: Gurdjieff's Search for Hidden Knowledge)〉(Corinth Video, 1987). 고대의 비밀스런 가르침을 얻고자 분투했던 20세기 초 아르메니아 출신의 신비주의자 구르지예프의 삶을 영화화한 것이다. 그는 세계를 여행하다 파키스탄 외딴 산 속 은밀한 수도원에 이른다. 인용문은 오랫동안 그가 간절히 찾던 가르침을 전수해준 스승의 말이다.

어. 그러니 당신에게 다 맡겨버릴게."" 이번 장에서는, 더 나은 세상을 만들기 위해 우리가 필요로 하는 모든 것을 씨줄로 날줄로 엮어 나가고자 한다.

1장에서 나는 인디언 친구가 들려준 이야기를 했다. 그는 우리가 우주를 변화시키는 힘을 가지고 있었으나 알 수 없는 이유로 오래전 잃게 되었다는 전설을 들려주었다. 그는 오늘날 사용되는 복잡한 기술은 우리가 실제로 우리 몸 안에서 할 수 있는 것을 우리의 세상 안에 흉내 냄으로써, 우리가 지닌 이런 능력을 기억해내기 위한 우리의 시도라고 했다. 그렇게 보면, 컴퓨터가 우리 삶의 필수품으로 자리 잡은 것은 전혀 놀랄 일이 아니다. 사실상 컴퓨터는 우리가 우리의 기억을 저장하고 다른 이들과 소통하는 방식을 그대로 모방하고 있는 것 같다.

이러한 내적 기술과 외적 기술의 비교는, 그 인디언 친구의 생각 이상으로 (혹은 적어도 그날 그가 내게 들려준 것 이상으로) 확대 해석이 가능하다. 우리의 두뇌와 의식은 여러 면에서 컴퓨터의 작동 방식과 비교된다. 터프츠 대학Tufts University의 인지연구소 이사인 대니얼 데닛Daniel Dennett은 선구적 저서《의식 사용설명서Consciousness Explained》에서 인간의 뇌는 '일종의 컴퓨터'로 생각될 수 있으며, 이런 비유를 통해 인간이 정보를 이용하는 방

• 텐 이어즈 애프터의 앨범, *A Space In Time* (Capitol Records, 1971).

법을 보다 쉽게 이해할 수 있다고 말한다.[*] 과학이 뇌에 대해 알아낸 사실과 우리가 뇌를 통해 겪는 경험 사이에 존재하는 (데넷의 표현을 빌자면) '미지의 땅terra incognita'에서, 우리가 길을 찾아가는 데 필요한 많은 것을 컴퓨터 과학은 제공해 준다. 확실히 정보 저장과 소통 도구로서 대성공을 거둔 컴퓨터는 우리가 의식의 신비를 이해하는 데 강력한 비유의 대상을 제공해 준다.

다음은 현대의 컴퓨터가 작동하는 방식을 요약한 것으로, 극도로 단순화되어 있지만 그 정보는 적확하다. 이 간단한 모델은 하드웨어와 소프트웨어라는 외부 세계를 의식이라는 내적 활동과 비교하도록 도와준다. 이 부인할 수 없는 유사성은 매혹적이기 이를 데 없다.

우선, 모든 컴퓨터는 작동을 위해 딱 세 가지가 필요하다. 크든 작든 아무리 복잡해 보이든, 항상 **하드웨어와 운영 시스템과 소프트웨어**가 있어야 작동한다. 여기까지는 쉬울 것이다. (…) 하지만 의식을 새로운 시각으로 조명하기 위해서는 이 세 가지 구성 요소가 실제로 하는 일이 무엇인지를 이해할 필요가 있다.

운영 시스템은 우리가 컴퓨터의 칩과 회로와 소통할 수 있게 해주며 프린터, 스크린 등의 작동을 궁극적으로 가능케 한다. 매킨토시니 윈도우니 하는 말은 들어보았을 것이다. 이 외에도 특별한 임무를 위해 개발된 낯선 이름의 운영 시스템도 있다. 어

---

* 대니얼 데넷, *Consciousness Explained* (Boston: Back Bay Books, 1991), p.433.

느 쪽이든, 우리가 키보드로 입력하는 명령을 컴퓨터가 알아듣는 것은 모두 운영 시스템 덕분이다. 운영 시스템은 우리의 지시를 컴퓨터가 이해할 수 있는 언어로 번역해 준다.

하드웨어는 컴퓨터의 물리적 구조이다. 회로, 칩, 프로세스를 비롯해 모니터와 키보드도 여기에 포함된다. 운영 시스템을 통해 작동하는 기계장치가 바로 하드웨어이다. 컴퓨터가 만들어 낸 결과물은 일종의 하드웨어 장치를 통해 우리의 눈에 보이게 된다. 여기에는 모니터 말고도 프린터, 플로터(도형이나 도면을 출력하는 데 사용하는 장치), 프로젝터 등도 포함된다.

소프트웨어는 워드, 파워포인트, 엑셀 등 우리가 사무실과 학교에서 매일 사용하는 프로그램을 의미한다. 이러한 프로그램을 통하여 컴퓨터는 우리의 지시를 받아 유용한 결과물을 만들어낸다!

여기서 핵심은 이것이다. 컴퓨터의 운영 시스템은 고정되어 있어 절대 변하지 않는다. 즉 운영 시스템은 운영 시스템 그대로이다. 컴퓨터가 다른 무엇인가를 하기를 바란다고 해서 운영 시스템을 뜯어고치지는 않는다. 대신에 **우리는 운영 시스템에 입력되는 명령을 바꾼다.** 이것이 그토록 중요한 까닭은 의식 역시 마찬가지 방식으로 작동하기 때문이다.

전체 우주를 거대한 의식 컴퓨터라고 생각한다면, 의식 자체는 운영 시스템이 되고 현실은 그 결과물이다. 컴퓨터는 운영 시스템이 고정되어 있어서 그것에 말을 거는 프로그램이 변화되어야 변화를 가져올 수 있듯이, 우리의 세상을 변화시키고 싶다면 우리는 의식과 소통하는 프로그램들, 곧 우리의 감정과 느낌과 기도와 믿음을 바꾸어야 한다.

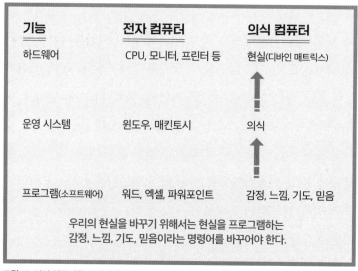

기능	전자 컴퓨터	의식 컴퓨터
하드웨어	CPU, 모니터, 프린터 등	현실(디바인 매트릭스)
운영 시스템	윈도우, 매킨토시	의식
프로그램(소프트웨어)	워드, 엑셀, 파워포인트	감정, 느낌, 기도, 믿음

우리의 현실을 바꾸기 위해서는 현실을 프로그램하는
감정, 느낌, 기도, 믿음이라는 명령어를 바꾸어야 한다.

그림 13. 의식 컴퓨터를 우리에게 친숙한 전자 컴퓨터와 비교해 본다면, 둘 다 결과물을 바꾸기 위해서는 시스템이 인식하는 언어를 통해야 한다는 공통점이 있다.

> **비결 20**   우리는 우리가 세상에서 경험하기로 선택한 바로 그
> 것들을 살아야 한다.

우리가 상상한 모든 것은 물론이고 심지어 상상도 못한 것까지도 디바인 매트릭스 안에서는 가능하다. 워드와 같은 프로그램

을 이용해 컴퓨터의 결과물을 수정하듯이, 감정과 믿음과 기도
는 디바인 매트릭스라는 의식 컴퓨터의 결과물을 바꾸는 프로그
램이다. 이러한 비유는 우리가 현실을 변화시킬 수 있는 프로그
램을 이미 가지고 있으며 매일 사용하고 있다는 것을 보여준다.

우리가 감정과 느낌과 기도와 믿음의 메시지를 의식에게 보
내는 매 순간, 그것들은 우리 몸과 관계와 삶과 세계의 현실 속
으로 번역된다. 이제 문제는 그러한 언어가 존재하느냐 아니냐
가 아니라, 어떻게 하면 이 언어를 우리 삶 속에서 의도적으로
잘 이용할 수 있느냐이다.

우리의 믿음이 그토록 강력한 까닭과 60억 인구가 사는 세계
를 변화시킬 방법을 알고 싶다면, 홀로그램에 대한 이해를 한
단계 더 높여야 한다.

전체 패턴

우리가 홀로그램적 존재라는 것은 이제 명확해졌다. 우리는 홀
로그램 우주의 홀로그램 의식 속에서 홀로그램 몸을 갖고 살아
간다. 우리는 우리의 세포를 넘어서서 확장되는 우리의 몸을 통
하여, 우주 자체가 되기 위하여 우리 자신을 표현하고 있는 강
력한 존재이다. 단순히 '존재'한다는 것만으로도 우리는 더없이
거대한 현상에서부터 한없이 미세한 사건에까지, 밝디밝은 빛

에서부터 시커멓디시커먼 어둠에 이르기까지, 창조계의 모든 것을 비추며 우주를 두루 에워싼다. 우리의 친구들, 부모님, 아이들, 배우자 역시 그 전체 중 일부이다. 우리의 몸은 우주의 수많은 패턴들을 비추고 있다. 수많은 패턴들 안에 더 많은 패턴들이 겹치고 또 겹치는 패턴들을 비추고 있다. 우리의 이러한 홀로그램적 존재는 결코 비밀이 아니지만, 그럼에도 우리가 사는 세상의 역사 안에서 가장 심오하고도 감동적인 시와 산문 중에는 이를 주제로 삼는 경우가 적지 않다.

예를 들어, 영지주의 작품인 〈천둥: 완전한 마음The Thunder: Perfect Mind〉에서 3세기의 여인은 자기 자신이 모든 사람 안에 이미 존재하는 모든 가능성들의 화신, 그 이상도 그 이하도 아니라고 선언한다. "나는 처음이자 마지막이며, 창녀이자 성자이다. 나는 아내이자 처녀이며… 내 아버지의 어머니이자 내 남편의 누이이니… 나의 연약함으로 인해 나를 버리지 말 것이며, 나의 강함을 두려워하지 말 것이니… 그대는 어찌하여 나를 그대의 조언자로 삼지 못하고 증오해 왔는가?"

우리의 홀로그램적 본질을 정확히 묘사하고 있는 이 글은 그리스도교 교회 초기에 작성되었다. 시대를 앞서도 한참은 앞선 셈이다. 남성우월적인 교회 공의회에서 정경을 선택할 때 이 글을 외경으로 밀어낸 까닭은 뻔하다. 그 탓에 〈천둥: 완전한 마음〉은

• 〈천둥: 완전한 마음〉, 《나그 함마디 문서》, pp.297-303.

1,700년 가까운 세월이 지나 교회 이전 시대의 나그함마디 문서가 발견되고서야 세상의 빛을 보게 된다.

여기서 중요한 점은, 우리들 각자는 완전하고도 완벽하다는 것이다. 우리는 이런 완전한 상태 안에서, 더 큰 완전함 안에 존재하는 치유의 더 큰 패턴들에 이르는 열쇠를 찾게 된다. 이러한 강력한 원리가 우리의 삶 속에서 펼쳐지고 있다. 치유와는 전혀 관련성이 없어 보이는 경험과 감정을 촉매 삼아서.

예를 들어, 우리가 상실을 다룬 영화를 보며 느끼는 슬픔은 영화 속 장면과는 별 상관이 없을 가능성이 크다. 1990년 영화 〈늑대와 춤을〉에서 존 던바가 길들인 늑대에게 군인들이 총을 쏘는 가슴 아픈 장면은, 이 원리가 우리의 삶에 어떻게 펼쳐지는가를 완벽하게 보여준다. 던바를 죄수로 잡아들인 바로 그 군인들이 던바의 친구가 된 늑대를 공격하는 것을 우리는 던바의 눈을 통해서 보게 된다.

나는 여러 번 이 영화를 보았는데, 그때마다 관객들은 이 장면에서 강하고도 진한 감정을 느꼈다. 어떤 사람들은 의아해했다. "늑대 투삭스가 총에 맞아 죽는 장면이 왜 이렇게 슬픈 거지?" 그 답에 놀랄 것이다. 사실 그들이 느끼는 슬픔은 영화 속 장면과는 상관이 없을 가능성이 크다. 그들이 무엇인가 소중한 것을 잃거나 빼앗겼을 때마다 한구석에 밀어둔 감정을 영화의 그 장면이 촉발한 것이다.

영화가 우리에게 불러일으킨 감정이 영화 속 인물보다는 우리가 살아남기 위해 잃어버린 자아의 일부와 더 많은 관련이 있다는 사실은, 어찌 보면 그리 놀랄 일도 아니다. 하지만 대다수 사람들은 자신이 자신의 많은 부분을 포기했다는 사실을 알지 못한 채, 책이나 영화나 상황들 속에서 동일시를 느낀다. 이는 아픔의 순간을 극복하고 살아남기 위해 버린 것들을 우리가 여전히 인식한다는 사실을 스스로에게 일깨우는 무의식적 방법인 것이다.

우리의 삶은 다음과 같이 작동하는 것 같다. 우리들 각자는 다른 사람들을 위해 전체의 다른 부분들을 비추어준다. 이는 "위에서와 같이 아래에서도, 안에서와 같이 밖에서도"라는 고대 신비학의 원칙을 떠올리게 해준다. 물리학자 존 휠러가 말했듯이, 우리는 우주 안에 있는 우주의 피드백 고리로서, 크기만 다를 뿐 똑같은 패턴을 끊임없이 되풀이하여 비춘다. 고대의 전통들은 이 개념에서 한 걸음 더 나아가, 우리가 위대한 치유를 발견하게 될 때까지 삶의 '경험'이 계속 순환한다고 믿는다. 치유를 발견한 다음에야 우리는 순환의 고리에서 해방된다. 힌두교의 표현을 빌리자면, 그제야 우리의 카르마가 끝나는 것이다.

누군가는 먼저 해야 한다

의식 컴퓨터라는 살아 있는 홀로그램 안에서, 홀로그램의 모든 부분들은, 그것이 아무리 작더라도, 각자 자신의 공간의 영역 안에서 살아간다. 그럼으로써 그 자체로 더 큰 전체에 이바지한다. 예를 들어 아원자 입자들은 원자를 이루는 요소이고 원자가 일하는 방식을 결정한다. 차례로, 원자들은 분자를 이루고 분자가 일하는 방식을 결정한다. 분자들은 우리 몸의 세포를 이루며 우리가 일하는 방식을 결정한다. 우리 몸은 우주의 거울이며 (…) 이런 식으로 끝도 없이 계속된다.

2부에서 살펴보았던 홀로그램의 속성으로 인해, 어느 층위에서 변화가 일어나든 이는 전체에 반영된다. 따라서 의식의 전체 패턴에 새로운 사고방식이나 믿음이 닻을 내리려면, 많은 사람들이 필요한 것이 아니다. 15세기에 아메리카 인디언들 중 한 주술사가 다른 방식으로 보는 법을 발견하자 나머지 부족민들 모두가 외국 배의 괴이한 패턴을 '알아보게' 되었다. 1980년대에 레바논과 이스라엘에서는 특별한 방식으로 훈련을 받은 사람들이 정해진 시간에 명상을 하자, 두 나라 전체에 폭력이 줄어들었다. 이와 마찬가지로, 의식 안에 새로운 프로그램을 창조하는 소수의 사람들은 우리의 집단적인 현실에 거대한 차이를 가져올 수 있다. 열쇠는, 누군가가 그것을 먼저 해야 한다는 것이다.

먼저 한 사람이 존재의 새로운 방식을 선택하여 다른 사람들로 하여금 달리 살아가는 본보기를 볼 수 있게 해야 하고, 그래서 그 패턴이 새겨질 수 있게 해야 한다. 그렇게 되면 우리는 우리의 신념 프로그램을 업그레이드하여, 새로운 현실을 위한 청사진을 의식에 보내게 된다. 우리는 이러한 원리가 과거에도 여러 차례 작동된 것을 알고 있다. 붓다, 예수, 마호메트에서부터 간디, 마더 테레사, 마틴 루서 킹에 이르기까지, 수많은 개인들이 다른 사람들 속에서 새로운 방식으로 살았다. 그들은 자신들이 변화를 선택한 바로 그 의식 안에서 그렇게 했다. 우리는 그렇게 강력한 변화의 사례들을 너무나 오랫동안 들어와서, 그것들을 오늘날 지극히 당연한 것으로 받아들이고 있다.

하지만 이러한 마스터들이 기존의 패러다임에 새로운 사상을 심기 위해 걸어갔던 길을 자세히 들여다보면 감탄이 절로 터져 나온다. 이를 컴퓨터와 연결지어 비유해 보자면, 우리의 워드프로세서 소프트웨어가 갑자기 로켓 과학을 행하도록 스스로를 재프로그램시킨 것과 흡사하다. 그런 일이 정말 일어났다면, 그것은 인공 지능의 완벽한 본보기라 할 만하다! 과거에 우리를 제한시켰던 것과 똑같은 믿음들이 버젓이 존재하는 상황 속에서 우리가 큰 변화를 창조해 낸다는 것은, 이와 마찬가지로 기적적인 일이 아닐 수 없다.

두려워해야 할 만한 이유가 충분한 이 우주를 신뢰하는 길, 복수심으로 뒤덮인 이 행성 위에서 용서하는 길, 두렵거나 이해할 수 없는 것들은 죽이라고 배워 왔던 세상에서 자비와 연민을 베푸는 길을 찾아낼 때, 그것이 그토록 강력한 힘을 갖는 것도 바로 이 때문이다. 우리의 깨달은 스승들이 완수한 것이 바

로 이것이다. 과거의 선각자들은 지혜와 연민과 신뢰와 사랑의
삶을 통하여 의식이라는 '운영 시스템'에 명령을 내리는 믿음의
'소프트웨어'를 변화시켰다. 그들은 새로운 가능성의 씨앗들로
우리의 현실을 '업그레이드'시켰던 것이다.

　오늘날 우리는 바로 그런 기회를 가지고 있다. 더 나은 세상
을 만들기 위해 우리가 굳이 성인이 되어야 할 필요는 없을 것
이다. 과거와는 다른 선택을 하도록 하는 데에는, 흥미로운 분기
점이 있게 마련이다. 새로운 믿음을 받아들이는 사람이 많을수
록 그 믿음을 현실에 뿌리를 내리게 하는 것이 더욱 쉬워진다는
사실이 과학적 연구를 통해 입증되었다. (2부에서 설명했듯이, '1%
의 제곱근' 공식은 얼마나 적은 수의 인원으로도 변화가 시작될 수 있는지
를 보여준다.) 붓다, 예수, 그리고 다른 여러 마스터들은 처음으로
본보기를 보여주었고, 그들의 사례는 다른 이들도 똑같이 행하
도록 촉매가 되어 문을 열어주었다. 심지어 예수는, 미래 세대는
당시 사람들에겐 기적으로 보이는 일들을 행하게 될 것이라고
말하기도 했다.

　수많은 사람들이 수많은 세월 동안 이 선각자들을 따름으로
써 생겨난 추동력은, 과거의 선각자들은 누릴 수 없었던 이점을
우리에게 선사해 준다. 오늘날 우리는 스스로 우리의 몸을 치유
할 수 있으며, 예전과는 비할 수 없이 장수할 수 있다는 사실을
알고 있다. 사랑, 이해, 감사하는 마음은 우리 몸에 활기를 줄 뿐
아니라 세계에 평화를 깃들게 하는 긍정적 자질이라는 것 또한

알고 있다. 우리는 또한, 디바인 매트릭스와의 소통을 업그레이드시키는 법과, 상대적으로 적은 사람만으로도 커다란 차이를 만들 수 있다는 사실 역시 알고 있다.

그렇다면 이러한 앎으로 우리는 무엇을 할 것인가? 한 사람이 오래도록 지속된 고통의 패턴에 새로운 반응을 하기로 결심한다면, 무슨 일이 일어나게 될까? 누군가가 '배신'이나 '깨어져 버린 신뢰'에 상처와 분노가 아닌 다른 반응을 보이기로 선택한다면, 무슨 일이 일어나게 될까? 가족 중 한 명이 흉악한 짓을 저지른 이에 대한 복수심이나 증오심 없이 저녁 뉴스를 본다면, 그 가족에게는 무슨 일이 일어날까? 바로 다음과 같은 일이 일어나게 된다. 한 개인이 다른 모든 사람을 위한 살아 있는 다리이자 개척자, 산파가 되어 같은 길을 선택하도록 용기를 불어넣게 된다. 누군가 다른 한 사람이 따라서 같은 선택을 내릴 때마다, 다음번 사람은 그 선택을 하기가 조금씩 더 쉬워진다.

앞에서 살펴본 대로, 이를 위해서는 자신에게 상처가 되었던 경험에 매몰되는 대신 과감하게 **초월해야** 한다. 예를 들어, 마틴 루서 킹이 증오에 의지했더라면 증오를 결코 멈출 수 없었을 것이다. 넬슨 만델라가 자신을 감금한 이들을 혐오했더라면 남아프리카의 감옥에서 20년 넘게 살아남는 일은 없었을 것이다. 마찬가지로, 더 많은 전쟁을 일으켜서 전쟁에 종지부를 찍기란 불가능하다. 20세기에 평화 구축에 실패한 것이야말로 이러한 이치의 강력한 사례이다. 핵심은 다음과 같다. 우리의 믿음을 그대로 비추어주는 우주에서는 화난 사람들이 평화로운 세상을 만들 수 없다는 것은 너무나 명백하다. 물론 우리는 애써 왔다. 그리고 오늘날 세계가 보여주는 불안은 우리의 노력의 결과가 어떠하다는 것을 명백히 드러내준다.

폭력적 사회의 내부에서부터 폭력의 악순환을 그치게 한 이들의 사례를 살펴보면 두 가지 강력한 패턴이 보인다.

> ❶ 증오를 넘어서기 위한 선택은 체제 외부에서 강요되는 것이 아니라 증오를 낳은 바로 그 체제 내부에서부터 비롯된다.
>
> ❷ 그러한 선택을 내린 사람들은 그들이 더없이 사랑하는 이들을 위한 살아 있는 다리가 된다. 그들은 그 당시에는 자신의 믿음을 지지하지 않는 체제 내에서 자신이 믿었던 진리를 삶으로써 자신의 참된 힘을 발견하게 된다.

이 얼마나 강력한 모델인가! 홀로그램 의식은 체제의 **어느 곳에서** 일어난 변화든 그 변화를 체제 **전체로** 퍼뜨린다. 60억 이상이 살아가는 지구 역시 마찬가지다. 소수가 내린 평화와 치유의 선택이 우리 모두에게 어느 정도는 혜택을 주는 것이 사실이다. 우리는 이러한 원리가 작동되는 것을 목격해 왔고, 그러기에 나는 확신 있게 말할 수 있다. 디바인 매트릭스의 존재를 알게 된 만큼, 이제 우리는 우리 시대의 가장 큰 도전을 해결하는 데 필요한 모든 것을 갖고 있는 셈이다.

세계 평화를 선택하든 가족의 평화를 선택하든, 사랑하는 이나 자신의 치유를 선택하든, 그 원리는 똑같다. 감정, 느낌, 믿음, 기도로 현실을 프로그램하는 의식 컴퓨터로서 우주를 보게 된다면, 현실 창조의 각 단계를 보여주는 사용안내서 역시 갖고 있는 것이다. 사실이 그렇다. 역사에 자취를 남긴 깨달은 스승들이 우리에게 그것을 구석구석 보여주고 알려주었다. 다음에 제시한 20가지 비결은, 바로 이러한 가르침을 모으고 간추려 변화를 이끌기 위한 논리와 행동을 단계별로 나열한 것이다.

물론 이 외에도 여러 비결이 있겠지만, 나의 개인적 경험과 역사를 통해 그 효과가 검증된 것만을 정리했다. 그 결과, 세계를 변화시키고 현실 프로그램을 업그레이드시키는 방법을 정리한 사용안내서가 나온 것이다.

현실 창조의 20가지 비결

여기에 제시된 것들은 이 책에서 가장 중요한 핵심 내용이다. 하나하나 따로 놓고 보면 흥미롭다. 한데 모아 놓고 보면 하나의 이야기, 즉 우리의 이야기가 되어 우리의 창조력을 활성화시켜 준다. 이들 비결은 의식 컴퓨터가 현실을 창조할 때 사용하는 소프트웨어, 즉 변화의 코드이다. 코드라면 으레 그렇듯이, 이들 비결은 한 가지 근거를 갖고 순서대로 정리되어 있다. 간단히 말하자면, 케이크를 굽기 전에 모든 재료를 한 자리에 가져다 놓아야 하듯이, 현실 창조의 비결은 각 단계를 모두 이해해야 하고, 필요할 때에 적절히 쓸 수 있어야 한다.

이들 비결을 생각할 때면, 카발라의 세 번째 책인《세페르 예치라Sepher Yetzirah》에 묘사된 일련의 파워풀한 지식이 떠오른다. 우주가 창조된 방식을 단계별로 설명한 이 책은, 독자로 하여금 우주 창조의 각 단계를 한 번에 하나씩 살펴보도록 이끈다. 덕분에 독자는 각 단계별로 그 힘을 깊이 이해할 수 있다. 고대의 지침서는 이렇게 말한다. "이들을 시험하고 조사해 보라. 그 본질을 중심으로 삼아라."*

마찬가지로, 아래의 비결들 역시 하나씩 살펴보고 당신 자신의 삶으로 초대하기 바란다. 저마다 변화의 강력한 힘으로서 장점을 갖고 있다. 완전히 이해될 때까지 물고 늘어져라. 그렇게 모든 단계를 고찰하고 나면, 세계와 나 자신을 바꾸는 비결이 자기 자신의 것이 될 것이다.

- 《세페르 예치라: 창조의 책(The Book of Creation)》, 아리예 카플란 편 (York Beach, ME: Samuel Weiser, 1997), p.165.

의식 변화의 20가지 비결

비결 1　디바인 매트릭스는 우주를 담고 있는 **그릇**이자, 만물을 하나로 이어주는 **다리**이며, 우리가 창조한 것을 우리에게 비추어주는 **거울**이다.

비결 2　우리가 사는 세상의 모든 것은 다른 모든 것과 서로 연결되어 있다.

비결 3　우주의 힘을 이용하기 위해서는, 우선 우리 자신이 우주와 분리된 존재가 아니라 그 일부임을 깨달아야 한다.

비결 4　한때 하나였던 것들은 물리적으로 연결되어 있든 아니든 **항상 서로 이어져 있다.**

비결 5　우리가 의식을 집중하는 행위는 곧 우주를 창조하는 행위이다. 의식이 우주를 창조한다!

비결 6　우리가 어떤 변화를 원하든, 우리는 그 변화를 창조하는 데에 필요한 모든 힘을 가지고 있다!

비결 7　우리가 의식으로 집중하는 것이 우리 세계의 현실이 된다.

비결 8　새로운 현실을 선택한다고 단순히 말하는 것만으로는 충분치 않다!

비결 9　느낌은 디바인 매트릭스와 '소통하는' 언어이다. 꿈이 이미 이루어졌다고, 기도가 이미 응답을 받았다고 느껴라.

비결 10 아무 느낌이나 다 되는 것은 아니다. 에고와 편견이 없는 느낌만이 창조로 이어질 수 있다.

비결 11 우리는 우리의 세계로서 우리가 경험하기로 선택한 것들과 삶 속에서 하나가 되어야 한다.

비결 12 우리는 오늘날 우리가 알고 있는 것과는 달리, 물리 법칙에 의해 제한받지 않는다.

비결 13 홀로그램인 '무엇인가'는 모든 부분에 전체를 담고 있다.

비결 14 우주적으로 연결된 의식 홀로그램은 소망과 기도가 우리 마음에 생겨나는 순간 이미 목적지에 도달해 있음을 보장한다.

비결 15 우리 삶의 작은 변화는 의식의 홀로그램을 통해 세계 의 모든 곳에 반영된다.

비결 16 집단의식의 변화를 '야기'하기 위해 필요한 최소 인원 은 총 구성원의 1%의 제곱근이다.

비결 17 디바인 매트릭스는 우리가 우리 믿음으로 창조하는 관계의 세계를 거울처럼 되비추어 준다.

비결 18 우리의 '부정적' 경험의 뿌리는 세 가지 보편적 두려움

중 하나로(혹은 셋 중 몇 가지가 결합된 것으로) 분류될 수 있다. 그 세 가지는 바로 버림받음, 낮은 자존감, 신뢰 부족이다.

비결 19   우리의 가장 친밀한 관계 안에는 우리의 참된 믿음이 그대로 비추어진다.

비결 20   우리는 우리가 세상에서 경험하기로 선택한 바로 그것들을 살아야 한다.

· · ·

우리는 거의 누구나 눈에 보이는 것 이상의 무엇인가가 존재한다는 지각을 가지고 있다. 안개에 싸인 고대의 기억 깊은 곳 어딘가에서, 우리는 우리 안에 마술적이고도 기적적인 힘을 가지고 있다는 것을 알고 있다. 어린 시절, 우리는 이성이나 논리의 경계를 넘어서야만 할 수 있는 일들을 꿈꾸곤 한다. 왜 안 그렇겠는가? 하지만 어릴 적 우리는 기적이 현실에서는 일어나지 않는다는 규칙을 '배워야만' 했다.

하지만 우리 주변에는 우리의 기적적인 잠재력을 일깨워주는 것들이 널려 있다. 2부에서 양자 입자의 '이례성anomylies'이 단순히 '괴이'하거나 '기묘'한다고 치부할 수 없는 그 이상의 무엇임을 살펴보았다. 양자가 시공에서 그토록 자유로울 수 있다면,

우리도 현실에서 그런 자유를 누릴 수 있다는 의미가 아닐까, 의문을 제기하였다. 지금까지 그 대답을 보류하고 기다려온 데에는 나 나름대로 의도가 있었기 때문이다. 과학자들 스스로가 믿어온 것들의 한계를 뛰어넘는 실험과 연구 결과들을 두루 살펴보건대, 그 대답은 "그렇다"이다.

우리를 이루고 있는 입자가 다른 입자와 즉각 소통할 수 있으며, 동시에 두 곳에 존재할 수 있고, 미래뿐만 아니라 과거에서 살 수 있으며, 현재의 선택으로 과거를 변화시킬 수 있다면, 우리 역시 그럴 수 있다. 그러한 고립된 입자들과 우리 사이에 차이가 있다면, 우리는 수많은 입자들이 의식 자체의 힘에 의해 한데 뭉쳐진 존재라는 것이다.

고대의 종교는 우리 마음을 깨우고, 현대의 과학은 우리 정신을 깨움으로써 우주의 단일하고도 더없이 강력한 힘이 우리 안에 있음을 가르쳐준다. 우주의 가장 큰 비밀이 바로 이것이다. 우리의 믿음과 상상력 속에는 세계를 변화시킬 힘이 있다. 너무 단순한 말 같아서 헛소리처럼 들리겠지만, 나는 이것이 사실임을 확실하게 믿는다.

우리가 우리 자신의 불멸을 두려워한다고 표현한 수피 시인 루미가 전하고자 했던 것은, '우리를 진실로 놀라게 하는 것은 불멸성을 선택할 수 있는 힘'이라는 것이었으리라.

서문의 크리스토퍼 로그의 시에서 입문자들이 하늘을 날기 위해 필요한 것이라곤 살짝 떠밀린 것뿐이었듯이, 우리에게 필요한 것은 우리 자신이 세계와 운명의 창조자이고, 내적 믿음을 우주라는 캔버스에 표현하는 우주적 예술가라는 사실을 깨닫기 위한 아주 작은 관점의 변화뿐이다. 우리가 예술가이자 예술품 이라는 사실을 명심한다면, 우리 자신이 기적의 씨앗이자 기적 그 자체라는 것 역시 이해할 수 있을 것이다. 우리가 스스로 작 은 변화를 만들 수 있다면, 우리는 디바인 매트릭스 안에서 이 미 치유된 것이다.

도달해야 할 곳이 없을지라도
계속 걸으라.
얼마나 거리가 남았는지 헤아리지 말라,
사람에게는 적절치 않은 일이니.
내면의 소리를 따르되
두려움이 가리키는 방향으로는 가지 말라.

루미

《디바인 매트릭스》는 1986년 콜로라도주 덴버의 자그마한 거실에서 시작된 강연과 연구와 발견의 통합체이다. 그때 이후 많은 사람이 나의 길을 가로지르며 경험의 다리를 놓아 이 책에 실린 강력한 메시지로 이끌어 주었다. 그들은 종종 자신도 알지 못한 채 그런 도움을 주었다! 그 모두의 이름을 일일이 들자면 책 한 권으로도 부족할 터이니, 이 책이 세상의 빛을 보는 데 직접적으로 도움 주신 분들께만 이 자리를 빌려 감사를 표한다.

다음 분들에게 진심으로 감사드린다.

헤이하우스 출판사의 훌륭한 모든 분! 비전을 가지고 남다른 방식으로 헌신하여 헤이하우스의 독보적 성공을 이끌어낸 루이스 헤이, 리드 트레이시, 론 틸링해스트에게 가슴 깊이 감사드린다. 사장이자 CEO인 리드 트레이시는 나와 나의 글에 확고한 믿음과 지지를 보여주었다. 편집이사인 질 크레이머는 진솔한 의견으로 방향을 잡아주었고, 내가 전화를 걸 때마다 항상 받아주고, 자신의 오랜 경험을 나누어주었다.

홍보 담당자인 안젤라 토레스, 교열 편집자인 알렉스 프리먼, 홍보 이사인 재키 클라크, 판매 이사인 지니 리버라티, 마케팅 이사인 마가렛 닐슨, 이벤트 이사인 낸시 레빈, 비범한 오디오 엔지니어인 로키 조지 등 이보다 더 뛰어나며 헌신적인 팀은 찾을 수 없으리라! 이들의 열정과 전문가적 태도는 비길 데 없으며, 헤이하우스 가족이 세상에 내놓은 훌륭한 작품 중에 내 책이 들어 있다니 너무나도 영광스럽다.

문학 에이전트인 네드 리비트는 한 고비 한 고비를 함께 넘으며 나아갈 때마다 지혜와 성실을 나누어주었다. 그의 도움으로 우리 책을 출판함으로써 전에 비할 수 없이 많은 사람들에게 희망과 가능성의 강력한 메시지를 전할 수 있었다. 그 완벽한 도움과 더불어 그가 보여준 우정과 신뢰에 더없이 감사드린다.

1차 교정자이자 친구인 스테파니 거닝의 뛰어난 능력과 헌신과 언제나 넘치는 활기에 고맙기 그지없다. 복잡한 과학을 보다 쉽고 재미있게 풀어내는 데 큰 도움이 되었다. 또한 적절한 방식으로 적절한 질문을 던짐으로써 가장 명확한 표현을 선택하도록 이끄는 놀라운 능력을 발휘했다.

긴 세월 나의 일을 도와주며 성장한 팀이자 가족에 내가 속해 있다는 사실이 너무도 자랑스럽다. 특히 내가 가장 아끼고 (그리고 유일한) 오피스 매니저인 로리 윌모트는 중요한 순간이든 사소한 순간이든 언제나 곁에서 함께 해주어 얼마나 고마운지 모른다! 멋진 강연 자료와 행사를 준비하며 긴 시간을 함께한 소스북스의 로빈과 제리 마이너에게 감사드린다. 컨퍼러스웍스의 M.A. 브자크먼, 래 바스킨, 섀런 크리그, 빅 스폴딩은 우리의 메시지를 전국의 훌륭한 청중에게 퍼트리는 데 큰 도움을 주었다.

어머니 실비아와 형 에릭은 언제나 나를 믿고 사랑해 주었다. 비록 피로 맺어진 가족은 몇 안 되지만, 사랑으로 맺어진 가족은 더 클 수 있다는 사실을 우리는 함께 깨달았다. 두 사람이 매일매일 내게 준 모든 것에 대해 한없이 고맙다. 오디오/비주얼 엔지니어이자 기계의 천재인 에릭은 일하는 과정에서 생긴 온갖 어려움을 인내심을 갖고 해결해 주었다. 함께 일할 수 있어서 너무도 자랑스러우며, 이 사람이 내 형이라는 사실이 한없이 뿌듯하다.

나의 최악의 모습과 최선의 모습을 모두 본 유일한 사람이자 사랑스런 아내, 삶의 반려자인 케네디는 굳건한 사랑과 확고한 지지를 보여주었으며, 긴 날과 짧은 밤과 장거리 아침 인사를 인내심으로 견뎌 주었다. 무엇보다도 우리의 건강을 살피고 내가 약속을 지킬 수 있도록 늘 도와주어 너무나 고맙다! 언제나 적절한 순간에 자신도 알지 못하는 방식으로 들려준 격려의 말이 얼마나 큰 힘이 되었는지 모른다!

우리의 작업과 책과 오디오북과 강연회를 긴 세월 지지해준 모든 분께 감사드린다. 더 나은 세상을 만들 수 있다는 비전과 믿음에 존경의 마음을 바친다. 당신이 있기에 나는 제대로 듣는 법을 배우고 깨달음을 얻어 희망과 가능성의 강력한 메시지를 세상에 전할 수 있는 것이다. 영원히 감사할 따름이다.